Ildikó von Kürthy

ES WIRD ZEIT

# Ildikó von Kürthy

## ES WIRD ZEIT  ROMAN

Mit Zeichnungen
von Peter Pichler

WUNDERLICH

Originalausgabe
Veröffentlicht im Rowohlt Verlag,
Hamburg, September 2019
Copyright © 2019 by
Rowohlt Verlag GmbH, Hamburg
Satz aus der Kepler
bei Dörlemann Satz, Lemförde
Druck und Bindung
GGP Media GmbH, Pößneck, Germany
ISBN 978-3-8052-0043-1

*Dies ist ein Buch der Wehmut.*
*Wehmut kann lächeln.*
*Trauer kann es nicht.*

FRIEDRICH TORBERG

Für Dich, Jutta.
Meine geliebte Herzensfreundin.
Lachend und weinend,
lebensmutig wider jede Statistik.
Nichts geht verloren.

## PROLOG

So hatte ich mir das nicht vorgestellt.

Seit Jahren frage ich mich, wie es sein wird, wenn wir uns wiedersehen. Seit Jahren habe ich nichts mehr gefürchtet und nichts mehr erhofft, als dir plötzlich gegenüberzustehen.

Und das soll er nun sein, dieser monumentale Moment?

Ich bin sehr enttäuscht.

Hauptsächlich natürlich von mir. Wie meistens. Ich suche gern die Schuld bei mir. Darin habe ich es in langen Jahren zur Perfektion gebracht. Außerdem hat mir meine Mutter ein gewisses Talent dafür bereits in die Wiege gelegt. Wie ein Drogenspürhund den Stoff finde ich jeden Fehler. Bei mir.

Was die Großereignisse meines Lebens angeht, sind die eigentlich nur selten exakt so abgelaufen, wie ich sie mir vorher ausgemalt hatte. Das scheint aber nicht nur mir so zu gehen, ich werde oft genug Zeuge, wie Leute die Realität im Nachhinein beherzt überarbeiten, damit aus Hochzeitsreisen, Geburten, Jubiläen und der eigenen Kindheit genau die Sternstunden werden, von denen sie im Bekanntenkreis voll eindringlicher Bescheidenheit berichten und an die sie irgendwann selber glauben.

Ich selbst bin immer wieder verblüfft, wenn ich mich, oft leider ungefragt, von den Geburten meiner Kinder schwärmen höre. Das klingt so, als hätte ich die allesamt selbstverständlich außerordentlich schönen und knitterfreien Säuglinge quasi nebenbei abgeworfen. Dabei musste mein Ältester mit der Saugglocke geholt werden, und der eine der Zwillinge sah bei der

Geburt aus wie eine sehr ungünstige Kreuzung aus Chucky, der Mörderpuppe, und Sitting Bull. Bei allen Niederkünften wurde ich übrigens gleich nach der ersten Wehe eilig in einen abgelegenen Kreißsaal transportiert, damit mein Gebrüll nicht die Parallel-Gebärenden traumatisierte.

Großes inneres Erstaunen lösen auch die Schilderungen meines Mannes oder meine eigenen aus, wenn wir von unserer Trauung erzählen. Fast könnte ich selbst den Eindruck gewinnen, es habe sich um eine Liebesheirat gehandelt. Tatsächlich bin ich froh, dass es wenige Zeugen und Zeugnisse dieser Veranstaltung gibt und absolut Verlass war auf meine Mutter und ihr Talent, absurd schlechte Fotos zu machen, auf denen in der Regel fast nichts zu erkennen ist. Man sieht mich auf den Bildern nur als senfgelben Fleck mit Fledermausärmeln und Wasserfallkragen, und soweit ich weiß, wurde niemals eine dieser Ablichtungen irgendwo aufgestellt oder aufgehängt. Was nicht nur an der mangelnden Qualität der Fotos, sondern auch an der mangelnden Qualität der Gefühle der Braut gelegen haben könnte. Keiner, der dabei war, hat je von dieser Hochzeit geschwärmt. Womöglich ahnten die meisten, dass irgendwas nicht stimmt. Und dies, obwohl ich bis heute niemandem etwas von meiner Schuld erzählt habe.

Es ist schon so verdammt lang her. Zwanzig Jahre.

Wie aus dem Leben einer Fremden. Ich war ein anderer Mensch damals. Ich wäre ein anderer Mensch geworden, hätte ich mich anders entschieden. Aber die Sache ist längst verjährt. Die Zeit ging ins Land und zertrampelte dabei etliche meiner Träume und meiner Albträume.

Und jetzt diese Begegnung. Noch vor wenigen Sekunden hätte ich voll innerer Überzeugung behauptet, die alte Wunde sei verheilt und der Originalzustand quasi wiederhergestellt;

ein unvermutetes Wiedersehen mit dir würde ich souverän und mit gelassener Freundlichkeit meistern, darauf hätte ich gewettet.

Ich habe mich jedoch offensichtlich getäuscht. Mein jahrzehntelang meist reibungslos funktionierender Verdrängungsmechanismus fliegt mir plötzlich um die Ohren wie ein bei Tempo zweihundert platzender Reifen. Jetzt bloß die Ruhe bewahren, sonst könnte erheblicher Sach- und Personenschaden entstehen.

Ich habe dich sofort erkannt, dahinten zwischen den Ilexsträuchern. Und das auf die Entfernung und obwohl ich mit den Bifokallinsen, die ich seit drei Jahren trage, gar nicht gut zurechtkomme. Eigentlich nehme ich mit den inkompetenten Sehhilfen immer gerade das verschwommen wahr, was scharf sein sollte, und umgekehrt. Vor zwei Jahren habe ich mich aus diesem Grund heillos in den angeblich so sehenswerten Gassen von Aix-en-Provence verlaufen, weil es mir weder möglich war, die Straßennamen auf dem Stadtplan zu entziffern, noch die auf den Straßenschildern. Ich fühlte mich umgeben von einem wabernden, unscharfen, lilafarbenen Meer aus Lavendelduftsäckchen und musste schließlich meinen Standort per Whats-App an den Rest der Familie schicken und mich dort einsammeln lassen. Schon seit geraumer Zeit werde ich von meinen Söhnen wegen der Schriftgröße auf meinem Handy verspottet, weil man meine Nachrichten angeblich aus beliebiger Entfernung mitlesen könne. Und in unschöner Erinnerung bleibt mir auch die Episode, als ich im Freibad trotz Linsen erst in der Herrenumkleide landete und dann gegen das Drehkreuz rumpelte, das ich von der falschen Seite aus betrat.

Natürlich habe ich hin und wieder an dich gedacht, und das tat auch manchmal noch ein bisschen weh. Der erste Oktober war ein regelmäßiger Stolperstein im Rhythmus der Jahre, der Jahrestag der Beerdigung. Ich war ja nicht dabei und auch später nie am Grab gewesen. An diesem leeren Loch, in dem keine Leiche, sondern all meine Träume begraben worden waren.

Ich dachte, ich hätte im Großen und Ganzen meinen Frieden gefunden mit dem, was damals passiert ist. Aber jetzt, wo ich dich sehe, weiß ich, dass ich falsch gedacht habe. Der Frieden ist vorbei.

Du hast immer noch dieselbe Körperhaltung. Stolz und fordernd. Die Haltung eines Menschen, der um nichts kämpfen musste. Das gute Leben ist dir in den Schoß gefallen. Mir nicht.

Ich bin in der Zwischenzeit auch erwachsen und reif geworden, jedenfalls Teile von mir. Ich habe wirklich allen Grund, dir erhobenen Hauptes gegenüberzutreten. Aufrecht und stolz.

Reflexartig ducke ich mich hinter einen Stein und halte den Atem an. Bin ich das wirklich? Dieses krumme Ding? Ich kneife die Augen fest zusammen. Bescheuert. Als würde ich unsichtbar, sobald ich selbst nichts mehr sehen kann. So reagiert eine Zweijährige, die sich vor einer bösen Fee fürchtet. Keine lebenserfahrene Frau, die konsequent die pralle Sonne meidet und regelmäßig zur Zahngesundheitsprophylaxe geht. Das Einzige, woran ich meine Lebenserfahrung in diesem Moment überdeutlich spüre, sind meine Knie und mein unterer Rücken. Alles andere an mir benimmt sich, als wäre ich wieder zwanzig und somit nicht ganz zurechnungsfähig.

Nein, ich kann das nicht! Zwei Jahrzehnte sind offensichtlich doch nicht genug. Bitte, liebes Schicksal, jetzt noch nicht! Morgen vielleicht. Oder lieber übermorgen oder noch viel lieber gar nicht! Ich schaffe es einfach nicht, dir selbstbewusst und glaubhaft ins Gesicht zu lügen.

So hocke ich also im Schatten des schützenden Steins, und Teile meiner Beine fühlen sich bereits an, als gingen sie in Verwesung über, während die gesamte Becken- und Lendenwirbelregion stumm gegen die ungewohnte Krümmung rebelliert. Erste Knorpel drohen knirschend mit Kündigung. Meine Absätze versinken langsam im Erdreich, wodurch ich zunehmend in eine groteske Schieflage gerate. Ich reiße die Augen auf, und in einer letzten, verzweifelten Selbstrettungsgeste greife ich nach dem direkt vor mir pittoresk herabhängenden Ast einer Birke.

Geschafft. Mein Niedergang scheint fürs Erste gestoppt. Ich lasse den Atem langsam und stoßweise durch die halbgeschlossenen Lippen entweichen, wie ich es mit meiner Therapeutin zigmal für Fälle innerer Anspannung und seelischer Not geübt habe.

Bis gestern dachte ich noch, Eintönigkeit und Routine seien meine größten Probleme. Aber wenn ich aus dieser Situation physisch und psychisch unbeschadet wieder rauskomme, dann, das schwöre ich, werde ich mich nie wieder unüberlegt und vorlaut nach mehr Aufregung in meinem Leben sehnen.

Man kann gar nicht vorsichtig genug sein mit dem, was man sich wünscht. Meine Bekannte Helga wollte eine nette, kleine Affäre – jetzt bekommt sie Zwillinge von ihrem Paketboten. Also: Ich nehme offiziell hier und jetzt alles zurück. Ich liebe mein Leben so, wie es ist, und will mich in Zukunft mit der Aufregung und Zerstreuung begnügen, die mir durch Netflix-Serien, die jährliche Betreuung des Krippenspiels für Grundschüler und die Probleme anderer Leute zuteilwird – die Hälfte meiner Freundinnen ist frisch geschieden, oder es ist nur noch eine Frage von Minuten.

Und tatsächlich: Dieses eine Mal wenigstens ist das Glück auf meiner Seite. Der dünne Ast, an dem ich sehr hänge, scheint zu halten, und mein Atem beruhigt sich allmählich.

Doch dann, ohne Vorwarnung und mit geradezu hämischer Heftigkeit gibt der fiese Zweig nach, es kommt mir fast so vor, als würde mich der Baum absichtlich in mein Verderben schubsen. Frühblüher. Kennt man ja. Alles Schweine. Und die Birken sind die aggressivsten.

Wie in einem Klimbim-Sketch aus den Siebzigern mit Ingrid Steeger und Peer Augustinski kippe ich nach hinten, ich falle langsam, aber unabänderlich, wie in Zeitlupe, jedoch mit zerstörerischer Wucht. Irgendetwas scheppert und zerbricht. Es könnte sich unter anderem um mein sowieso fragiles Selbstwertgefühl handeln.

Vorsorglich schließe ich meine Augen erneut. Stille. Hast du womöglich nichts bemerkt? Unwahrscheinlich zwar, aber vielleicht hat dich das nahende Alter mit schlechtem Gehör und grauem Star gesegnet. Man wird ja noch hoffen dürfen.

Ich atme betont positiv ein, um mein Karma zu optimieren. Doch das nutzt anscheinend nichts. Schritte kommen in meine Richtung. Immer näher. Dann wieder Stille.

Ich spüre deinen Blick auf mir, noch bevor ich deine Stimme höre. Vertraut. Vielleicht ein wenig rauer als früher.

«Judith.»

Das ist keine Frage, sondern eine Feststellung.

Ich warte noch zwei Sekunden, dann sehe ich ein, dass es keinen Sinn hat, länger darauf zu hoffen, diese Sache hier würde jemand ganz anderem passieren oder gehöre zu einem miserablen Film, der sich auf wundersame Weise von selbst zurückspult bis zu dem Punkt, an dem alles so unweigerlich schiefging.

Damals. Als hier, ja, sogar ziemlich genau hier, aus meinem Leben das wurde, was man gemeinhin ein Schicksal nennt.

Ich öffne widerwillig die Augen. So sieht also die Realität aus: Ich liege auf einem schlecht gepflegten Grab im Schatten einer hinterfotzigen Hängebirke. Im Fallen habe ich zwei Porzellanengel kaputt gemacht und ein ewiges Licht gelöscht. Auf dem großen schwarzen Gedenkstein steht, von der Nachmittagssonne wie mit einem Punktstrahler beleuchtet:

*Alles hat seine Zeit*
*Weinen und lachen*
*Klagen und tanzen*
*Lachen und getrennt sein*
*Suchen, verlieren, finden*

Die Namen auf dem Grabstein kommen mir bekannt vor: Wilma und Herbert Kallensee. Die hatten einen Baustoffhandel in der Wilhelmstraße, bevor der alte Kallensee Ende der Siebziger zum größten Bauunternehmer der Region Jülich wurde und mit Frau Jürgensmeyer, der ledigen Fußpflegerin meiner Mutter, eine Affäre begann. Wieso der Schwerenöter am Ende doch hier neben seiner Frau zu liegen gekommen ist, entzieht sich meiner Kenntnis. Die Jürgensmeyer hat jedenfalls ein Einzelgrab, drei Reihen weiter. Es scheint zwischen den beiden dann wohl doch nichts Festes gewesen zu sein.

Mir tun immer die Menschen leid, die alleine in ihren Gräbern liegen. Ein Grabstein mit nur einem Namen drauf hat in etwa dieselbe trübsinnige Anmutung wie die Bilder von Frauen in Singleportalen, die sich mit ihrer Lieblings-Zimmerpflanze oder ihrem Kater fotografieren. Nichts macht mich betrübter als ein Single-Grabstein. Auch ein Grund, warum man sich in

Im Fallen habe ich zwei Porzellanengel kaputt gemacht.

späteren Jahren nicht leichtfertig trennen sollte. Dein Mann landet dann nämlich womöglich im raumgreifenden Familiengrab seiner neuen und letzten Frau, während sich dein Geliebter auch im Tod nicht zwischen dir und seiner Ex entscheiden mag und versucht, sich durch eine anonyme Seebestattung aus der Affäre zu ziehen, obwohl er zeit seines Lebens nicht ein einziges Mal mit dir am Meer war.

Ich mag diese voluminösen Grabstätten, groß wie die Liegewiesen in Swingerclubs, in denen sich ganze Generationen fröhlich tummeln. Das sieht für mich nach einem erfüllten Leben aus, mit Kindern und Kindeskindern und einem Mann, mit dem man sich immerhin noch so gut versteht, dass man neben ihm begraben werden möchte.

Dabei liegen ja viele bereits zu Lebzeiten nicht mehr gern neben ihrem Mann. Manch alternder Partner fängt an, Geräusche zu machen, die nichts Menschliches mehr haben, sondern an einen kurzatmigen Mops erinnern, wenn er von einer Runde um den Block zurückkommt. Eine Kollegin meiner Mutter ist mit Mitte sechzig lesbisch geworden, weil sie das feuchte Schnaufen ihres siebzigjährigen Mannes nicht mehr ertragen konnte.

«Egal was er tat, er ächzte dabei», hatte sie meiner Mutter in einem Moment spontaner, unverlangter Offenheit anvertraut. «Und immer häufiger hatte er weißen Grind in den Mundwinkeln. Ich sage, dir, das Zusammenleben mit alten Männern ist eine Zumutung. Die stöhnen und müffeln, und das ist kein Geruch, den man durch Intensivierung der Hygienemaßnahmen in den Griff kriegen würde. Es ist der Tod, der ihnen aus den Poren kriecht. Ich kann dir nur wünschen, liebe Uschi, dass du rechtzeitig den Absprung schaffst.»

Mein Vater war achtundsechzig, als er starb, also kurz bevor er in das unschöne Alter von Grind und Gemüffel kam. Der ächzende Mann der Kollegin ist mittlerweile auch unter der Erde und liegt irgendwo links von der Kapelle. Es ist schon beunruhigend, dass ich hier in meiner alten Heimat unter den Lebenden langsam weniger Leute kenne als auf dem Friedhof. Und nächste Woche Donnerstag wechselt wieder jemand vom einen Team ins andere. Meine Mutter.

Sie hatte, wann immer wir über den Tod sprachen, darauf bestanden, hier beerdigt zu werden. «Warum sollte ich mich nach meinem Tod noch an ein neues Zuhause gewöhnen? Dafür bin ich dann wirklich zu alt», hatte sie gesagt. Vielleicht wollte sie mich auf diese Weise zwingen, endlich zurückzukehren.

Ich habe mich oft gefragt, ob sie die Wahrheit ahnte oder sogar kannte. Vielleicht hat sie irgendwann das Buch gefunden? Wenn nicht, dann müsste es noch dort sein, wo ich es vor zwanzig Jahren versteckt habe. Ich werde heute nachschauen und es dann wegschmeißen, verbrennen, zerreißen, in Salzsäure auflösen, was auch immer, jedenfalls so gründlich entsorgen, dass es keinen Schaden mehr anrichten kann. Das hätte ich längst tun sollen. Es wäre geradezu lächerlich tragisch, wenn es jetzt noch in falsche Hände fiele.

Vor zwanzig Jahren hatte ich es nicht übers Herz gebracht, es zu zerstören. Das wäre mir wie Verrat an meiner großen Liebe und meinem großen Traum vorgekommen. Aus damaliger Sicht völlig verständlich. Meine Güte, ich war glücklich, unglücklich, pathetisch, naiv, verliebt, verloren und romantisch.

Das bin ich alles schon lange nicht mehr. Außer vielleicht unglücklich. Aber nur ein bisschen. Und auch nicht mehr als andere.

Ein zerbrochener Engelsflügel pikst mir unangenehm in den Po und zwingt mich, mich wieder mit der unleidlichen Gegenwart auseinanderzusetzen. Ich blinzele in die Sonne.

«Judith.»

Du schaust auf mich herab. Genauso wie früher.

Ich sage: «Hallo. Lange nicht gesehen.»

Und für diesen Satz habe ich zwanzig Jahre gebraucht.

Nein, so hatte ich mir unser Wiedersehen nicht vorgestellt.

## IMMERHIN EINE
## HALBE EWIGKEIT

Die beiden Kallensees haben sich wahrscheinlich im Grab rumgedreht, als ich ihnen so plötzlich aus heiterem Himmel aufs Grundstück geplumpst bin.

Ich muss zugeben, ich bin nicht der Typ Frau, der zwanglos auf anderer Leute Gräbern rumliegt, ohne sich dabei unwohl zu fühlen. Ich tue mich generell schwer mit Situationen, die nicht kontrollierbar sind. Ich bleibe gern Herrin der Lage, und ja, ich stehe dazu, dass es mir eine innere Befriedigung verschafft, wenn die Dinge an ihrem Platz sind, wenn Socken nach der Wäsche wieder zueinanderfinden und Säuglinge zum Entbindungstermin und Gäste zu dem Zeitpunkt erscheinen, für den sie sich angekündigt haben. Ich sehe immer weniger ein, warum ich auf Leute warten soll, die sich auf meine Zeitkosten noch mal umziehen, schon mal vorglühen oder noch einen Anruf erledigen, zu dem sie tagsüber nicht gekommen sind. Das empfinde ich als respektlos meiner Lebenszeit gegenüber, die sich gefühlt rasant dem Ende zuneigt.

Ich werde in acht Wochen und drei Tagen fünfzig, und da mag ich nicht mehr stoisch dreißig Minuten verplempern, bloß weil andere glauben, es käme ja nicht drauf an. Doch, es kommt drauf an! Mir zumindest. Und ich will nichts von meiner Zeit hergeben müssen, bloß weil ihr euer Leben nicht im Griff habt! Würde ich all die Wartenminuten der letzten fünfzig Jahre zusammennehmen, dann hätte ich in dieser Zeit spielend ein weiteres Kind großziehen, eine Existenz in Übersee begründen oder einen Roman von bedrohlichem Umfang verfassen können.

Noch schlimmer als Gäste, die zu spät sind, finde ich nur die respektlosen Vor-der-Zeit-Kommer. «Wir sind nur zehn Minuten zu früh dran», zwitschern sie dann vergnügt an der Haustür, die ich am liebsten wieder zuschlagen würde mit der ungehaltenen Bitte, es zum vereinbarten Termin noch mal zu versuchen. Jeder Mensch weiß doch, dass die letzten zehn Minuten eine erhebliche, wenn nicht gar entscheidende Rolle bei der Zubereitung eines Filetsteaks oder eines Abend-Make-ups spielen. Wichtige Details, wie das Anlegen passenden Schuhwerks, das Tuschen der Wimpern, das Nachziehen der Lippen, das Garnieren des Bratens, das Abgießen der Nudeln oder das Beschimpfen der Kinder vor dem Zubettgehen, finden in ebendiesen maßgeblichen Minuten statt. Und ich habe wahrlich an zu vielen Abenden in schäbigen Puschen, ein noch ungewaschenes Kind an der einen Hand, ein Bratenthermometer in der anderen, mit unvollendeter Frisur und quasi wimpernlos im Flur stehen und Gäste begrüßen müssen, die nicht damit gerechnet hatten, dass sie sofort einen Parkplatz finden würden.

Ja und? Das ist doch nicht meine Schuld.

Pünktlichkeit ist schon lange nichts mehr, wofür man sich schämen muss. Und die Zeit, in der man auf Partys ganz bewusst zwei Stunden zu spät aufkreuzte und sich bis dahin krampfhaft bemühen musste, zu Hause nicht einzuschlafen, sind zum Glück lange vorbei. Mit fast fünfzig darf man pünktlich sein und Pünktlichkeit erwarten, ohne sich spießig vorzukommen, und es ist auch keine Schande, bei Abendeinladungen zuzugeben, dass man ganz gerne bereits deutlich vor Mitternacht im Bett liegen würde. Vorzugsweise im eigenen.

«Hallo. Lange nicht gesehen.»

Habe ich das gerade wirklich gesagt? Unheimlich peinlich. Ich stütze mich auf die Ellenbogen, schaue zu dir hoch und versuche, mich mit deinen Augen zu betrachten. Was siehst du?

Eine Frau, auf einem Grab zwischen zerbrochenen Engeln liegend, mittelgroß, mittelschwer, mittelalt, rausgewachsener Haaransatz, mindestens sechs Kilo zu viel, eher zehn, wenn man ehrlich ist. Verdammt, wäre ich doch bloß vor meiner Abfahrt noch zum Frisör gegangen und hätte die Saftkur gemacht! Ich hätte mich dir so gerne in bestmöglicher Form präsentiert.

Seit vierzig Jahren unterliegt mein Gewicht gewissen Schwankungen. Das hat allerdings nichts mit wechselnden Stimmungen zu tun, anders als bei vielen anderen Menschen. Mein Appetit ist stimmungsunabhängig, mir ist noch nie etwas auf den Magen geschlagen. Ich habe immer Hunger. Damit habe ich mich abgefunden.

Um nicht unkontrolliert zuzunehmen, habe ich unterschiedliche Methoden entwickelt. Mit Hilfe einer vierwöchigen Saftkur, begleitet von regelmäßigen Sporteinheiten, wollte ich meinem fünfzigsten Geburtstag stolz, straff und mit Idealgewicht entgegentreten. Wobei das Wort «ideal» hier als rein subjektive Maßeinheit zu verstehen ist und keineswegs etwas mit dem von der Weltgesundheitsbehörde so fahrlässig empfohlenen BMI zu tun hat. Ich lasse mir mein Wohlfühlgewicht doch nicht von irgendwelchen weltfremden Wissenschaftlern diktieren, die noch nie nachts an die Tankstelle gefahren sind, um frische Toffifee zu kaufen.

Ich habe also gerade mein Unwohlfühl-Gewicht. Und der Zeitpunkt ist denkbar ungünstig. Jetzt heißt es, Haltung zu bewahren und der unvorteilhaften Gewicht-Selbstwert-Location-

Konstellation mit Contenance gegenüberzutreten. Auch im Liegen.

Du lächelst freundlich, und ich könnte nicht sagen, ob du überrascht bist. «Ja, das ist wirklich lang her. Darf ich mich zu dir legen?»

Hast du das gerade wirklich gesagt? Unheimlich lässig.

«Gern. Ich denke, es ist Platz genug für uns beide», sage ich und rücke ein Stückchen in Richtung des ewigen Lichts, das unter meinem Hintern sein frühzeitiges Ende fand. «Die Kallensees hatten ja schon immer einen Hang zu Prunksucht und Angeberei. Das größte Haus, das größte Auto und jetzt das größte Grab. Wusstest du, dass er was mit der Fußpflegerin meiner Mutter hatte?»

Ob du mein Angebot annehmen wirst, einfach so zu tun, als sei nichts geschehen? Immerhin hast du mich nicht gleich mit dem erstbesten Grabkreuz erschlagen. Ein gutes Zeichen.

Du lässt dich langsam neben mir nieder, mit vorsichtigen Bewegungen, die vermuten lassen, dass auch du mindestens einen Bandscheibenvorfall hattest. Hoffentlich kommen wir hier alleine überhaupt wieder hoch.

Eine ungemütliche Pause tritt ein, in der wir beide überlegen, welche Fragen man stellen kann, wenn man das Wesentliche vermeiden, gleichzeitig aber nicht allzu banal wirken will. Du kannst schlecht über das Wetter, deine Urlaubspläne oder die Zunahme des Rechtsextremismus reden, wenn du nicht mal weißt, ob dein Gegenüber das Wahlrecht, Kinder, einen Beruf, zwei Liebhaber oder eine tödliche Krankheit hat.

Du fragst: «Wie geht es ihr?»

«Der Jürgensmeyer? Liegt drei Reihen weiter vorne. Einzelgrab neben Heinemann, unsrem alten Erdkundelehrer. Ein hässlicher Vogel, weißt du noch?»

«Ich meinte deiner Mutter», sagst du lächelnd.

«Sie ist vor zwei Wochen gestorben. Ich bin hier wegen der Beisetzung.»

«Das tut mir sehr leid. Ich habe sie immer gemocht. Mehr als meine eigene. Ich erinnere mich, wie deine Mutter statt Blumen einen Bund Demeter-Möhren zum sechzigsten Geburtstag meines Vaters mitgebracht hat.»

«Und dann hat sie aus Versehen ihre Zigarette in dieser wahnsinnig wertvollen Schale ausgedrückt, die nur zu Dekozwecken auf dem Tisch stand. Das war mir so peinlich.»

«Deine Mutter war super. Meine war peinlich.»

«Deine Mutter war perfekt. Ich wette, du hast sie niemals pupsen hören.»

«Da hast du recht.» Du lachst, und es kommt mir vor, als sei keine Zeit vergangen. Was sind schon zwanzig Jahre?

Anne und Judith. Beste Freundinnen. Für mehr als die Hälfte unseres Lebens.


Ich schaue zu Anne hinüber. Sie trägt ihre Haare jetzt kinnlang und grau. Ungewöhnlich für eine Frau mit fünfzig. Die meisten, die ich kenne, würden sich eher von ihrem Mann trennen als von ihrem Coloristen. Ich gebe zu, es hat etwas Verzweifeltes, wie wir alle vier bis sechs Wochen gegen die Zeichen der Zeit anfärben und Termine weit im Voraus vereinbaren, bloß damit unser nachwachsender Ansatz nicht verrät, wie es in Wahrheit um uns bestellt ist. Die wenigen Frauen, die in Ehren ergraut sind, habe ich immer bewundert und beneidet, weil sie das Spiel «Ich will jünger aussehen, als ich bin» einfach nicht mitspielen. Graue Haare waren mir stets als das weithin sichtbare Zeichen einer stabilen Persönlichkeit erschienen.

Anne sieht gut aus. Allerdings keinen Tag jünger, als sie ist.

Ein halbes Jahr älter als ich. Soweit ich es erkennen kann, hat sie in zwanzig Jahren kein Gramm zugenommen; im Gegenteil, sie wirkt sogar noch schmaler als früher. Während man mich als Kleinkind noch freundlich einen «dankbaren Esser» nannte, wurde mir wenig später schon nahegelegt, auf alles zu verzichten, was dick macht. Annes Mutter goss ihrer Tochter heimlich Sahne ins Müsli, damit sie etwas zulegte.

Ich habe mich Anne immer unterlegen gefühlt, ohne mich deswegen schlecht zu fühlen. Ich war stolz, dass sie meine Freundin war, und zahlte gerne den Preis dafür, der darin bestand, die meiste Zeit in ihrem Schatten zu stehen. Sie war die Hübschere von uns beiden und die Interessantere. Ich war zwar besser in der Schule, aber sie war klüger als ich, sie hatte bloß keine Lust zu lernen. Ich ließ sie abschreiben, und sie gab mir das Gefühl, mir dadurch eine Ehre zu erweisen. Uns war beiden klar, dass aus ihr mal was werden würde – und aus mir eventuell auch, solange ich mich von ihrer Energie mitreißen lassen und in ihrem Fahrwasser bleiben würde.

Annes Eltern waren unerträglich spießig, außerdem hatte ihr Vater die hässliche Neigung, ihm untergebene Frauen zu befummeln. Er hatte es aber nicht versäumt, seinen Kindern einen soliden Ehrgeiz einzupflanzen. Wenn es drauf ankam, erbrachte Anne Höchstleistungen. Beim Abitur. Beim Abschluss der Banklehre. Beim in Rekordzeit absolvierten Studium. Und es war keine Überraschung, dass sie mit sechsundzwanzig die jüngste Anlageberaterin in der Geschichte der Behrmann-Bank in Köln wurde.

«Und deine Eltern? Leben sie noch?», frage ich. Das Letzte, was ich von meiner Mutter über sie gehört hatte, war, dass Annes Bruder die Kanzlei übernommen hatte und ihr Vater Vorsitzender des Golfclubs geworden war.

«Meine Mutter ist seit acht Jahren dement und lebt im Heim.»

«Wie schrecklich.»

«Es geht ihr gut. Und von mir aus hätte sie schon zehn Jahre früher dement werden können. Das ist nicht böse gemeint, im Gegenteil. Seit sie nicht mehr weiß, wer mein Vater ist, ist sie richtig aufgeblüht.»

«Und was macht der?»

«Du kennst ihn doch. Er meckert weiter an allem rum. Hockt hier um die Ecke im Haus Altenfriede, tyrannisiert die Pflegerinnen, die Mitbewohner und seine Frau. Bloß dass die endlich nichts mehr davon mitbekommt. Und ihn stört es nicht, ins Leere hineinzuschimpfen, das hat er ja im Grunde die letzten fünfzig Jahre auch schon gemacht.»

«Ganz schön hart.»

«Ich hab mir früher viel vorgemacht, alles idealisiert, meinen Vater, meine Mutter, unsere angeblich so heile Welt ...»

«Deinen Bruder hast du nicht idealisiert, das wüsste ich», sage ich, um das Gespräch sanft in seichtere Gewässer zu lenken.

«Da hast du allerdings recht. Der war schon immer ein Arsch und ist es bis heute. Weißt du, wen der in zweiter Ehe geheiratet hat? Die Lisa.»

«Welche Lisa?»

«Die Tochter von Ingrid Becker.»

«Ingrid Becker, die prollige Kuh aus unserer Parallelklasse? Die hatte doch schon künstliche Nägel, als wir noch Glanzbilder in unsere Poesiealben klebten. Die hat eine Tochter? Aber die kann doch höchstens zehn sein!?»

«Fast. Sie ist fünfundzwanzig. Und die künstlichen Nägel hat sie von ihrer Mutter geerbt.»

«Nicht zu fassen. Ich dachte, dein Bruder bleibt für immer mit seiner Frau zusammen.»

«Ja, dachte ich auch. Aber was hält schon ewig? Bist du denn immer noch mit Joachim verheiratet?» Ich glaube, einen leichten Spott, vielleicht handelt es sich auch um noch nicht verjährtes Erstaunen, aus ihrem Tonfall herauszuhören. Sie war damals natürlich überrascht, als ich ihr am Telefon sagte, dass ich zu Joachim gezogen war. Sie wusste ja, wie ich über ihn dachte, und Anne teilte meine Meinung nicht, dass nun definitiv die Zeit reif sei für eine Notlösung. Natürlich, sie kannte die Wahrheit ja nicht.

«Judith, du bist dreißig!», hatte sie gesagt. «Es ist doch noch viel zu früh für einen Kompromiss. Zumindest für einen so großen.» Aber viel hatten wir ohnehin nicht darüber gesprochen. Sie hatte zu dem Zeitpunkt wirklich größere Probleme, mit denen sie klarkommen musste, und ihr Schmerz hatte sich zu meinem eigenen hinzuaddiert und wurde dadurch so unerträglich, dass ich mir und ihr nicht mehr zu helfen wusste. Ich hatte Anne nicht trösten können, ich am allerwenigsten von allen. Aber das hatte sie natürlich auch nicht wissen können – und sie fragt sich womöglich bis heute, warum ich sie im Stich gelassen habe.

«Ja, Joachim und ich sind seit zwanzig Jahren verheiratet», sage ich und finde, dass sich das anhört, als würde ich eine Haftstrafe absitzen. «Immerhin eine halbe Ewigkeit», füge ich betont munter hinzu. «Mit drei Kindern, Haus, Hund, Halbtagsjob und Panoramafenster ins Grüne. Hättest du gedacht, dass in mir eine perfekte Hausfrau steckt?» Klingt das nach Notwehr? Ich fürchte ja. Natürlich wird Anne mich still belächeln, weil ich nicht das geworden bin, was aus mir hätte werden können. Weil ich aus Gründen, die sie nicht verstehen kann, einen Kompromiss-Mann geheiratet, keine glänzende Karriere gemacht und unsere Freundschaft abgebrochen habe. Ich weiß genau, so viel Therapieerfahrung habe ich mittlerweile auch, dass Selbstironie kein Zeichen von Selbstbewusstsein ist, dass man als schwacher Mensch lieber selbst den Finger in die Wunde legt, ehe es ein anderer tut. Ich unterstelle Anne, dass ihr mein Leben allzu harmlos vorkommt, weil ich selbst so denke, und ich bin sauer auf sie, weil ich sauer auf mich bin. Anne kann mal wieder überhaupt nichts dafür. Und auch das nehme ich ihr übel.

Welche Note würde ich meinem Leben geben? Eine Drei mit der Tendenz zur Drei minus. Für eine Matheklausur mag das vor fünfunddreißig Jahren ein durchaus zufriedenstellendes Ergebnis gewesen sein, vor allem, wenn man bedenkt, dass ich wegen Mathe zweimal fast sitzengeblieben wäre. Aber für ein ganzes Leben?

«Hast du Kinder?», frage ich und bemerke eine schändliche Hoffnung in mir, dass dem nicht so sein möge und du nicht auch das noch perfekt hinbekommen hast. Lass mir wenigstens eine Sache, die ich besser kann, als du: Kinder kriegen und großziehen in einem vielleicht nicht perfekten, aber immerhin kompletten Elternhaus.

«Nein.»

Mir fällt ein Stein vom Herzen, und ich schäme mich dafür.

«Und wo lebst du?»

«Ich habe die letzten Jahre in München gewohnt. Aber ich bin dabei umzuziehen.»

«Wohin?» Ich rechne mit einem schillernden Sehnsuchtsort. New York oder Paris, London, vielleicht auch Sydney. Irgendeine Stadt, in der smarte Menschen in Konferenzräumen im siebenundsechzigsten Stock ihren laktosefreien Latte trinken. Eine Stadt, aus der Trends, Stars und Fernsehserien kommen, eine Stadt in der ich, Judith Rogge, Zahnarztgattin aus Wedel bei Hamburg, immer nur Touristin sein werde.

Schrecklich, jetzt bin ich schon wieder am Meckern. Die Unzufriedenheit sickert mir, ich merke das selbst und finde es ekelig, wie zähes Gift aus allen Poren. Würde mich nicht wundern, wenn sich der alte Kallensee gleich wegen unerlaubter Verunreinigung seiner letzten Ruhestätte beschweren würde.

Ich brauche keine Saftkur mit wöchentlichem Einlauf. Ich brauche Detox für mein Ego und ein Abführmittel, das mir die Schlacken aus dem Charakter spült. Wann hatte ich bloß angefangen, so neidisch auf das Leben anderer Leute zu werden?

«Ich ziehe hierher», sagt Anne.

«Was meinst du mit *hierher*?», frage ich blöde, weil ihre Antwort so wenig dem von mir Erwarteten entspricht, dass ich sie gar nicht richtig kapiere.

«Ich komme zurück nach Hause.»

Dann klingelt mein Telefon.


Eine halbe Stunde später öffne ich die Tür und bin ernstlich verwundert. Ich hatte Anne eilig auf dem Friedhof zurücklassen müssen, um mich mit der Maklerin zu treffen, die bereits einen Interessenten für mein Elternhaus gefunden hatte. Ich hatte Anne schnell meine Nummer in ihr Handy diktiert, und sie hatte versprochen, mich noch am selben Tag anzurufen.

«Wir sehen uns bald», hatte sie lächelnd gesagt, und mein Herz hatte aus dem Stand heraus einen begeisterten Satz in Richtung Speiseröhre gemacht. Eine Bewegung, die uns, mir und meinem Herzen, nicht mehr sehr geläufig ist: der Freudensprung. Morgen haben wir womöglich beide Muskelkater.

Gute Lage, aber schlechte Substanz.

Auf dem Weg nach Hause hatte ich erst gar nicht versucht, aus dem Wirrwarr meiner Empfindungen schlau zu werden. Freude, Erleichterung, schlechtes Gewissen, Angst, Scham und Glück – die ganze Palette und dazu noch eine unerklärliche Prise Hoffnung auf irgendwie so was Ähnliches wie einen Neuanfang.

«Guten Tag, Frau Rogge, ich bin Yvonne Osländer. Wir haben ja schon mehrfach telefoniert. Wie schön, dass wir uns persönlich kennenlernen und dass Sie so kurzfristig Zeit haben.» Die Maklerin trägt ein Kostüm in der Farbe von frisch Erbrochenem und grellen Lippenstift. Kleinstadt-Schick, das bin ich gewohnt. Sie reicht mir ihre Hand, die so feucht-lappig in der meinen liegt wie die einer Wasserleiche.

Mir war klar, dass man mit dem Verkauf meines winzigen alten Elternhäuschens nicht die Führungsriege des Immobilienbüros beauftragen würde. Gute Lage, aber schlechte Substanz. Da kommt nicht der Chef persönlich.

«Darf ich Ihnen Herrn Schmidt vorstellen? Er interessiert sich sehr für Ihr Häuschen. Ein Glücksfall für Sie, würde ich mal sagen.» Die Maklerin kichert doof.

Glücksfall? Häuschen? Unverschämtheit. Ich bin es langsam leid, dass fremde Leute mir sagen, was ich als Glück zu empfinden habe. Ich schaue Frau Osländer mit einem hoffentlich strafenden Blick an und wende mich übergangslos an den Herrn neben ihr.

«Herr Schmidt», sage ich. Dann verschlägt es mir die Sprache, denn Herr Schmidt ist der Mann meiner Träume. Grau meliert, schlank, groß, aristokratische Nase, schmale Lippen, kantiges Kinn und geschäftstüchtige Augen.

Nein, man kann mir wirklich nicht vorwerfen, dass ich einen ausgefallenen oder gar schrägen Geschmack hätte. Ich mag immer das, was jeder mag. Vanilleeis mit Cookies, Mallorca im Frühling, Colin Firth, Justin Timberlake, Skinny Jeans mit hohem Stretchanteil und alle Theaterstücke von Yasmina Reza. Herr Schmidt, das erkenne ich mit meinem erprobten Massengeschmack sofort, ist das, was alle wollen und ich natürlich auch. Männer wollen ihn zum Freund haben, und Frauen wollen ihren Mann mit ihm betrügen, weil, wenn der Betrug aufflöge, jeder Gatte dafür Verständnis hätte, ja, sich womöglich sogar geschmeichelt fühlen würde, dass die eigene Frau von so einem Maßanzug-Adonis erhört worden ist. Du willst ja auch nicht, dass dein Mann dich mit einer Frau betrügt, für die du dich schämen musst.

Ich lächle den fabelhaften Herrn Schmidt beseelt an und denke bekümmert an die Reste von Friedhofserde und rotem Wachs, die noch an meinem Hintern kleben. Ich werde versuchen, es so einzurichten, dass Herr Schmidt mich nicht von hinten zu sehen bekommt. Ist vielleicht sowieso besser, jedenfalls vor der Saftkur.

Denn als Herr Schmidt mich zum letzten Mal gesehen hat, gab es noch autofreie Sonntage, war Helmut Kohl Kanzler und wog ich quasi nichts. Mein Gott, was würde ich dafür geben, in diesem Moment so schlank zu sein wie zu der Zeit, als ich mir zum ersten Mal dick vorkam.

«Heiko», sage ich und bemerke selbst, dass meine Stimme klingt wie die eines erregten Minions.

«Judith.»

Herr Schmidt ist Heiko Schmidt. Heiko der Henker. Der Mann, der Max ermordet hat.

Ich habe ihn sofort wiedererkannt. Eigentlich hat er sich kaum verändert, seit er mit sechzehn mein Mathe-Nachhilfelehrer wurde, das einzige Fach, in dem ich das nötig hatte. Meine Noten waren damals zwar unverändert schlecht geblieben, aber dafür war ich schon nach der dritten Stunde keine Jungfrau mehr gewesen. Aus meiner damaligen Sicht ein beachtlicher Erfolg.

«Du hast mit dem Mörder deines Meerschweinchens geschlafen?» Gleich nach vollzogenem Akt hatte ich selbstverständlich Anne angerufen. Sie hatte ihre Unschuld bereits ein halbes Jahr vor mir bei einem Campingurlaub in Knokke an der belgischen Küste verloren, und ich war froh, nun endlich mitreden zu können. Außerdem hatte ich mir eingebildet, in ihrer Stimme einen angenehmen Unterton von Überraschung und Achtung herauszuhören. Das Mauerblümchen Judith hatte sich den allseits gefürchteten, aber auch umschwärmten Heiko geangelt.

«Er hat ihn nicht ermordet», hatte ich sie zu beschwichtigen versucht, obwohl ich genau wusste, dass Anne recht hatte. «Max ist aus dem Fenster gefallen, und er war zufällig dabei.»

«Meerschweinchen fallen nicht einfach so aus dem Fenster, das weißt du ganz genau. Es gibt keinen Suizid im Tierreich. Und außerdem war ich auch dabei, erzähl also keinen Quatsch. Heiko hat Max aus dem Fenster geworfen!»

«Aber nur, weil er gelesen hatte, dass Meerschweinchen sogar Stürze aus höchster Höhe überleben. Es war ein Experiment, das schlecht ausgegangen ist! Meine Güte, Anne, Heiko war zehn.»

«Ich sage dir: Der Typ geht über Leichen.»

Heiko hatte mich nach elf Monaten, für mich waren sie der Himmel auf Erden, abserviert und dafür eine nicht gerade feine, aber unter Männern weitverbreitete Methode gewählt: Er hatte mich einfach nicht mehr angerufen. Ich hatte gefühlte

warten am Telefon

Jahre vor dem Telefon gesessen, dabei geraucht, geflucht, geweint und mir von Anne immer wieder versichern lassen, dass es sich bei dem Typen um ein respektloses Schwein handele, der meiner Liebe nicht würdig sei und aus dem sicherlich auch niemals was werden würde – aber auch das hatte mich nicht über diesen ersten, profunden und prägenden Liebeskummer hinwegtrösten können.

Und jetzt steht mir dieser Mann gegenüber, ausgerechnet in meinem Elternhaus, wo er mein Meerschweinchen erst seines Lebens und dann mich meiner Unschuld beraubt hat.

«Ach, Sie kennen sich?», fragt Frau Osländer alarmiert, womöglich in Sorge um ihre Maklerkaution.

«Das ist lange her», sage ich.

«Ich habe hier, glaube ich, noch eine alte Rechnung offen», sagt Heiko Schmidt. Sein Lächeln lässt mich erahnen, dass sich an seinem Charakter nichts, aber auch gar nichts zum Guten gewendet hat.

Ich verfalle ihm auf der Stelle.

## DER SOMMER, DIE LIEBE, DAS LEBEN – ALLES SCHIEN ENDLOS. EIN IRRTUM

Der Dachboden war mir schon immer unheimlich. Ein düsterer Ort, den ich so selten wie möglich betreten habe. Man kann ihn nur durch eine Luke in der Decke erreichen. Mit einer Eisenstange öffne ich die Klappe und ziehe zaghaft die Holztreppe zu mir herunter, die, schon als wir vor fünfundvierzig Jahren hier einzogen, klapprig und morsch wirkte. Auch jetzt kommt mir das Loch in der Decke wieder vor wie das Maul eines zahnlosen Fisches, der bereit ist, alles zu verschlucken und zu verdauen, was ihm in den Schlund kommt. Eventuell auch mich.

Ich bewege mich zögerlich auf die schwarze Öffnung zu und versuche, mir mit vernünftigen Argumenten Mut zuzusprechen. Es sind dieselben Beruhigungsstrategien, mit denen ich mir jahrelang gesagt habe, dass höchstwahrscheinlich kein grausiges grünes Schleimmonster unter meinem Bett liegt, das nur darauf wartet, meine nackten Füße zu packen und mich direkt in die Unterwelt zu zerren.

Ich hatte diese Angst trotz guten Zuredens und hinlänglicher Therapieerfahrung nie ganz abgelegt. Noch mit dreißig sprang ich jeden Morgen mit einem weiten Satz aus dem Bett heraus und jeden Abend auf dieselbe Weise hinein. Man kann ja nie wissen. Die Tatsache, dass ich niemals von einer dunklen Macht unter ein Bett verschleppt worden bin, gibt mir ja auch irgendwie recht und zeigt, dass meine Vorsichtsmaßnahmen nicht umsonst waren. Der dunkle Spalt zwischen Matratze und Boden blieb für mich jedenfalls eine dauerhafte Bedrohung.

Vor fünfzehn Jahren dann kaufte Joachim, der deutlich Pragmatischere in unserer Ehe, ein Polsterbett ohne Beine mit einer Matratze, die bis zum Boden reichte. Seither kann ich zivilisiert und psychologisch unauffällig in unser Bett steigen. Dass es in vielen Hotels mittlerweile Boxspring-Betten gibt, macht mir das Leben ebenfalls leichter. Meinem Mann auch.

Joachim ist vielleicht nicht der richtige, aber er ist der perfekte Mann für mich. Er ist die Basentablette in meinem Säurehaushalt. Der Sunblocker für die empfindliche Haut meines inneren Kindes.

Joachim ist norddeutsch, rational, verlässlich, loyal und nicht aus der Ruhe zu bringen. Er hat keinen nervösen Magen und keine Allergien, er isst nur, wenn er Hunger hat, wird nicht ausfällig oder auffällig und bekommt nie Sonnenbrand.

Er hat allerdings auch mir gegenüber einen geographischen und genetischen Startvorteil. Meine diversen Neurosen haben nur teilweise den Charakter echter psychischer Störungen – im Wesentlichen sind sie schlicht darin begründet, dass ich aus dem Rheinland stamme, sieben Jahre jünger bin als er und eine Frau. Da kommen drei Faktoren zusammen, für die ich nichts kann, die aber einen Hang zu Pathos und Irrationalität erheblich begünstigen.

Für mich beginnt, sobald das Licht aus ist, ein Gruselfilm allererster Güte. Auf schmalen, schlecht beleuchteten Kellertreppen geht meine Phantasie mit mir durch, und jedes Mal, wenn ich in ein Flugzeug steige, formuliere ich beeindruckende letzte Worte und versuche einzuschätzen, wem von meinen Mitreisenden ich nach einer Bruchlandung die größten Überlebenschancen einräumen würde. Ich kann nur jedem raten, sich nach einem Absturz in der Einöde bloß nicht an mich zu halten. Ich gerate leicht in Panik, habe keine Spur von Orientierungssinn und kann, wie gesagt, mit meinen Bifokallinsen weder das Kleingedruckte lesen noch einen korrekten Luftröhrenschnitt setzen.

Mein Mann hingegen ist ein fleischgewordener Kompass; er wird umso ruhiger, je chaotischer die Zustände um ihn herum sind. Joachim hat sich in seinem Leben noch nie vor Dachböden, Speichern oder den dunklen Wesen unter seinem Bett gefürchtet. Er kennt keine Monster. Vielleicht hat er einfach zu wenig Vorstellungsvermögen.

Jedenfalls war ich diejenige, die unseren Kindern immer die selbsterfundenen Gute-Nacht-Geschichten erzählt hat, von dem erbitterten Kampf zwischen Ivan, dem schrecklichen Säufer, und Cordula, der Pool-Fee, und von Luise, der neurotischen, aber bildschönen Badelatsche, die ständig in einen meiner Söhne verliebt war.

Ich taste in der Dunkelheit des Dachbodens nach dem Lichtschalter und sehe schon Dutzende klammer Hände gierig nach mir greifen. Wer keine Angst hat, der hat bloß zu wenig Phantasie.

Wenn ich nicht sofort diesen elenden Schalter finde, verschiebe ich mein Vorhaben spontan auf unbestimmte Zeit.

Endlich. Im gelblichen Schein einer Glühbirne, die womöglich im selben Alter ist wie ich, liegt der Dachboden vor mir. Er ist leer bis auf einige mürbe Kartons hinten in der Ecke. Gut möglich, dass hier oben niemand mehr war, seit ich vor zwanzig Jahren die Luke zum letzten Mal hinter mir geschlossen habe. Wir haben den Dachboden nie benutzt, und so blieb er stets unbelebt und gruselig; genau deswegen hatte ich ihn ja als Versteck ausgewählt.

Ich schiebe meine Hand eilig hinter den ersten Dachbalken rechts von der Luke, ich möchte hier oben keine Sekunde länger als nötig verbringen.

Ist es noch da? Fast wünsche ich mir in diesem Moment, dass ich es nicht finde. Dass meine Mutter mein Geheimnis gewusst und heimlich mit mir getragen hat, dass ich all die Jahre nicht allein damit war.

Es hat mir bis zum Schluss leidgetan, dass ich auch ihr nie die Wahrheit sagen konnte. Ob es aber die falsche Entscheidung war, mich auf eine Lebenslüge einzulassen, damit plage ich mich schon lange nicht mehr. Wenn ich die Antwort nicht wissen will, dann stelle ich die Frage erst gar nicht. An dieses Motto habe ich mich stets gehalten.

Da ist es!

Schade.

Das Buch ist sorgfältig in eine Plastiktüte der Konditorei «Wallmrath und Wiese» verpackt, in der ich damals jeden Nachmittag gegen vier für mich und meine Mutter einen Aprikosenfladen oder zwei Apfelberliner kaufte. Ich war zwar eigentlich ständig auf Diät, aber dank tobender Hormone konnte ich in jenen Sommerwochen ganz ausnahmsweise einmal essen, was ich wollte. Ich nahm ab, blühte auf und sah wieder aus wie fünfzehn, wie zu der Zeit, als direkt neben «Wallmrath und Wiese» noch die Modeboutique «Bananas» war, wo ich farblich fragwürdige Karottenhosen und Blazer mit Schulterpolstern, groß wie Sitzsäcke, kaufte.

Da hieß ich noch Judith Monheim und trug meine Originalhaarfarbe, ein uninteressantes Mittelbraun, das ich gerne als Dunkelblond bezeichnete. Ich hatte noch Schamhaare ohne Frisur, dafür keine Orangenhaut, und die Jungs rochen alle nach *Azzaro* und trugen Westernstiefel. Meine Mutter machte

Bandsalat

mir die Wäsche und kochte mir Mittagessen, während ich so tat, als sei ich erwachsen, *Benson & Hedges* rauchte, Milan Kundera las, «The Traveller» von Chris de Burgh hörte und ansonsten den ganzen Tag mit meiner besten Freundin Anne telefonierte, die keine zweihundert Meter entfernt wohnte.

Ich trug Perlmuttlippenstift und Frottee-Schlafanzüge. Die Erfindung von Quinoa Bowls, Chai Latte, Bluetooth, Smoothies und elektrischen Fensterhebern lag in ferner Zukunft.

Ich konnte Telefonnummern auswendig, hörte Kassetten und kämpfte mit Bleistiften gegen den Bandsalat. Ich nahm Songs aus dem Radio mit meinem Kassettenrekorder auf – und nicht selten hörte ich später, dass während der Aufnahme mein Vater von unten hochgerufen, meine Mutter im Flur gestaubsaugt oder der unbeherrschte Moderator einfach losgesabbelt hatte.

Ich benutzte Formulierungen, die meine Kinder heute nicht mehr verstehen würden: «Hoffentlich sind die Fotos was geworden» oder «Steh mal auf und schalt auf ein anderes Programm um». Ich hatte ein einziges, straffes Kinn und aß Pommes rot-weiß statt Süßkartoffelslides. Nena hatte Haare unter den Achseln, und ich hatte die Gewissheit, dass ich Schriftstellerin, glücklich und berühmt werden würde.

Der Sommer, die Liebe, das Leben – alles schien endlos. Ein Irrtum.

Berühmt bin ich nicht geworden. Ich habe drei Kinder, die man nicht mehr Kinder nennen darf. Jonathan wird zwanzig, die Zwillinge Karl und Anton sind achtzehn. Und ich werde bald fünfzig. Als wäre das noch nicht schlimm genug, hat nun auch Anton als Letzter vor zwei Monaten das Haus für ein Jahr nach Neuseeland verlassen. Und jetzt ist meine Mutter gestorben, die ich geliebt habe und die mir wenig mehr als einen leeren Dachboden und eine Plastiktüte mit meinem eigenen Tagebuch hinterlassen hat.

Ich bin seit neunzehn Jahren aus guten Gründen mit dem falschen Mann verheiratet. Aber darüber will ich nicht nachdenken. Nicht jetzt.

Derzeit habe ich eigentlich viel zu viel zu tun, als dass ich es mir leisten könnte, hier Zeit zu verplempern, Erinnerungen hervorzukramen und mich mit grundlegenden Zweifeln an Entscheidungen zu plagen, die längst getroffen und nicht mehr rückgängig zu machen sind. Die Einladungen zum Doppeljubiläum, mein fünfzigster Geburtstag plus unser zwanzigster

Hochzeitstag, sind seit Wochen raus. Wir erwarten siebzig Gäste, meine drei Söhne werden kommen, ich muss das Menü und die Blumendekoration zusammenstellen, und ich suche nach einem schicken Kleid in einer Größe, die ich noch nicht habe. Außerdem muss ich rechtzeitig einen Botox-Termin bei meiner Hautärztin vereinbaren.

Ich sehe nicht ein, dass ich, nur weil ich fünfzig werde, auch so aussehen soll. Das tut heutzutage niemand mehr, auch nicht nach zwanzig Jahren Ehe. Ich will das jetzt auch: Jugend aus der Spritze und an meinem fünfzigsten Geburtstag jünger ausse-hen als an meinem vierzigsten. Und wenn ich dann schön und glatt bin und für mein altersloses Äußeres bewundert werde, dann werde ich, so wie alle anderen, behaupten, das läge lediglich an meinen guten Genen, genügend Schlaf und drei Litern stillem Wasser pro Tag.

Es ist ja leider völlig unüblich geworden, so alt auszusehen, wie man ist. Neulich habe ich mal versehentlich eine Fünf-undfünfzigjährige auf vierundfünfzig geschätzt. Da war viel-leicht was los. Und was hätte ich zu meiner Entschuldigung auch vorbringen können? Am Ende habe ich mich auf meine Alterskurzsichtigkeit und die mangelhaften Bifokallinsen be-rufen.

Ich dachte immer, ich selbst würde meinen Alterserschei-nungen nachsichtig und aufgeschlossen gegenübertreten. Aber das lässt sich natürlich leicht und vorlaut behaupten, solange man noch keine ernstzunehmenden Alterserscheinungen hat. Das ist so, wie wenn reiche Leute sagen, Geld spiele in ihrem Leben keine große Rolle. Dass ich nicht lache. Geld spielt erst dann eine große Rolle, wenn du arm bist, und Botox erst dann, wenn du alt wirst.

Ich will hier alles nur möglichst schnell erledigen. Die Beisetzung der Urne nächste Woche und die Haushaltsauflösung hinter mich bringen, den Verkauf des Hauses in die Wege leiten, um dann zügig wieder in mein altes Leben und zu meinen diversen Verpflichtungen zurückzukehren. Ein Ausflug mit den Rotariern ins Alte Land, Zahnreinigung, Lymphdrainage und Brustkrebsvorsorge stehen auch noch an.

Manchmal frage ich mich, warum wir eigentlich alle unbedingt möglichst lange leben wollen, wenn wir die Zeit bis zu unserem Tod hauptsächlich in Wartezimmern und bei Vorsorgeuntersuchungen verbringen, mit Schläuchen im Gedärm, mit zwischen Röntgenklammern eingequetschten Brüsten oder bei entwürdigenden Hautchecks, für die ein Typ, der gerade erst abgestillt worden ist, deinen Körper mit einer Lupe nach zwielichtigen Muttermalen absucht, sogar zwischen den Pobacken und mit zunehmendem Alter und abnehmender Straffheit auch darunter.

Die Luke schließt sich. Klappe zu. Monster tot. Ich habe nicht vor, diesen Dachboden jemals wieder zu betreten.


Ich werde noch ein Glas Wein trinken und dann früh ins Bett gehen. Früher bin ich aus Prinzip nicht früh ins Bett gegangen. Aber da wusste ich auch noch, wie das geht: Ausschlafen. Als Mutter kannst du nicht ausschlafen, du verlernst es wie eine Sprache, die du jahrelang nicht sprichst. Du wachst um sechs auf – selbst wenn in den ehemaligen Kinderzimmern längst die Wäsche trocknet und das letzte *Lego*-Piratenschiff schon vor Jahren bei eBay verkauft worden ist.

Ich habe ja beim Verkauf stets nur einen Bruchteil des ursprünglichen Wertes für *Lego*-Spielzeug erzielen können. Unbegreiflich, wie andere Mütter es hinkriegen, dass die Bausätze über Jahre hinweg komplett bleiben. Nach sieben Jahren verkaufen diese Zwangsneurotikerinnen eine dreihunderttausendteilige Feuerwehrwache mit mehreren Löschfahrzeugen in der unbeschädigten Originalverpackung, mit Bauanleitung, in sehr gutem Zustand, kein Teil fehlt! Das ist doch nicht normal.

Meine Kinder haben es nicht ein einziges Mal geschafft, einen *Lego*-Karton so zu öffnen, dass man ihn nachher noch für irgendwas anderes als fürs Altpapier hätte gebrauchen können. Und wenn nicht die Anleitung nach wenigen Stunden verschwunden gewesen war, dann mit Sicherheit das einzige Teil, ohne das das gesamte Objekt keinen Sinn ergeben hat. Wenn ich mal früh sterbe, dann wegen *Lego*.

Oder bin ich schon zu alt, um noch früh zu sterben?

Jedenfalls haben mich diese Heerscharen von Ninjagos und Nexo Knights, diese mehrstöckigen Parkhäuser, Kampfsterne und Star-Wars-Raumschiffe innerlich zermürbt und ausgehöhlt. *Lego* hat meine Nerven zerfressen und meine Kinder zu Biestern gemacht, die tobend Türen schlugen, weil sie auf Seite 219 der Bauanleitung feststellen mussten, dass sie bereits auf Seite vier einen entscheidenden Fehler gemacht hatten.

Ich habe schon mal einen kompletten Starfighter aus dem Fenster geschmissen. Komplett? Nein, eben nicht komplett, es fehlten drei immens wichtige Flügelteile, die Jahre später in einem Sicherungskasten im Keller wiederauftauchten. Wie sie dorthin gekommen sind, bleibt eines der vielen Geheimnisse, die das Leben mit Söhnen mit sich bringt.

Der Schulranzen eines Jungen gleicht einem schwarzen Loch, in dem Stifte, Radiergummis, Klassenarbeiten und Brotreste spur-, gruß- und rettungslos verschwinden. Auch das Zimmer eines männlichen Kindes saugt Materie ein und gibt sie nur in Ausnahmefällen wieder her. Wo ist die Einladung zum

Elternsprechtag geblieben, wo die neue Jacke, die Trinkflasche, der Haustürschlüssel? Selten tauchen Dinge wieder auf, Schiffbrüchigen gleich, die nach Jahren auf einer einsamen, in keiner Landkarte verzeichneten Insel durch Zufall entdeckt werden.

Ich habe Marmeladenbrote und Unterhosen in einem Zustand gefunden, der bei mir posttraumatische Störungen ausgelöst hat.

Die Psyche eines heranwachsenden Jungen wirft etliche Fragen auf, die auf ewig unbeantwortet bleiben werden: Warum stört es dich nicht, wenn deine Füße wie Pansen riechen? Warum hast du nicht aus dir heraus das Bedürfnis entwickelt, dir regelmäßig die Zähne zu putzen, den Müll zu entleeren oder leise die Treppe runterzugehen? Warum bedeutet dir frische Luft nichts?

Auch hier hatte sich Joachim als idealer Partner und überlegener Pädagoge erwiesen. Er blieb immer einfach ruhig und nahm auch die abstoßendsten Entwicklungsphasen unserer Söhne mit stoischer Gelassenheit hin, ohne sich, wie ich, mehrmals am Tag zu fragen, an welcher Stelle wir als Eltern versagt hatten. Während ich heulend und tobend Protestbriefe an das *Lego*-Imperium entwarf, nahm er sich Zeit, um geduldig und Schritt für Schritt eine Fehleranalyse zu betreiben und am Ende die Piratenschiffe und Raumstationen doch hinzukriegen. Wenn unsere Söhne stanken, roch er nicht so genau hin und behauptete, dass Kinder bis zu ihrem zwanzigsten Lebensjahr volle Mülltüten, unaufgeräumte Zimmer und schmutzige Füße rein genetisch nicht wahrnehmen könnten, damit Mütter noch möglichst lange das Gefühl hätten, sie würden im Leben ihrer Kinder eine wichtige Rolle spielen und dringend gebraucht werden. Alles sei vom Schöpfer wohlwollend so eingerichtet, um Mütterseelen zu schonen, und ich würde mich noch wundern, wie sehr mir der Geruch von pubertierenden Sportschuhen später fehlen würde.

Ich hatte stets nur bitter aufgelacht und mit spitzen Fingern die nächste Socke direkt in den Müll entsorgt. Und nie hätte ich gedacht, dass es mir mal so sehr fehlen würde, nachts auf dem Weg zur Toilette auf einen *Lego*-Stein zu treten. Eine Narbe an der Fußsohle habe ich heute noch. Sie erinnert an bessere Zeiten, als die Mülltonnen noch zu voll und mein Leben noch nicht zu leer war.

Prost! Auf *Lego* und die Schweißfüße!

Der Wein schmeckt schlecht. Das finde ich gut. Meine Mutter hatte nie ein Händchen für erlesene Getränke oder Speisen, für kostspielige Kleidung, wertige Kunst oder exquisite Möbel. Bei uns sah es eigentlich überall aus wie in anderer Leute Rumpelkammer. Nichts passte zusammen, nichts war schön oder neu. Nur unsere Rumpelkammer, ebenjener kaum frequentierte Dachboden, war leer und aufgeräumt. Das ganze Gerümpel war ja im Rest des Hauses im Einsatz.

Ich sitze an unserem wackeligen Küchentisch, den auch niemand freiwillig aus dem Sperrmüll retten würde. Der Tisch ist deutlich kleiner, als ich ihn in Erinnerung hatte. Alles hier ist kleiner, als ich es in Erinnerung hatte: Der Flur, das Wohnzimmer, die Fenster, die enge Treppe nach oben und der winzige Raum mit der Dachschräge, der mal mein Zimmer war und der von der Größe her an etwas erinnert, in dem Boris Becker uneheliche Kinder zeugt.

Meiner Vorstellung nach bin ich in einem palastartigen Gebäude mit geschwungener Freitreppe und lichtdurchfluteten Räumen aufgewachsen und nicht in diesem Schuhkarton. Vielleicht kommt einem das eigene Elternhaus immer größer vor, als es in Wahrheit ist, einfach weil man früher klein war. Da dachte man ja auch, Jungs aus der neunten Klasse seien anbetungswürdige Halbgötter und Kim Wilde eine atemberaubende Sängerin.

Es mag in meinem Fall aber auch daran liegen, dass in unserem Haus in Wedel das Wohnzimmer die Größe und den Charme eines Hallenbades hat. Bodentiefe Fenster bieten zwar einen beeindruckenden Weitblick über die Elbe, sorgen aber zugleich für das Gefühl, dass man ständig beobachtet und eventuell gerade von einem Scharfschützen ins Visier genommen wird.

Mein Wunsch nach Vorhängen war von unserer Interior-Designerin, einer eigens aus Hamburg engagierten Stilikone, mit fassungslosem Schweigen quittiert worden. Auch meiner Anregung, man könnte dem gegossenen Betonboden im Essbereich doch mit einem bunt gemusterten Kelim etwas von seiner kühlen Ausstrahlung nehmen, hatte niemand Gehör geschenkt. Stattdessen war von Urbanität und hanseatischem Understatement die Rede gewesen. Wedel ist ein nettes Nest mit 30 000 Einwohnern, aber es sollte so aussehen wie im benachbarten Hamburg oder, besser noch, gleich wie in New York.

Joachims Gemüt kam das sehr entgegen. Er schätzt klare Linien und ist kein Freund von dem, was ich gemütlich nenne; das eierschalfarbene Ledersofa, das er uns mal ungefragt zu Weihnachten geschenkt hat, wirkt auf mich jedenfalls so einladend wie ein Gynäkologenstuhl.

Aber dieses hutzelige Häuschen, in dem ich groß geworden bin, diese Raufaserhölle mit blankgelaufenem Dielenboden und vergilbten Lichtschaltern umschließt mich wie eine langgeliebte Schmusedecke. Ich hätte nicht gedacht, dass ich mich in dieser Umgebung so wohl fühlen würde. Seit fünfzehn Jahren bin ich nicht mehr hier gewesen, weil ich immer Angst hatte, dass mich die Vergangenheit doch noch einholen könnte. Meine Heimat war zu einem kontaminierten Ort geworden, überall lauerte das schlechte Gewissen wie Radioaktivität in den Trümmern von Fukushima. Ich hatte nicht mal mehr einen eigenen Schlüssel. Und jetzt ist es auf einmal mein Haus.

Meine Mutter ist immer zu uns nach Wedel gekommen, und das war mir sehr recht. Sie hat viel mit den Kindern geholfen, in den Ferien das Haus gehütet und so manche steife Abendgesellschaft mit ihrer rheinländischen Warmherzigkeit bereichert oder auch irritiert, je nachdem, wie ausgeprägt die norddeutsche Mentalität unserer Gäste gewesen war. Sie hatte eine Art, direkte Fragen zu stellen, die ich mir längst abgewöhnt habe.

Ich möchte mir gar nicht ausrechnen, wie viel Lebenszeit ich schon vergeudet habe beim Anhören langweiliger Antworten, die ich durch meine uninspirierten Fragen selbst verschuldet habe. Fünf, sechs Jahre, fürchte ich, werden allein schon ins Land gegangen sein, während ich mir anhörte, auf welche unterschiedliche Weise man Salatdressings zubereiten kann und wo die Vorzüge der Toskana gegenüber der Provence liegen. Wie oft hatte ich mir gewünscht, den unheilbringenden Satz «Und was machen die Kinder?» nicht ausgesprochen zu haben. Öde und gleichzeitig alarmierende Vorträge über schottische Internate für Ausnahmetalente, Hockeycamps für Hochbegabte und sonstige Höchstleistungen des eigenen Nachwuchses in verschiedensten Bereichen waren die Folge gewesen. Und nicht selten hatte ich nachher wachgelegen und mich bekümmert gefragt, welche Talente ungenutzt in meinen Söhnen schlummern mochten und wie um alles in der Welt ich es versäumen konnte, sie zu wecken.

Üblicherweise fühlte ich mich nach formellen Abendeinladungen so deprimiert wie heute, wenn ich Facebook oder

Instagram einen Besuch abstatte. Die heile Welt der anderen. Sie sind schön und bester Dinge und schicken Fotos von den sagenhaften Orten, an denen sie sich gerade befinden, von den phantastischen Speisen, die sie gerade essen, oder von den wunderbaren Leuten, mit denen sie gerade an einer inspirierenden Vernissage teilnehmen.

Unterernährte Frauen verunsichern mich mit Selfies, auf denen sie kurz davor sind, in gigantische Burger oder obszön große Currywürste zu beißen. Oder sie posten ihre halbgaren Meinungen mit einem Selbstbewusstsein, das ich unangemessen und aufdringlich finde.

Das digitale Erscheinungsbild vieler Mütter hingegen ist oft beschämend zurückhaltend; es kommt einem so vor, als hätte sich ihre eigene Person zugunsten der Kinder und Haustiere aufgelöst. Profilbilder von Müttern zeigen in der Regel den Nachwuchs, oft inklusive Golden Retriever, aber nie den zugehörigen Vater oder die Mutter selbst. Man muss sich nur mein eigenes WhatsApp-Profilfoto anschauen, dann versteht man sofort, was ich meine: drei Söhne und ein Cocker Spaniel vor blauem Himmel. Da muss man sich doch fragen, ob die Inhaberin dieses Accounts womöglich schrecklich entstellt oder schrecklich schüchtern ist oder ob sie ihre digitale Umwelt beifallheischend auf die Leistungen ihres Uterus hinweisen möchte, den Cocker da natürlich mal ausgenommen. Ein Einzelkind gilt im Übrigen noch nicht als profilbildwürdiges Lebensergebnis, ein einzelner Hund hingegen schon.

Mich zieht das alles runter, tut mir leid. Die sozialen Medien finde ich asozial. Gaukeln Wackelkandidaten wie mir vor, dass immer und überall die Sonne scheint, außer über meinem eigenen Dach. Ist das Neid, ist das Missgunst, ist das eine beginnende Depression? Ich kann dem jedenfalls nichts abgewinnen: bei nachhaltigem Nieselregen mit rausgewachsener Frisur, den ewigen sechs bis zehn Kilo zu viel und den ständigen Zweifeln am Leben vor dem Computer zu sitzen und anderen beim Glücklichsein zuzuschauen.

Warum ertrage ich das nicht? Vielleicht bin ich nicht selbstbewusst genug? Vielleicht waren es die Kinder, die meine Selbstzweifel und die Sorge, etwas falsch zu machen, noch verstärkt haben? Aber vielleicht sind es auch die Leute, die einfach nicht zugeben wollen, dass sie ganz ähnliche Ängste haben, dass ihre Söhne auch klauen, stinken oder Schimpfwörter benutzen, dass ihre Töchter sich gegenseitig mobben oder mit elf die erste Diät beginnen?

Ich sollte endlich aufhören, mir von anderen was vormachen zu lassen. Ich brauche nicht länger jeder Mittfünfzigerin bedingungslos zu glauben, dass sie noch regelmäßig ihren Eisprung hat, Rückenschmerzen nur vom Hörensagen kennt und sich keinen Tag älter fühlt als einunddreißig. Die Frau, die mir das erzählen will, hat wahrscheinlich vor zwanzig Jahren auch behauptet, dass ihre Kinder durchschlafen und ihr Hund noch nie auf den Teppich gekackt hat.

Frauen neigen dazu, Verhältnisse zu beschönigen und es sich und anderen dadurch schwerer zu machen. Wir helfen aber niemandem damit, wenn wir uns ständig vormachen, es sei alles gar nicht so schlimm. Seien wir doch ehrlich: Kinder großzuziehen ist schon nicht leicht. Aber das, was danach kommt, ist noch viel schwerer. Älter werden bedeutet ja nicht, dass man automatisch weise und gelassen und tolerant wird. Wir werden schrullig, der Rücken wird nicht mehr besser, und einzelne lange Haare wachsen uns aus dem Gesicht. Meine Hobbys sind Nahrungsergänzungsmittel, Vorsorgetermine, Anti-Aging-Produkte und Detox-Säfte. Keine meiner Freundinnen verreist mehr ohne ihr eigenes Kopfkissen. Meine Mutter brachte immer gleich ihr gesamtes Bettzeug mit, inklusive ihres orthopädischen Stützkissens, ihrer Hausschuhe und ihrer bevorzugten Kaffeesorte.

Und nun ist sie von ihrem letzten Besuch bei uns nicht mehr zurück nach Hause gekehrt. Herzinfarkt im Gästebett. Mit dreiundachtzig. Mama hatte «Gute Nacht» gesagt, und das war's. Einfach nicht mehr aufgewacht.

«Ein Glücksfall», hatte unser Hausarzt gesagt. Das war mir aber kein Trost gewesen, sondern vielmehr taktlos vorgekommen, und ich hatte bereut, den Mann bereits zu meinem Geburtstag eingeladen zu haben. Nur weil ein Mensch lange lebt, heißt das ja nicht, dass man seinen Tod nicht als Tragödie empfinden kann oder darf. Eine Frechheit, dass ich mir sagen lassen muss, meine Mutter habe ein erfülltes Leben gehabt und was für eine Gnade ihr schneller Tod doch sei. Erstens: Vielleicht hätte sie trotz ihres hohen Alters gern noch länger gelebt; soll ja vorkommen. Und zweitens: Wer denkt an mich und an meine Trauer und an mein Leben? Ich bin verlassen worden. Erst von meinen Kindern und jetzt von meiner Mutter. Nur mein Mann, der bleibt. Ausgerechnet.

Es hatte eine Trauerfeier im Kreis der Familie gegeben, und ich hatte mich wirklich zusammenreißen müssen, um nicht zu zeigen, wie elend mir zumute war. Dass der plötzliche Herztod einer über Achtzigjährigen eine derartige Verzweiflung bei einer überreifen hinterbliebenen Tochter auslösen kann, ist gesellschaftlich nicht akzeptiert. Ich habe mich ja selbst geschämt und meine bitteren Tränen nach innen geweint.

Zwei Wochen später war meine Mutter eingeäschert worden, und jetzt steht sie hier auf der Fensterbank, mit Blick auf die Tannen.

Alles hier rechnet noch mit ihrer Rückkehr. Als sie schon tot war, war der Roséweinschinken in ihrem Kühlschrank nicht abgelaufen. Der Vanillequark hat sie überlebt, vom Tomatenmark und den Dosenpfirsichen ganz zu schweigen.

Alles wartet auf meine Mutter. Vergebens. Das Buch auf dem Nachttisch, die halbvolle Schachtel *Ernte 23*, der gesteppte hellblaue Morgenmantel, der auf ihrem Bett lag und den ich mir jetzt um die Schultern gelegt habe, als seien es ihre tröstenden Arme, und in dem ein Hauch ihres Geruchs haftet. Schon komisch. Da vorne steht Mamas Asche, und hier riecht es noch nach ihr.

Wer hat eigentlich behauptet, dass man erst mit dem Tod der Eltern so richtig erwachsen würde? Ein Vollidiot. Ich fühle mich nicht erwachsen. Ich fühle mich wie ein Kind, das seine Mutter verloren hat. Zurückgelassen in einer Welt, in der niemand mehr schützend die Hand über mich hält.

Traurig lächele ich die Urne an. Und sie lächelt, so kommt es mir vor, sehr verständnisvoll zurück. Wir beide haben ganz schön viel erlebt, die Reise hat uns zusammengeschweißt. Die Autofahrt heute Morgen war schon etwas seltsam gewesen. Fünfhundert Kilometer von Nord nach West, mit einer Urne als Beifahrer. Aber ich hatte mir diese letzte Reise mit ihr nicht nehmen lassen wollen. Beim Amt für Friedhofs- und Bestattungswesen hatte ich einen formellen Antrag stellen müssen, da Urnen eigentlich nur durch, so wurde mir gesagt, «neutrale Transportpersonen» zum Friedhof gebracht werden dürfen. Mir wurde tatsächlich nahegelegt, meine Mutter «zum Schutz des postmortalen Persönlichkeitsrechts und zur Wahrung der Totenwürde» doch lieber mit einem Paketdienst zu verschicken. Was daran pietätvoll sein soll, hatte sich mir allerdings nicht erschlossen, zumal ich in letzter Zeit schlechte Erfahrun-

500 Kilometer von Nord nach West mit einer Urne als Beifahrer.

gen mit DHL gemacht habe. Ich wollte nicht, dass die Urne dasselbe Schicksal ereilt wie den Bauch-weg-Badeanzug und die acht Frühstücksteller, die nie bei mir angekommen sind.

Es war mir schließlich mit Hilfe des Vorsitzenden des «Fachausschusses der Bundesfachgruppe Bestatter» gelungen, eine Sondergenehmigung zu erwirken, eine Art Passierschein mit der amtlichen Beglaubigung, dass ich zum Transport befugt und auf dem Weg zu einer offiziellen Grabstätte sei.

Glücklicherweise wird auf dem hoffnungslos überfüllten kleinen Friedhof meiner Heimatstadt Jülich in den nächsten Tagen eine Parzelle frei, die meine Mutter quasi übergangslos als Nachmieterin übernehmen kann.

«Auf Parzelle vier läuft eine Mindestruhezeit ab», hatte der Mann von der Friedhofsverwaltung gesagt. «Das Grab liegt sehr schön in der Nähe der Kapelle, da haben Sie wirklich Glück.»

Ja, wirklich kaum zu fassen, was für ein Glück ich habe.

Ich hatte die Urne notdürftig mit dem Anschnallgurt für unseren Hund gesichert und war im Morgengrauen aufgebrochen. Wenigstens mussten wir nicht bei jedem zweiten Rastplatz raus, so wie bei früheren Fahrten; die Blase meiner Mutter war nicht sehr belastbar gewesen.

Auf der Höhe von Hannover war ich in hysterisches Gelächter ausgebrochen bei der Vorstellung, wie sich bei einem Auffahrunfall die Asche meiner Mutter über uns alle senken würde, so wie dereinst die Asche des Vesuvs über die Opfer von Pompeji.

Bis Münster-Nord hatte ich dann entschlossen durchgeheult, und aus dem Stau vorm Kamener Kreuz hatte ich meine Freundin Martina angerufen, um sie über den Sinn des Lebens zu befragen.

Martina war, anders als ich, nicht von ihrer Midlife-Crisis überrascht worden und hatte sich auf den Zeitpunkt, an dem ihr Kind aus dem Haus und ihre Eierstöcke leer sein würden, bestens und vorausschauend vorbereitet. Gleich nach der Wende hatten sie und ihr Mann Kurt ein Seegrundstück bei Zarrentin in Mecklenburg-Vorpommern gekauft. Mittlerweile steht dort ein hübsches Häuschen, in dem die beiden die Wochenenden und die Ferien verbringen und wo sie, bei einem Glas Wein über den See und ihren Garten blickend, ihrem Lebensabend entgegensehen. Und all diese Vorkehrungen hatte

Martina gänzlich ohne Therapiebegleitung, den Besuch von Selbsthilfeseminaren oder auch nur eine einzige Achtsamkeitsmeditation getroffen. Martina ist die psychisch gesündeste Frau, die ich kenne.

«Wenn du mit deinem Mann zusammenbleiben willst, dann braucht ihr eine gemeinsame Perspektive», hatte sie mir schon vor Jahren gepredigt, als unsere Söhne noch nicht mal im Stimmbruch waren. «Ein Hobby, einen Hund, zwei Katzen oder ein Gemüsebeet. Egal was. Ihr könnt auch gemeinsam Banken ausrauben, schwarzfahren oder in Swingerclubs gehen. Hauptsache, es verbindet euch. Die meisten Paare langweilen sich zu Tode, wenn die Kinder aus dem Haus sind. Auf diese Art zu sterben habe ich keine Lust.»

Martina ist vierundfünfzig und hat ein Kind. Wir kennen uns, seit meine Zwillinge mit ihrem Sohn in dieselbe Grundschulklasse gingen und die drei dort zu berüchtigten Radaubrüdern wurden. Regelmäßig bekamen wir alarmierende Anrufe von Lehrerinnen, Mädchenmüttern oder der Direktorin, weil einer unserer Jungs mal wieder etwas getan hatte, was wenige Jahre zuvor noch als völlig normal gegolten hätte, nun aber als Auffälligkeit, womöglich sogar beginnendes ADHS eingestuft wurde. Du kannst als kleiner Junge heutzutage kein Mädchen mehr ärgern oder dich mit einem Kumpel prügeln, ohne gleich als gewaltbereit und schwererziehbar zu gelten.

Ich beneide Mütter nicht um ihre Verantwortung, aus Söhnen, die viel zu lange stillsitzen müssen, Männer zu machen, die wissen, wann es an der Zeit ist aufzustehen. Martina und ich haben viele Stunden damit verbracht, uns gegenseitig zu beruhigen und uns klarzumachen, dass eine Fünf im Lernwörtertest nicht automatisch zu bedeuten hat, dass unsere Söhne Drogendealer oder Söldner werden würden.

Tatsächlich haben wir beide uns, das wissen wir heute, mindestens neunzig Prozent unserer Sorgen um unsere Kinder umsonst gemacht. Ich hätte mir mal lieber rechtzeitig Sorgen um mich machen sollen, statt meine Zeit auf Elternabenden zu verplempern, auf denen in komplizierten Abstimmungen entschieden wurde, ob man den Kindern Süßigkeiten mit in die Brotdose geben darf und, wenn nein, ob eine Joghurt-Reiswaffel den Rahmen des Erlaubten bereits sprengen würde. Ich habe tatsächlich an einer hitzigen Diskussion über die Formulierung einer Einverständniserklärung für eine Rohmilchkäseverzehrprobe beim Besuch eines Demeter-Bauernhofes unserer Kinder teilgenommen. Und ich war mir dabei noch nicht einmal doof vorgekommen.

«Martina!» Zum Glück war sie gleich rangegangen. «Martina, ich stehe mit meiner Mutter im Stau und sehe überhaupt keine Zukunft für mich.»

«Hast du getrunken? Deine Mutter ist tot.»

«Mit der Urne meiner Mutter», hatte ich mich korrigiert. «Ich bin auf dem Weg nach Jülich, nächste Woche ist die Beisetzung, und wenn ich danach zurückkomme, habe ich keine Ahnung, was ich mit meinem Leben anfangen soll. Andere haben wenigstens pflegebedürftige Eltern. Und was hab ich?»

«Du könntest deine neugewonnene Freiheit genießen. Du könntest wieder mehr arbeiten. Du könntest studieren, einen Roman schreiben oder mal wieder mit deinem Mann schlafen.»

«Mach dich nicht lächerlich.»

«Ich habe dir schon immer gesagt, dass du dich selbst und deine Ehe zu sehr vernachlässigst.»

«Joachim ist ein Zahnarzt, der auf mikroskopische Wurzelbehandlungen spezialisiert ist und mit denselben Männern

Tennis spielt, mit denen er vor vierzig Jahren per Interrail nach Spanien gefahren ist. Das kann doch kein Lebensinhalt sein!»

«Alles klar. Ich fasse mal eben zusammen: Deine Mutter ist schuld an deiner Lebenskrise, weil sie dir nicht den Gefallen getan hat, langsam dahinzusiechen, und dein Mann ist schuld, weil er einfach der ist, der er immer war und der dir im Übrigen fast zwanzig Jahre lang auch gut genug war. Ach ja, und die Kinder sind natürlich auch schuld, weil sie die Frechheit besitzen, selbständig zu werden.»

«Ach Martina, jetzt tröste mich doch wenigstens ein kleines bisschen. Ich bin Rheinländerin, wir vertragen es nicht, wenn man uns die Wahrheit sagt.»

«Ich komme aus Flensburg, da nennt man die Dinge beim Namen. Deine Mutter ist tot, deine Kinder brauchen dich nicht mehr, du bist zwanzig Jahre verheiratet und wirst im Januar fünfzig. Da kommt einiges zusammen. Trotzdem ist das insgesamt ein verkraftbares Schicksal. Vielleicht solltest du dir in Jülich etwas Zeit nehmen, in Ruhe trauern und darüber nachdenken, was du jetzt machen willst.»

«Ich habe keine Zeit, über meine Zukunft nachzudenken. Ich werde fünfzig.»

«Zurück zu den Wurzeln, das kann interessant sein. Vielleicht bringt dich das auf ganz neue Ideen. Denk nur daran, was du deiner Therapeutin hinterher alles erzählen kannst.»

«Sehr witzig.»

«Ich mein das ganz ernst. Komm nicht einfach zurück und mach weiter wie bisher. Du brauchst einen Plan.»

«Ich werd's mir überlegen. Gleich kommt meine Ausfahrt. Ich melde mich wieder. Danke, Martina! Bei dir so weit alles okay?»

«Schneckenplage im Gemüsegarten. Aber darüber lass uns

ein anderes Mal sprechen. Das ist nichts für zwischen Tür und Angel.»

Ich hatte aufgelegt und den Blick genossen: die schäbigen Flachdachhallen, nicht enden wollende Parkplätze, viel Beton, wenig Grün. Hier beginnt für mich Heimat. Hier, auf einem der hässlichsten Streckenabschnitte des westdeutschen Autobahnnetzes hinter Köln.

Meine Heimatstadt ist genauso groß wie Wedel und liegt ebenfalls in einer sogenannten Metropolregion, ohne selbst eine Metropole zu sein. Ich habe praktisch immer im Schatten von etwas Größerem gelebt, und wenn ich im Ausland, wozu ich Bayern, das Saarland und Berlin zähle, gefragt wurde, wo ich herkäme, hatte ich früher mit «aus Köln» und später mit «aus Hamburg» geantwortet. Ich hatte mich stets ein wenig dafür geschämt, dass ich es nur bis vor die Tore der allseits bekannten Städte geschafft hatte. Aber jetzt fühlt sich der Anblick der Gegend in meinem Herzen an wie das freundliche Nicken eines vertrauten Menschen, der sich freut, mich nach langer Zeit wiederzusehen.

«Jetzt ist es nicht mehr weit bis nach Hause», hatte meine Mutter jedes Mal gesagt, wenn rechts an uns das Gewerbegebiet vorbeigezogen war. Meine Mutter. Vor zehn Tagen hat sie mir zum letzten Mal «Gute Nacht» gesagt, und bereits jetzt fällt es mir schwer, mich an ihr Gesicht zu erinnern. Sie entschwindet, verblasst wie ein Polaroidfoto, das sich vor meinen Augen zurückentwickelt bis zu dem Punkt, an dem nichts mehr zu sehen sein wird. Meine Mutter geht mir verloren, und ich kann sie nicht festhalten.

Ich hasse den Tod. Ich habe ihn zu früh kennengelernt. Und jetzt bin ich wieder hier, wo alles seinen Anfang nahm.

Bis heute fällt es mir schwer, meiner Heimat zu verzeihen, dass sie kein Ort ist, an den ich einfach so zurückkehren kann. Sie liegt in der Vergangenheit. Erreichbar nur über diese brüchige Brücke aus Erinnerungen und Sehnsüchten, die mir stets vorgaukeln, früher sei das Wetter besser, seien die Sorgen kleiner, sei das Leben unbeschwert gewesen. Auch wenn bei mir die Unbeschwertheit früher geendet hat als bei den meisten anderen.

Die Sehnsucht nach früher und nach dir, Anne, und nach dem, was hätte sein können, ist nicht zu stillen. So ist das.

Und deshalb habe ich Heimweh. Hatte ich schon immer und werde ich mein Leben lang haben.

Ganz besonders jetzt, wo ich wieder zu Hause bin und meine Mutter nicht mehr auf mich wartet.

## UNSER ERKENNUNGSZEICHEN.
## DU HAST ES NICHT VERGESSEN.
## DU BIST WIEDER DA

Ich greife nach der Plastiktüte und packe das Buch aus, das ich aus seinem Versteck auf dem Dachboden befreit habe. In braunes Leder eingebunden, noch wie neu. Das Buch eines Sommers.

Ich habe früh angefangen, Tagebücher zu schreiben, ungefähr mit neun, als mein geliebtes Meerschweinchen Max unter diesen mehr als tragischen Umständen starb und ich den Kummer schriftlich verarbeiten wollte. Mindestens sechs in chinesische Seide eingebundene Bücher stehen noch oben in meinem Kinderzimmer. Jahrelang von mir heiß geliebt. Manche Träne ist hineingeflossen. Diese Bücher mussten meine frühen Dichtkünste ertragen, als ich mich mit fünfzehn für eine Seelenverwandte Heinrich Heines hielt. Sie enthalten nie abgeschickte Briefe, nie ausgesprochene Liebesschwüre und zahlreiche dilettantisch illustrierte Schminktipps, die ich unbedingt für mein späteres Selbst festhalten wollte. Es sind die überaus durchschnittlichen Aufzeichnungen eines Mädchens mit Zahnspange, Sommersprossen und Pferdepostern. Mein Traum war es, Bücher zu schreiben und mit der Liebe meines Lebens ein bunt gestrichenes Haus am See zu bewohnen. Das Übliche halt. Sehr zu meinem Leidwesen stellte sich die Liebe meines Lebens aber nicht wie geplant gegen Ende der Schulzeit ein, auch ein Haus am See war weit und breit nicht in Sicht. Und während ich jedes Wochenende in den Discos der umliegenden Großstädte auf Partnersuche ging, kümmerten sich andere bereits um ihre berufliche Zukunft.

Missmutig und um nicht ganz aus der Übung zu kommen, begann ich, ab und zu mit Joachim zu schlafen, meinem hartnäckigen Verehrer aus Norddeutschland, den ich im Sommerurlaub in Spanien kennengelernt und dort versehentlich und trotz seines blonden Schnurrbartes eine Nacht lang für meine große Liebe gehalten hatte. Ich war jung, meistens betrunken und kam mir durch südliche Temperaturen und den Verzehr von vielen Oliven ungeheuer spanisch vor.

Haben wir denn nicht alle in Benidorm, Rimini oder an der holländischen Küste, am Plattensee in Ungarn oder in den Dünen Südfrankreichs mal gedacht, die Suche hätte ein Ende und der Partner fürs Leben sei bereits mit siebzehn gefunden? Die meisten unter uns haben diesen Irrtum rechtzeitig eingesehen.

Joachim war wahrscheinlich schon mit acht ein Mann zum Heiraten. Aber wer will schon den Richtigen finden, bevor man nicht mindestens mit vier bis zweiunddreißig Falschen geschlafen hat? Joachim liebte mich auf eine erwachsene, reife Weise, die mir Respekt eingeflößt hätte, wäre ich nicht Mitte zwanzig gewesen und somit ohne jede Nachsicht und Milde gegenüber denen, die zwar einen guten Charakter haben, aber die falschen Turnschuhe tragen. Joachim kam aus Wedel, einer Stadt, die ich geographisch nur grob einzuordnen wusste. Ich führte ein mehr oder weniger lustiges Studentenleben, wohnte mit Anne, Michael, der zwei Klassen über uns gewesen war, und dem schwulen Karsten in einer WG in Köln-Nippes, fuhr jedes Wochenende nach Hause und ab und zu nach Wedel bei Hamburg, weil ich Joachim nicht verlieren wollte, solange ich nichts Besseres gefunden hatte.

Karsten klaubte genervt meine Haare aus dem Abfluss, ich

stellte Michaels Sportschuhe zum Auslüften in den Flur. Karsten hielt Annes und meine Handtaschen, während wir auf der Tanzfläche waren, und fragte Anne, die Jura studierte, Paragraphen ab. Michael ließ seine verdatterten One-Night-Stands regelmäßig bei mir am Küchentisch zurück, wenn ihm beim Aufwachen mal wieder klargeworden war, dass das Mädchen außer Stöhnen quasi keine sinnstiftenden Laute von sich geben konnte. Nachts aßen wir *Nutella* direkt aus dem Glas, aschten in leere Bierflaschen und redeten über Politik, Literatur und was aus der Welt und aus uns werden sollte.

Anne und Karsten waren die Pragmatischen in unserer Wohngemeinschaft. Sie waren nie ganz so betrunken, nie ganz so versponnen, nie ganz so verzweifelt wie Michael und ich. Karsten machte eine Ausbildung zum Polizisten, war viel unterwegs und ließ sich von Michael seelenruhig bepöbeln, wenn der mal wieder fand, dass sich Karsten auf die falsche Seite geschlagen habe und er, Michael, dann ja auch genauso gut mit Franz Josef Strauß oder Ronald Reagan zusammenziehen könne.

Michael hatte lange Haare und ein zerrüttetes Elternhaus, er war romantisch und rebellisch, wollte Entwicklungshelfer werden, schrie sich regelmäßig mit seinem spießigen Vater an und fuhr alle zwei, drei Jahre mit Karsten nach Peru, wo sie für eine Hilfsorganisation arbeiteten und nach und nach zwei Schulen und ein Krankenhaus bauten.

Anne und Karsten sorgten dafür, dass Michael nie ganz den Boden unter den Füßen verlor. Ich hatte den Eindruck, dass er die beiden dafür manchmal mindestens so sehr hasste, wie er sie eigentlich dafür liebte. Während Anne schon mit Großkunden in Saint-Tropez verhandelte, saßen er, Karsten und ich noch in unserer rumpeligen Gemeinschaftsküche, aßen *Mirácoli* und verteilten Spüldienste.

«Ihr seid meine Basis», pflegte Anne zu sagen, wenn sie mal wieder zum Auftanken vorbeikam wie ein Kampfjet auf dem Flugzeugträger.

Und dann gingen wir allmählich auseinander, weil das Leben ernster wurde und keine Rücksicht mehr nahm auf unsere Spinnereien und Träume von bunten Holzhäusern und Frieden auf Erden.

Mein Vater starb im selben Jahr wie Michaels Vater. Annes Bruder bekam ein Kind, sie ein Stipendium. Karsten war der Erste, der aus unserer WG auszog, als er eine Stelle in Hamburg bekam. Anne begann, bei einer Bank zu arbeiten, und zog in eine beeindruckende Wohnung am Kölner Rudolfplatz. Ich beendete ein langwieriges Literaturstudium und fing als unterbezahlte Mitarbeiterin in einer PR-Agentur in Düren an.

Michael stand, nachdem er mit einem Tonstudio, einem Fahrradladen und mehreren undurchsichtigen Internet-Startups gescheitert war, mit siebenundzwanzig vor dem zweiten juristischen Staatsexamen. Anne und er trafen sich durch Zufall bei einem Vortrag über Datenschutz wieder, tranken anschließend auf die alten Zeiten und stellten überrascht fest, dass sie ineinander verliebt waren.

Ich war sehr erstaunt, als Michael wenig später in Annes Wohnung zog, sich die Haare abschnitt und von Anne zu Weihnachten mit einem grauen Maßanzug ausgestattet wurde. «Vom Neandertaler zum Homo sapiens in zwei Monaten. Eine sensationelle Erfolgsgeschichte menschlicher Evolution», hatte sie belustigt gesagt und erzählt, dass Michael nach seinem Staatsexamen bei ihrem Vater in der Kanzlei anfangen würde. «Mit 35 ist er Partner, mit 38 bekommen wir das erste Kind und das erste Au-pair-Mädchen, und mit 50 bin ich Vorstandsvorsitzende.» Anne hatte gelacht. Aber ich hatte gewusst, dass es ihr ernst war. Sie setzte sich Ziele, sie verfolgte Ziele, sie erreichte Ziele. Und nun war Michael unverhofft Teil ihres Masterplanes. Wir waren erwachsen geworden. So schien es zumindest.

Und dann kam dieser Sommer. Mit all seinem Glück und all seinem Schrecken.

Im Winter darauf habe ich Joachim geheiratet. Ich hatte ja keine andere Wahl. Dachte ich jedenfalls. Vor zwanzig Jahren.

Damals habe ich aufgehört, Tagebuch zu schreiben. Das Buch endet mit einem großen Knall. Mit einer Katastrophe. Mit einer Tragödie, wie sie sich in den gewöhnlichen Leben von dreißigjährigen Frauen nicht abspielt, die aus rheinländischen Kleinstädten und aus Verhältnissen stammen, welche als geordnet zu bezeichnen sind. Bei uns war noch nie etwas Schlimmes passiert.

Immerhin hatte ich überlebt. Und ich hatte mich zerbrochen, aber dankbar in die zweite Reihe zurückgezogen und mein altes Leben freiwillig beendet. Ich hatte drei Kinder bekommen und mich zwanzig Jahre über gute Zeugnisse, gewonnene Fußballspiele und erteilte Studienplätze gefreut. Die Erfolge meiner Söhne waren zu meinen Erfolgen geworden, ihre Schmerzen zu meinen, ihr Glück zu meinem, ihre Träume zu meinen. Ihre Tore wurden zu meinen Toren. Aber selber hatte ich keine mehr geschossen. Ich hatte aufgehört, an mich zu denken oder etwas Besonderes vom Leben zu erwarten. Ich hatte, wenn ich ehrlich bin, eigentlich mit gar nichts mehr gerechnet.

Wann habe ich denn zum letzten Mal etwas zum ersten Mal erlebt? Und ich spreche hier nicht von meiner Darmspiegelung oder der Einäscherung meiner Mutter. Ich meine diese wunderbaren Premieren des ersten Lebensdrittels, diese vielen fabelhaften großen und kleinen Glücksmomente, die einem automatisch über den Weg laufen, einfach nur, weil man jung ist und erst beginnt, das Leben zu erleben.

Aber irgendwann ist der erste Kuss geküsst und die erste Liebe geliebt, das erste Geld verdient, das erste Kind geboren und der erste Rinderbraten mit Kräuterkruste auf den Punkt gegart. Dann beginnen die ewigen Wiederholungen, und aus Highlights werden allmählich funzelige Gewöhnlichkeiten.

Neulich war ich zum fünften Mal bei einem Rolling-Stones-Konzert und habe dabei nur daran gedacht, wie phantastisch es beim ersten Mal war. Ich werde nie wieder hingehen, es macht mich traurig, dass ich nicht mehr so empfinden kann wie früher. Ob sich Mick Jagger noch auf seine eigenen Konzerte freut? Oder kommt er sich auch manchmal blöd vor, so wie ich beim Krippenspiel, wenn ich zum millionsten Mal einer kleinen Maria eine nackte Puppe unter den blauen Umhang schiebe, die sie dann später schmerzfrei und unauffällig gebären und im Stroh ablegen soll?

Denkt sich der Mick wohl manchmal: «Mensch, was tu ich hier eigentlich? Hüpfe immer noch auf meinen dünnen Storchenbeinen wie ein poröser Flummi über die Bühne und singe von Sex und Drogen, dabei will ich viel lieber auf meinem Sofa sitzen und die nächste Folge von ‹Game of Thrones› gucken. Und die Leute da unten? Die haben doch auch alle Schlupflider und wollen früh ins Bett. Im Grunde halten wir uns gegenseitig davon ab, zuzugeben, dass wir zu alt für so einen Scheiß sind und ich in schwarzen Röhrenjeans aussehe wie ein Opa auf dem Scooter. Die wollen sich durch mich daran erinnern, dass sie auch mal jung waren. Diese verdammten Konzerte sind nichts anderes als peinliche Séancen, bei denen wir die Geister unserer Jugend heraufbeschwören. Bloß, dass ich nachher Rückenschmerzen wie Hölle habe. Nee, seriously, der Bruce macht ja auch keine ‹Stirb langsam›-Filme mehr, und der Sean hat als James Bond rechtzeitig aufgehört. Ich muss dringend mal mit meiner Therapeutin darüber reden, ob nach dieser Tour nicht langsam der Zeitpunkt gekommen ist, mich zurückzuziehen. Man will sich ja auch nicht lächerlich machen hier oben. Aber was könnte ich stattdessen tun? Kunstgeschichte studieren? Oder eine Ausbildung zum Heilpraktiker machen? Na ja, notfalls zeuge ich noch ein Kind. Das hilft immer.»

Die Stones, der Geruch von Pfannkuchen und Nivea-Sonnencreme, Miss Marple, Winnetou, Elliot, das Schmunzelmonster. Auch alte Bücher und alte Lieder rufen bei mir Erinnerungen hervor an Gefühle, die ich nicht mehr habe. Als ich neulich unvermutet im Radio «Un-break my heart» von Toni Braxton hörte, war ich tief erschüttert. Erstens wurde mir dabei klar, wie unerhört lange es bereits her ist, dass ich zum letzten Mal zu diesem Lied geweint habe, und zweitens, wie unerhört schlecht mein Musikgeschmack damals gewesen ist.

Diese Wehmut ist ein zuverlässiger Begleiter, wenn das Leben allmählich in die Jahre kommt. Bei einigen Büchern bedauere ich es sehr, dass ich es nicht mehr vor mir habe, sie zum ersten Mal zu lesen. «Die unendliche Geschichte» zum Beispiel und «Der Tote in der Badewanne», «Altes Land», «Die Muschelsucher» und «Die Tante Jolesch». Es ist, wie zum ersten Mal mit dem Zug nach Florenz zu fahren. Mit siebzehn dachte ich, ich könnte die Schönheit der verschiedenfarbigen Dächer kaum ertragen. Heute erinnere ich mich daran, wie schön ich es mal fand.

Jedes Weihnachtsfest ist mittlerweile eine Zumutung. Die Gans gelingt, und der Wein ist vorzüglich, bloß die zugehörigen Gefühle haben sich mit den Jahren abgenutzt wie ein Handtuch, das irgendwann mal kuschelig war und jetzt bloß noch zum Aufwischen taugt, wenn was danebengeht.

«Ich besaß es doch einmal, was so köstlich ist!

Dass man doch zu seiner Qual nimmer es vergisst!»

Das ist von Goethe. Aber es könnte auch von mir sein, wenn ich das Schreiben nicht zugunsten von Kindererziehung und Ehemannunterstützung eingestellt hätte.

Die behagliche, lähmende Lebensroutine wird in späteren Jahren meist nur noch durch schlechte Nachrichten unterbrochen, wie die von einem kiffenden Sohn, einer gepiercten Tochter, einem Bandscheibenvorfall oder einer Hornhautverkrümmung.

Schrecklich, ich bin so negativ. Das war ich früher nicht. Vielleicht auch eine Begleiterscheinung des Älterwerdens? Dioptrien, Stimmung, Lebenserwartung und die Haut über den Wangenknochen – alles sinkt allmählich unter null. Aber das könnte sich, so mein Eindruck, an diesem Morgen geändert haben. Also jetzt nicht das mit der Haut und den Dioptrien. Aber mit einem Mal habe ich es nicht mehr ganz so eilig, nach Hause zu kommen. Muss an dem Buch liegen, das so übervoll ist von großen Gefühlen und großen Illusionen. Ich kann gar nicht glauben, dass das einmal ich war. Eine Träumerin.

Die neugewonnene Zuversicht hat bestimmt auch mit den drei Tannen zu tun, die unverändert und auf altvertraute Weise im Wind vor dem kleinen Fenster schwanken, das einst zu meinem Kinderzimmer gehörte. Es mag an der Raufaser liegen und dem schlecht schließenden Wandschrank, den Jugendbüchern im Regal, dem Esstisch, an dem ich vergeblich versucht habe, Latein zu lernen, und an der knarrenden Stufe, die mir stets zuverlässig verriet, wenn meine Mutter nach oben kam, sodass ich meist rechtzeitig das Licht ausmachen und so tun konnte, als würde ich schon lange schlafen.

Und natürlich liegt es an Anne. An uns. Anne und Judith.

Ich habe mir unser Wiedersehen so oft und so viele Jahre lang vorgestellt, dass ich irgendwann nicht mehr damit rechnete, dass es wirklich einmal dazu kommen könnte. Und vor allem habe ich nicht damit gerechnet, was dieses Wiedersehen in mir auslösen würde. Auf einmal ist alles wieder da: der Schmerz, die Sehnsucht, die Liebe, die Angst und die Schuld. Und der Sommer.

Ich schlage das Buch auf, gleichzeitig höre ich hinten am Wohnzimmerfenster ein leises Kratzen. Dreimal kurz. Pause. Dreimal kurz.

Unser Erkennungszeichen. Du hast es nicht vergessen.

Du bist wieder da.


«Heiko Schmidt will dein Haus kaufen!? Warum das denn?»

«Warum denn nicht? Vielleicht aus alter Verbundenheit oder aus schlechtem Gewissen?»

«So ein Unsinn. Der führt doch was im Schilde. Glaub mir, ich habe in den letzten Jahren einen untrüglichen Spürsinn für reinrassige Arschlöcher entwickelt.»

«Du konntest ihn noch nie leiden. Menschen ändern sich.»

«Das tun sie nicht. Er gefällt dir immer noch.»

«Quatsch.»

Anne und ich sitzen auf der kleinen Terrasse meines Elternhauses. Die Steine sind von vielen Nachtfrösten aufgesprungen wie klaffende Wunden, die niemand rechtzeitig versorgt hat. Mein Stuhl wackelt, ebenso der Gartentisch und die Stimmung.

Unsere alte Vertrautheit steht zwischen uns. Sie verbindet

uns nicht, sondern macht mir nur bewusst, was uns alles nicht mehr verbindet, wie viel Zeit vergangen ist ohneeinander und ohne das erlösende Wort.

Irgendwann, das wissen wir beide, müssen wir darüber reden. Irgendwann wird sein Name fallen, und du wirst mich fragen, warum ich dich damals alleingelassen habe.

Mir graut vor diesem Moment so ungeheuerlich, dass mein ganzer Körper innerlich verkrampft und ich mir vorkomme wie eine Gebärende, die auf die nächste Wehe wartet. Der Schmerz rollt auf uns beide zu, und ich kann rein gar nichts tun. Es gibt keine PDA gegen Erinnerungen.

Es ist nach zehn, und ich war schon auf dem Weg ins Bett gewesen, aber gegen ein letztes Glas im Garten sprach ja nichts. Niemand erwartete von mir, dass ich morgen früh aufstehen würde, um nach einem Takt zu leben, den ich nicht selbst gewählt hatte.

Dabei hat mich das nie gestört. Ganz im Gegenteil. Ich habe den Rhythmus geliebt, den mir der Alltag mit Kindern vorgab. Er war wie eine Stützstrumpfhose, die verhindert, dass sich das Blut in den Beinen staut. Mein Lebensfluss blieb in Gang. Ich fühlte mich nie fremdbestimmt. Ich hatte eine Bestimmung.

Ich wurde gebraucht als Chauffeur, Krankenschwester, Nachhilfelehrerin, Vorleserin, Rückenkraulerin, Organisatorin von Geburtstagen, Übernachtungspartys und Fahrgemeinschaften.

Ich habe mich nie beklagt, habe jeden Sonntag genossen, den ich frierend auf den Fußballplätzen, in den Basketballhallen oder den beklemmenden Indoorspielplätzen der norddeutschen Provinz verbrachte. Denn ich hatte mich schon damals vor den langen und leeren Sonntagen der Zukunft gefürchtet und vor der Zeit, in der ich mein Leben wieder selbst in die

Hand würde nehmen müssen. Am Spielplatzrand fragst du dich eben nicht, wie du deinen Nachmittagen und deinem Dasein Sinn verleihen kannst. Du freust dich einfach darauf, nach Hause zu kommen, ein Bad einzulassen und deinen Jungs mit mildem Shampoo die Haare zu waschen.

Erst war ich Kind, dann war ich Mutter. Ich hatte immer jemanden, der mir sagte, wo's langging. Und jetzt soll ich erwachsen werden? Verdammt, ich will mein altes Leben zurück, in dem ich kein eigenes Leben hatte!

Ich trinke zügig ein weiteres Glas schlechten Wein und beschließe, den größtmöglichen Bogen um Annes und meine Vergangenheit zu machen.

«Warum ziehst du denn wieder hierhin zurück? Was hast du vor? Arbeitest du nicht mehr bei der Bank?», knattere ich hastig eine Reihe zukunftsorientierter Fragen heraus.

«Bei der Bank habe ich vor sechs Monaten aufgehört, unfreiwillig. Es ist schwer zu erklären, aber mein Leben läuft seit ungefähr zwei Jahren ziemlich aus dem Ruder. Multifaktoriell bedingter Kollaps, würde ich sagen. Es hat angefangen mit der Scheidung. Mein Mann hat sich als riesengroßer Lump erwiesen; er hat unser Geld in windigen Aktien angelegt und mich dann, um seinen Hals zu retten, bei unserem gemeinsamen Arbeitgeber verleumdet. Mir wurde die Weitergabe von Insiderwissen unterstellt. Konnte natürlich nicht nachgewiesen werden, aber da Günter mit dem Vorstandsvorsitzenden Golf spielt, wurde mir nahegelegt, das Unternehmen zu verlassen. Jetzt wohnt mein Ex-Mann in meiner Ex-Wohnung mit meinem Ex-Hund.»

«Sie haben dich fristlos entlassen?»

«Nein, das konnten sie nicht. Ich bin freigestellt, und wir verhandeln über einen Auflösungsvertrag. Mein Grundgehalt bekomme ich solange weiter. Das ist aber nicht besonders hoch, das meiste habe ich über Boni verdient.»

«Das ist ja schrecklich.»

«Kann man wohl sagen. Ziemlich ungewohnter Zustand für mich. Ich habe ja immer alles gehabt: Erfolg und die Senator Card von *Lufthansa*. Jetzt fange ich bei null wieder an. Oder eher unter null. Ich bin mit der Bahn hergekommen. Das letzte Mal, dass ich Zug gefahren bin, war mit dir nach Österreich. Da durfte man noch rauchen und konnte die Fenster öffnen.»

«Und wo wohnst du jetzt?»

«Du wirst lachen: da drüben.» Anne deutet in Richtung der drei Tannen. Ich lache nicht.

«Aber da ist doch nichts.» Die Tannen rauschen im Nachtwind, als wollten sie mir freundlich zustimmen. Sie waren immer schon da, rund um die Uhr, Jahr um Jahr, bei jedem Wetter. Die Leibwächter meiner Kindheit. Unserer Kindheit.

Anne und ich haben diesen Garten geliebt. Er war für uns die perfekte Mischung aus Sicherheit und Abenteuer. Wir konnten uns was trauen. Wir haben Fangen gespielt, Pfeile abgeschossen, sind durchs Unterholz geschlichen und haben unsere Namen in Rinde geritzt. Wir waren frei, wir waren mutig, wir waren Indianer oder ausgerissene Waisenkinder, wir haben Stachelbeeren gegessen – und wenn es bei uns zu Hause Pfannkuchen gab, konnten wir es bis in die Büsche am äußersten Rand des Grundstücks riechen.

Mein Vater musste nur auf die Terrasse hinaustreten und pfeifen, es gab einen Pfiff für den Hund und einen für mich, dann saßen wir innerhalb weniger Minuten am Küchentisch, schmutzig, glücklich und mit dem Gefühl, fremde Welten erkundet zu haben und als Heldinnen zurückgekehrt zu sein.

Der Garten war für mich das, was der Laufstall für ein Baby

ist: unendlich und groß. Eine Welt für sich. Voller Abenteuer und Herausforderungen. Du lernst gehen und stehen und gucken und staunen und vertrauen. Drum herum ein Geländer, das dich davor bewahrt, ins Nichts zu fallen oder unversehens über das Ende der Welt zu kippen. Nur blöd, dass ich diese Angst nie ganz verloren habe.

Anne war immer mutiger und stärker als ich. Sie hat den Laufstall früh verlassen. Während ich dann doch eher der Komfortzonentyp geblieben bin, dem die Welt hinter den Tannen nach wie vor Furcht einflößt.

Wann sind Tannen eigentlich erwachsen? Diese jedenfalls sind in den letzten dreißig Jahren nicht mehr größer geworden. An der einen oder anderen Stelle sind sie etwas schütter, sie wirken insgesamt ein wenig gebrechlich. Noch nicht alt. Aber älter. So wie ich.

Schleichend macht sich das herannahende Alter bemerkbar. Alternative Heilmethoden und Pilates beginnen, in deinem Leben eine Rolle zu spielen. Statt zum Super-Sweat-Kurs, bei dem bauchfreie Twens zu 180 bpm ihre straffen Körper auspowern, besuchst du immer häufiger die «Funktionelle Gymnastik», wiegst deinen schrumpeligen Beckenboden auf gigantischen Gummibällen hin und her und bearbeitest mit Faszien-Rollen das, was früher mal dein Bindegewebe war.

Bei der letzten Fußball-Weltmeisterschaft wurde mir schmerzlich bewusst, dass ich für die meisten Spieler mittlerweile mütterliche Gefühle hege und mich, wenn sich einer bei nasskalten zwölf Grad nach dem Spiel das Trikot vom Leib reißt, ernsthaft sorge, er könne sich womöglich erkälten. Wie leidenschaftlich habe ich dagegen Hansi Müller geliebt. Als es noch Jugoslawien gab, war ich 1986 dem Charme des Torwarts erlegen. Pierre Littbarski hat mir immer sehr viel bedeutet. Für

Wann sind Tannen eigentlich erwachsen?

Toni Schumacher, Paul Breitner und Rudi Völler konnte ich mich hingegen nie erwärmen, da ich seit jeher Männern mit Locken nichts abgewinnen kann. André Schürrle, Philipp Lahm, Jürgen Klinsmann und Thomas Müller waren mir zu wenig aufregend, für Ronaldo war ich zu alt, und die letzten Spieler, die bei mir begehrliche Gefühle auslösten, waren Jens Lehmann und Zinédine Zidane. Ganz nebenbei zeigt sich an diesen beiden Objekten der Begierde eindrucksvoll meine sexuelle und emotionale Orientierungslosigkeit: der eine ein kultivierter, besonnener Typ für gemütliche Fernsehabende, mit dem man auf der Stelle einige wohlgeratene Kinder zeugen und in eine sonnendurchflutete Villa am Starnberger See ziehen möchte. Der andere ein zügelloser Kerl mit Rückenbehaarung, der Ohren abbeißt, Herzen bricht, nach dem Sex nicht kuschelt, sondern ein Bier aufmacht und insgesamt so aussieht wie der unwiderstehliche Wilde aus den Serien, die man mit dem Herrn Lehmann gerne anschauen würde.

Die meisten von uns werden Frau Lehmanns. Manchmal sogar ohne Villa. Und dagegen ist auch nichts zu sagen, weil dieser Typ Mann für unsere mitteleuropäischen, gemäßigten Gemüter ausgesprochen gut geeignet ist. Wir wollen uns sicher fühlen und Beziehungen führen, die bekömmlich sind und unsere Herzkranzgefäße nicht unnötig belasten. Wie ein Langzeittherapeutikum mit angenehm sedierendem Effekt.

Wer hält das schon auf Dauer aus mit diesen Wilden? Schlaflose Nächte, Herzrasen, Halluzinationen und Glückshochdruck. Lehmann ist das Feierabendbier. Zidane der Magic Mushroom.

Aber wehe, es kommt zur Unzeit ein magischer Pilz um die Ecke. Zum Beispiel dann, wenn die Wechseljahre drohen, der Lehmann auf dem heimischen Sofa langsam zu müffeln anfängt, die Kinder aus dem Haus sind und die ersten Personen im Bekanntenkreis mit bedrohlichen Befunden von den Vorsorgeuntersuchungen nach Hause kommen. Dann spielen die Wechseljahrshormone verrückt, und es kann zu ausgesprochen gefährlichen Komplikationen kommen. Interessanterweise ist es die Schar der ebenfalls gelangweilten Freundinnen, die einen in solchen Situationen mit gesenkten, aufgeregten Stimmen ermuntert, sich fallenzulassen, das Abenteuer zu wagen und endlich auszubrechen aus der heimeligen Vorort-Monotonie unserer aller Ehen.

Mein Verdacht ist, dass sie dich insgeheim scheitern sehen wollen. Sie möchten live miterleben, wie du den Absprung wagst, nur um dann im Nichts zu landen. Köpfer in ein leeres Becken. Den Mann zurücklassen, aber nie beim Geliebten ankommen. Wie bei der Reise nach Jerusalem bist du dann auf einmal die Einzige, die ohne Stuhl dasteht. Unter anderem deshalb, weil die anderen noch nicht mal aufgestanden sind. Sie spielen nicht mit, und deine Niederlage bestätigt sie angenehm in ihrer eigenen Angst, lieber nichts zu wagen, weil man dann nichts verlieren kann. Aber wehe, du gewinnst!

Meine Nachbarin Corinna hat sich nach fünfundzwanzig Jahren und vier großgezogenen Kindern von ihrem Mann getrennt und ist zu ihrem Klavierlehrer gezogen, einem struppigen Ex-Hippie, der sie auf Händen trägt und ihr Salsa und das Jointdrehen beigebracht hat. Auf einmal wurden wir alle, die ihr so hartnäckig zu der Affäre geraten hatten, zu schmallippigen Biestern, die Corinna ihr Glück nicht gönnten, weil es unsere eigene Mittelmäßigkeit allzu deutlich hervorhob.

Es ist nämlich gar nicht so schlimm, wenn man sich mit den Umständen zufriedengibt. Solange es alle anderen auch tun.

Wie bei einer Geiselnahme. Solange sich alle gegenseitig

versichern, dass man die besten Überlebenschancen hat, wenn man sich so unauffällig wie möglich verhält, ist alles gut. Wenn aber einer anfängt, Fluchtpläne zu schmieden und mit einer Feile im Schloss seiner Handschellen rumzustochern, dann wird's ungemütlich für die Stillhalter.

Corinna wurde aus den WhatsApp-Gruppen «Walking am Montag» und «Lady-Tennis» entfernt, und die Frau des Leiters der örtlichen Technikerkrankenkasse, ein Mann dessen Mundgeruch ganze Abendgesellschaften kontaminieren kann, regte sogar an, Corinna die Mitgliedschaft im Golfclub zu entziehen.

«Mit welcher Begründung?», hatte ich gefragt, weil sich in mir schließlich doch noch ein kümmerlicher Rest von Anstand geregt hatte.

«Warum? Judith, ich bitte dich. Wir sind uns doch wohl alle einig, dass unser Club kein Bordell ist. Corinna hat ihren Mann betrogen und ihre eigene Familie ruiniert. Nenn mich altmodisch, aber ein Mindestmaß an Anstand und Moral ist für mich unabdingbar.»

«Wenn wir alle Mitglieder rausschmeißen würden, die fremdgegangen sind, wären wir ein reiner Kinderclub», sagte ich, aber mein Einwand verhallte ungehört.

Corinna hat dann von sich aus den Golfclub verlassen und ist mit dem Klavierlehrer in die Pfalz gezogen, wo seine Familie ein Weingut betreibt. Wir anderen blieben grün vor Neid zurück und waren erleichtert, das Glück nicht länger mit ansehen zu müssen.

In Situationen der erotischen Verwirrung kann man froh sein, wenn man eine ehrliche und stoische Freundin wie Martina besitzt. Sie hat sich nie zum Voyeur meiner kopflosen Eskapaden gemacht, sondern mich immer rechtzeitig zurückgehalten – als ich mich beispielsweise an den Trainer der Welpengruppe verschenken oder mich mit dem üppig behaarten Taekwondo-Lehrer meines jüngsten Sohnes einlassen wollte. Ich bin mir allerdings sicher, dass es auch ohne Martinas Einflussnahme nicht zum Äußersten gekommen wäre. Ich wusste immer, was ich zu verlieren hatte. Und das weiß ich bis heute. Gut, dass ich meine Ehe nie wirklich riskiert, sondern mich immer nur phasenweise in Gefühle hineingesteigert habe, die den Alltag bunter machten, mein Leben aber nie in Frage stellten. Ich brauche den sicheren Hafen. Ich habe Rückenschmerzen, Birkenpollenallergie, zwei wurzelbehandelte Zähne und entsetzliche Angst, allein zu sein, wenn es anfängt, wirklich bergab zu gehen.

Ein paar Sterne funkeln am Himmel, und die Tannen wiegen sich bedächtig im sommerwarmen Wind. Lieber keine falsche Bewegung in dem Alter. Ich kenne das. Senioren-Schunkeln.

Was liegt hinter den Tannen, die die Grenze meiner großen, kleinen Kinderwelt markierten? Wiesen. Ein paar verfallene Schuppen. Irgendein namenloses Gelände, vor dem ich mich immer gefürchtet habe, weil es weiter weg war, als ich die Pfannkuchen meiner Mutter riechen konnte. Wie gesagt, ich war nie besonders mutig.

Anne sagt: «Hinter den Tannen ist nicht nichts. Aber viel ist es nicht. Jörg hat dort seit ein paar Jahren seine Werkstatt. Darüber sind zwei kleine Zimmer, eins davon hat er mir fürs Erste überlassen, bis ich was Eigenes finde. In ein paar Monaten müsste der Prozess gegen meine Bank durch sein. Dann kann ich weitersehen.»

«Jörg?»

«Murphy.»

«Würg?»

«Genau der.»

Jörg Murphy war ein bemitleidenswertes Geschöpf gewesen. Als Sohn des Schulhausmeisters hatte er auf dem Gelände des Gymnasiums gelebt, ohne sich je für diese Art der Schulbildung qualifiziert zu haben. Wir nannten ihn Würg, weil sein Vorname das nahelegte und weil er nicht gut aussah: klein, dicklich, rothaarig, mit abstehenden Ohren und Sommersprossen. Wie dem *MAD*-Magazin entsprungen. Der arme Kerl vereinte in sich all das, was wir Vorstadttöchterchen aus gutem Hause damals verspottenswert fanden. Jörgs irischer Vater und seine westfälische Mutter verstanden sich recht schlecht, was sich auch in der Namengebung des Kindes wiederspiegelte: Die sture Mutter beharrte auf einem urdeutschen Vornamen und der noch sturere Vater weigerte sich, seinen Sohn mit dem ungeliebten Namen anzusprechen. Er nannte ihn stets «Murphy», was seine Frau zur Weißglut brachte und regelmäßig zum Streit zwischen den Eheleuten führte, den wir bei geöffneten Fenstern während des Chemieunterrichts amüsiert verfolgen konnten.

«Du hast noch Kontakt zu Würg?»

«Er hat im Altenheim neue Leitungen gelegt. Da sind wir uns vor ein paar Jahren über den Weg gelaufen, als ich meine Eltern besucht habe. Ich hatte ein wahnsinnig schlechtes Gewissen. Wir haben uns ihm gegenüber damals so mies benommen. Weißt du noch, wie wir Kaugummis in den Auspuff seines Mofas gestopft haben?»

«Hab ich verdrängt.»

«Ich habe ihn also auf einen Kaffee eingeladen, und seither sind wir in Kontakt geblieben. Er ist Elektriker, geschieden, hat zwei erwachsene Töchter und tatsächlich das, was man einen einwandfreien Charakter nennt. Er hat mir sehr geholfen.»

Ich schweige und erinnere mich an den Liebesbrief, den Würg mir mal geschrieben hatte, als er neunzehn gewesen war und ich sechzehn. Offenbar hatte ihn meine deutliche Abneigung nicht davon abgehalten, sich unsterblich in mich zu verlieben. Sein Brief war schwülstig und voller Fehler gewesen. Ich hatte ihn in der Schule ans schwarze Brett gehängt.

Ich winde mich auf meinem wackeligen Stuhl, so schlecht fühle ich mich im Nachhinein wegen dieser Herzlosigkeit. Pubertierende Mädchen sind so ziemlich die grausamsten Geschöpfe, die einem in freier Wildbahn begegnen können.

Heute weiß ich, warum ich so war, wie ich war. Der arme Würg hatte damals all den Frust abbekommen, den ich darüber empfand, dass ich von Heiko, meiner großen Liebe, niemals einen solchen Brief bekommen würde. Ich hatte Würg gehasst, weil er der Falsche war und weil er hässlich und dick war und trotzdem die Frechheit besessen hatte, sich in mich zu verlieben. Ich fühlte mich durch ihn blamiert. Ich konnte jetzt nur inständig hoffen, dass sich unsere Wege nicht noch mal kreuzen würden.

«Warum bist du ausgerechnet hierher zurückgekommen?»

Anne zuckt mit den Schultern. «Keine Ahnung. Irgendeine Form von Heimweh wahrscheinlich. Einfach den Kopf in Mamas Schoß legen, sich die Haare aus der Stirn streichen lassen und gesagt bekommen, alles würde wieder gut werden. Man bleibt ja immer Kind, und wenn es ganz schlimm kommt, dann will man eben nach Hause zu Mami. Auch wenn die nie fürsorglich war und längst den Geist aufgegeben hat, im wahrsten Sinne des Wortes.»

Mir fällt dazu nichts Intelligentes ein. Also sage ich was Unintelligentes.

«In jedem Ende steckt auch ein neuer Anfang.»

«Meinst du? Manchmal ist das Ende auch einfach nur das Ende.»

Anne fährt sich gedankenverloren mit einer mir urvertrauten Geste durch ihre grauen Haare, so als seien sie noch so lang wie einst.

«Die Frisur steht dir.»

«Findest du?», sagt sie lächelnd – und zieht sich mit einer zärtlichen Routine die Perücke vom Kopf. So, wie wenn man seinen altgewordenen Hund beim Fernsehen streichelt.

„Die Frisur steht dir."

## UND ICH STEHE DA, MIT EINEM HERZ ZU VERSCHENKEN, DAS KEINER MEHR BRAUCHT UND KEINER MEHR HABEN WILL

Warum willst du es kaufen?»

«Sagen wir doch einfach: um der alten Zeiten willen.» Heiko sieht umwerfend aus und passt auch hervorragend zum Interieur. Ich bin wild entschlossen, ihm meine Immobilie, meine Seele und, falls gewünscht, auch meinen Körper zu überlassen. Natürlich zum exklusiven Freundschaftspreis. Nimm drei, zahl nichts.

Heiko hatte mich ins Restaurant des Parkhotels eingeladen, um über die Details des Hausverkaufs zu sprechen. Ich hatte mich nur eine Zehntelsekunde lang gefragt, ob es schicklich sei, wenige Tage vor der Beerdigung der eigenen Mutter mit dem Mörder des eigenen Meerschweinchens mittagessen zu gehen. Aber selbst wenn nicht, wer sollte mich daran hindern?

Martina befand sich am anderen Ende Deutschlands im Kampf gegen Schnecken, und ich hatte sie vorsichtshalber erst gar nicht über die Begegnung mit Heiko informiert. Das Letzte, was ich jetzt gebrauchen konnte, war eine Stimme der Vernunft.

«Champagner?» Heiko hat gleich eine ganze Flasche bestellt. Er nickt dem Kellner kurz zu, der sofort herbeikommt, um mir zum zweiten Mal nachzuschenken. Heiko ist nicht der Typ, der etwas zweimal sagen muss, der vom Ober übersehen wird oder dem man einen schlechten Tisch neben dem Klo gibt, weil man den Fensterplatz für einen eventuell noch kommenden besseren Gast freihalten möchte. Heiko ist immer der beste Gast.

«Früher haben wir Persiko mit Apfelsaft getrunken, weißt du noch?»

«Bist du verheiratet?», fragt Heiko ohne Umschweife, meinen rührseligen Exkurs in unsere Vergangenheit und die Welt der farbenfrohen Mixgetränke ignorierend, die *Grüne Witwe* und *Blauer Engel* hießen.

«Seit zwanzig Jahren. Und du?»

«Seit zweiundzwanzig.»

Mich durchfährt eine lächerliche kleine Eifersucht, als wäre es irgendwie vorstellbar gewesen, dass Heiko sich seit fünfunddreißig Jahren für mich aufspart und darüber grämt, mich nicht mehr angerufen zu haben.

«Warum ist das mit uns eigentlich nichts geworden?», fragt er.

Wie bitte? Meint der das ernst? Muss ich tatsächlich davon ausgehen, dass er sich nicht mehr daran erinnern kann, wie er sich damals so schändlich aus der Affäre gezogen hat? Wie er, während ich noch vor dem Telefon hockte und auf seinen Anruf wartete, bereits Hand in Hand mit Katja durch die Fußgängerzone schlenderte und ihr bei McDonald's einen Milkshake ausgab? Die beiden waren gesehen worden; Anne hatte versucht, es mir schonend beizubringen.

Ich könnte aus dem Stegreif mehrere einprägsame Sätze von Heiko zitieren («Mathe wird überschätzt. Lass uns jetzt mal was anderes machen», «Kann man dein Zimmer eigentlich abschließen?» und «Ich muss los, ich hab noch was zu erledigen»), seine alte Festnetznummer aufsagen, sein Lieblingsessen benennen und korrekte Angaben über den Standort von mindestens vier seiner Leberflecken machen, vorausgesetzt, er hat sie sich nicht zwischenzeitlich entfernen lassen. In meinem Langzeitgedächtnis hat Heiko einen festen und großen Platz, in seinem sind womöglich noch nicht einmal Spuren der Erinnerung an Meerschwein Max und meine holprige Entjungferung zu finden.

Ich beschließe, an dieser Stelle keine Blöße zu zeigen und mich ab jetzt von der spröden Seite meiner Persönlichkeit zu präsentieren. Nicht umsonst habe ich zwei Jahrzehnte in einer Gegend Deutschlands verbracht, in der Dunkelblau und Weinrot als fröhliche Farben angesehen werden und in der das Winken auf öffentlichem Grund als vermeidenswerte Überemotionalität gilt.

«Keine Ahnung, das weiß ich wirklich nicht mehr», sage ich, und mir gelingt überzeugend ein leicht genervter Tonfall. Wenn ich mir Mühe gebe, kann ich so kühl sein wie der Sommer in Wedel. «Aber wir sind ja auch nicht hier, um über alte Zeiten zu plaudern, nicht wahr?»

Heiko guckt überrascht und eine Spur verunsichert. Ich habe es tatsächlich geschafft, ihn aus der Fassung zu bringen. Ein großer Tag für mich und stellvertretend für alle Frauen, die wir unsere Jungfräulichkeit, unsere Liebe und unseren Liebeskummer in frühen, prägenden Jahren an Typen verloren haben, die sich, mit Glück, gerade mal unseren Vornamen gemerkt haben. Das hätte Heiko seiner transusigen Nachhilfeschülerin von einst nicht zugetraut. Es ist und bleibt jammerschade, dass man manchmal nur dann den erwünschten Eindruck macht, wenn man sein wahres Selbst komplett verleugnet. Eine Erfahrung, die Frauen in Führungsetagen, männerdominierten Konferenzen und gemischtgeschlechtlichen Liebesbeziehungen immer wieder machen.

Neulich zum Beispiel saß ich in einer sechsköpfigen Jury, die die besten Schülertexte aus einem Schreibprojekt verschiedener Gymnasien bewerten und prämieren sollte. Die Jury bestand aus einem Deutschlehrer, einem emeritierten Germanistikprofessor, einem Literaturkritiker vom *Hamburger Abendblatt*, einem Schulrektor, einer Jungredakteurin der *Norddeutschen Rundschau* und mir.

Ich hatte mich durch meine regelmäßige Mitarbeit bei Schreibprojekten an den Schulen meiner diversen Söhne qualifiziert und fühlte mich sehr geehrt. Voller Elan warf ich mich in die Diskussion, und als der Professor zum dritten Mal ein und dasselbe Argument langatmig vortrug, erlaubte ich mir eine engagierte Zwischenbemerkung.

«Lassen Sie mich bitte ausreden», sagte der Professor, ohne mich anzuschauen, und setzte seinen verbalen Egotrip unbeeindruckt fort. Ich schwieg wie ein gescholtenes Kind und schrie den Kerl in meiner Vorstellung an. «Wo kommen wir denn hin, wenn wir Männer wie Sie ausreden lassen? Das Wesen einer lebendigen Debatte ist doch, dass man sich ins Wort fällt, dass man begeistert oder auch kritisch reinruft, dass man Gefühle zeigt und endlose Wortbeiträge wie Ihre durch Einmischung abkürzt. Sie wiederholen seit fünf Minuten genau das, was ich vor Ihnen bereits mit anderen Worten gesagt habe. Warum sagen Sie nicht einfach: ‹Der Ansicht von Frau Rogge ist nichts hinzuzufügen›? Wie ein Hund hinterlassen Männer wie Sie zwanghaft Ihre Duftmarke, fahren mir über den Mund und beklagen dann das mangelnde Engagement von Frauen. Sind Sie je auf den Gedanken gekommen, dass wir einerseits zu höflich sind, Sie auf Ihre Penetranz hinzuweisen, und andererseits keine Lust darauf haben, bei diesem blöden Spiel mitzumachen?»

Ich warf der Jungredakteurin einen hilfesuchenden Blick zu, aber die hatte beschlossen, sich geschlagen zu geben, nachdem der Literaturkritiker genervt mit den Augen gerollt hatte, als sie einen Text «zu Herzen gehend» genannt hatte.

«Emotion, liebe Kollegin, ersetzt keine Argumentation», hatte der altkluge Arsch sie zurechtgewiesen, und ich hatte förmlich sehen können, wie ihr heranreifendes Selbstbewusstsein in die Knie gegangen war. Warum ich nicht geholfen habe? Feigheit, Unsicherheit und chronische weibliche Selbstunterschätzung, die mit chronischer männlicher Selbstüberschätzung dramatisch korrespondiert.

Die Jurysitzung zog sich hin, bis jeder Mann einmal Altbekanntes in eigenen Worten wiederholt hatte. Als ich zum Schluss noch mal an der Reihe war, sagte ich: «Dem, meine Herren, ist nichts mehr hinzuzufügen.»

Ich fürchte, die anwesenden Männer dachten in diesem Moment, dass sie es hier endlich mit einer richtig klugen Frau zu tun hatten. Beschämt fuhr ich nach Hause und war mir wohl bewusst, dass ich der Sache der Emanzipation mal wieder keinen Dienst geleistet hatte.

Mein ganzes Leben muss in den Augen von Feministinnen sowieso wirken wie blanker Hohn. Den Vollzeitjob aufgegeben, Kinder bekommen und betreut, in die Halbtagsfalle getappt und jetzt finanziell abhängig von einem gut verdienenden Ehemann. Aber ganz ehrlich? So wie ein Großteil der Väter heute lebt, möchte ich mit denen echt nicht gleichgestellt sein: überarbeitet und hauptverantwortlich für die Versorgung der Familie, emotional zurückgeblieben und überfordert von der Aufrechterhaltung des Bildes vom Typen, der alles geregelt kriegt.

Die Macht der Männer möchte ich nicht geschenkt haben, der Preis wäre mir zu hoch. Ich habe gelesen, dass ein deutscher Vater sich durchschnittlich 37 Minuten pro Tag um sein Kind kümmert. Mein Mann lag oft noch deutlich darunter. Kongresse am Wochenende, Vorträge am Abend und Privatpatienten, die immer dann anriefen, wenn er mal eine Gute-Nacht-Geschichte vorlesen wollte. In meinen geschätzt 34 WhatsApp-Gruppen – Fußballverein, Hockeymannschaft, Basketball-Fahrgemeinschaft, Geburtstagsgeschenk- und Jugendcamp-Organisationsgruppen, Läusealarmgruppe, um nur einige zu nennen – waren vier Männer. Der Tennistrainer, der Fußballtrainer und zwei in Scheidung lebende Väter, von denen einer die Gruppe «Basketball-Fahrgemeinschaft» ins Leben gerufen hatte, mit dem legendären ersten Chatbeitrag: «Liebe Mütter, ich möchte eine Fahrgemeinschaft gründen. Wer könnte meinen Sohn Emil jeden Montag zum Sport bringen und wieder abholen?»

Ich finde, Joachim ist viel unemanzipierter als ich. Und ich wundere mich und bin heimlich froh darüber, dass er in all den Jahren nicht einmal aufbegehrt und mich aufgefordert hat, ihm das große Geldverdienen abzunehmen, weil er die Sternsinger im Januar mitbegleiten, Halloween organisieren oder einfach nur möchte, dass seine Söhne öfter mal in seinen Armen einschlafen.

Ich habe Kürbisse geschnitzt, Draculagebisse eingesetzt und Clownsgesichter gemalt, während Joachim Zahnwurzelkanalsysteme reinigte und Plaque entfernte. Ich wüsste nicht zu sagen, wer von uns beiden das privilegierte Leben hat.

«Und was machst du, wenn er dich, jetzt mal rein theoretisch, mit fünfzig verlässt, um mit einer Jüngeren alles anders und besser zu machen und noch ein paar Kinder zu zeugen, um die er sich dann mehr als 37 Minuten am Tag kümmert?», hatte Martina mich gescholten – die als Apothekerin selbstverständlich immer voll berufstätig geblieben ist. Wir hatten uns oft und für norddeutsche Verhältnisse heißblütig über dieses Thema gestritten.

«Dann zahle ich den Preis dafür, dass ich mittags zu Hause war, wenn meine Kinder aus der Schule kamen, dass ich Ihnen bei den Hausaufgaben geholfen, sie zur Musikschule gebracht, in ihren Schulaufführungen gesessen und für ihre besten Freunde nachmittags Pfannkuchen gebacken habe. Tu doch nicht so, als müsstest du auf nichts verzichten. Wir zahlen alle einen Preis, früher oder später.»

«Zur Emanzipation gehört eine Teilnahme am gesellschaftlichen Leben, die über das Sitzen auf Spielplätzen und das Backen von Pfannkuchen hinausgeht.»

«Und emanzipiert ist, dass jetzt nicht nur Männer, sondern auch Frauen Karriere machen und sich aufreiben müssen? Glückwunsch zum Burnout, willkommen in der Emanzipation. Ich arbeite zwei Tage in der Woche, das reicht mir.»

«Volkswirtschaftlich gesehen bist du eine Nullnummer. Warum hast du überhaupt studiert, wenn du das, was du gelernt hast, nicht einsetzt?»

«Und warum hast du ein Kind bekommen, wenn du noch nie bei einem Fußballspiel deines Sohnes warst? Wir bringen beide Opfer, deins geht auf Kosten deines Familienlebens, meins auf Kosten der Volkswirtschaft.»

«Und wenn du Pech hast, noch auf deine eigenen. Dann nämlich, wenn die Kinder aus dem Haus sind und du feststellen musst, dass du das Leben von anderen gelebt und dein eigenes völlig vernachlässigt hast.»

«Und was stellst du fest, wenn dein Sohn aus dem Haus ist? Dass du seine Kindheit verpasst hast? Lass uns aufhören zu streiten, Martina, keine von uns hat das perfekte Leben. Und

wenn Joachim mit sechzig eine glutäugige und blutjunge La-
tina schwängert, dann ziehe ich zu dir und Kurt an den Schaal-
see und backe euch Pfannkuchen. Aber ich glaube, so weit wird
es nicht kommen. Joachim ist nicht der Typ für so was. Ist ihm
viel zu kompliziert. Der will seine Ruhe.»

«Da hast du recht. Ist bei uns ja nicht anders. Wir wissen
doch beide ganz genau, was wir an unseren Männern haben.
Kein Herzrasen, aber einen soliden niedrigen Ruhepuls. Damit
können wir alle zusammen neunzig werden.»

Ich habe, mit fast fünfzig, nicht mehr damit gerechnet, mich
noch mal wie ein Teenager zu fühlen. Viel zu lange bin ich nicht
mehr verliebt gewesen – dabei hat sich in meinem Leben immer alles um Gefühle, Liebe und Beziehungen gedreht. Ich war
eines jener Kinder, die ausschließlich aus sozialen Gründen zur
Schule gingen. Ich hatte mich stets weniger auf den Unterricht
als auf die Pausen konzentriert, in denen zunächst Glanzbilder
und später heimliche Küsse getauscht wurden. Mir hatte es an
Ehrgeiz und Weitsicht gefehlt, und ich hatte stets das Gefühl
gehabt, dass ich nach der Schule mehr fürs Leben lernte als in
den Latein- und Geometriestunden.

Anne war anders gewesen. Sie hatte gewusst, dass es wichtiger war, das Gymnasium mit einer guten Durchschnittsnote als
mit einem guten Durchschnittsgefühl zu verlassen. Ihr Liebeskummer war nie stärker als ihr Ehrgeiz. Und während ich rüh-
rende, miserable Gedichte in mein Tagebuch geschrieben und
vom Herzeleid gelähmt immer auf irgendwas gewartet hatte,
hatte sich Anne schon mit sechzehn ein kleines Vermögen mit
Tennisstunden verdient.

Ich habe mich bis heute von einem Gefühl zum nächsten
gehangelt. Ich war immer verliebt – entweder glücklich oder

unglücklich. Hauptsache Aufruhr von innen. Nach der Heirat waren es meine Söhne gewesen, auf die sich meine Gefühle gestürzt hatten wie ein Rottweiler auf den Kauknochen. Und wann immer einer meiner Jungs das Haus in Richtung eigenes Leben verlassen hatte, war ich mit umso mehr Emotions-Elan über die noch verbliebenen hergefallen.

Jetzt ist blöderweise keiner mehr übrig. Das Haus ist leer. Mein Leben auch. Und ich stehe da, mit einem Herzen zu verschenken, das keiner mehr braucht und keiner mehr haben will.

Heiko Schmidt gießt mir Champagner nach. Ist er der Mann, der verhindern könnte, dass meine Pulsfrequenz sich bis zu meinem Tod nie wieder nennenswert erhöhen wird? In seinen Gesichtszügen erkenne ich den hübschen, unnahbaren Jungen wieder, um den sich meine Mädchenphantasien drehten, dem das Haar immer noch ab und zu in die Augen fällt, dessen Namen ich über drei Seiten in mein Tagebuch geschrieben habe, bis ich den Mut fand, mir wenigstens auf dem Papier meine geheimste Sehnsucht einzugestehen und auf weiteren drei Seiten die Unterschrift meiner goldenen Zukunft zu üben: Judith Schmidt. Judith Schmidt. Judith Schmidt.

Aber ich bin nicht gewillt, Heiko ein zweites Mal durch Überemotionalität und Sentimentalität zu vergraulen. Während sich mein Inneres diesem Mann gerade ungestüm an den Hals schmeißt und das Hohelied der späten Liebe singt, ihn um Erlösung und eine gemeinsame Zukunft an einem Ort seiner Wahl anfleht, gehe ich äußerlich auf Distanz. Nur in Filmen lieben Männer leidenschaftliche und emotionale Frauen. Sie träumen zwar von der rassigen Südländerin, die mit Pasta um sich schmeißt, wenn er einer anderen hinterherschaut –

aber im wahren Leben ist kein Mann begeistert, wenn eine eifersüchtige Furie ihn zu Hause mit Töpfen bewirft oder im Urlaub an der Raststätte stehenlässt, weil er sich herablassend über ihren Fahrstil geäußert habe. Emotion bedeutet Komplikation, zumindest aus männlicher Sicht. Und welcher Mann sehnt sich mit Mitte fünfzig schon nach einer weiteren Baustelle im Leben?

Ich will mich in Sachen Heiko streng an die Taktik halten, mit der man ein wildes Pferd zähmt. In einem Artikel stand, dass man das Tier immer und immer wieder von sich wegscheuchen muss. Irgendwann ignoriert man das Pferd plötzlich und geht in einer anderen Richtung davon. Und zack, läuft es neugierig hinterher und frisst einem aus der Hand.

«Willst du gelten, mach dich selten», lautete schon der weise Ratschlag meiner Oma, an den ich mich viel zu selten gehalten habe. Die Kunst der strategischen Verknappung habe ich nie beherrscht, sondern mich oft und häufig ungebeten wie ein preisreduziertes «Alles-muss-raus»-Produkt angeboten. Nimm mich, nimm mich ganz, nimm mich so, wie ich bin. Hat meistens nicht geklappt.

Ich habe mich leider zeitlebens noch nie für einen Mann interessiert, der mich so liebt, wie ich bin. Angezogen haben mich stets die Unnahbaren, die Beschäftigten, die Männer mit Anschlussterminen, die einer Frau das Gefühl geben, dass es noch deutlich Wichtigeres in ihrem Leben gibt als die Liebe oder das, was sie dafür hält. Während ich früher daher nicht selten zu einem lästigen Jammerlappen wurde, um Zeit und Zuneigung buhlend, weiß ich heute, dass zu viel Aufmerksamkeit und Gemütsbewegung Männer wie Heiko zuverlässig in die Flucht schlägt. Ich mache mich nicht mehr zum Deppen. Das Spiel kann beginnen.

Ich werfe einen kurzen Blick auf meine Uhr und sage: «Ich dachte, du wolltest mir ein Angebot machen?»

«Okay, du kommst gleich zum Thema, das gefällt mir. Ich biete dir für das Haus zweihundertzwanzigtausend. Wir können noch diese Woche zum Notar. Wenn du willst, machen wir das am Makler vorbei. Was sagst du?»

Ich sage erst mal nichts. Auch das entspricht überhaupt nicht meinem Wesenskern und kostet mich Unmengen an Selbstdisziplin. Ich antworte normalerweise sofort, wenn ich was gefragt werde, oft sogar, wenn ich nichts gefragt wurde. Ich lächele zurück, wenn ich angelächelt werde. Ich lächle sogar zurück, wenn ich nicht angelächelt werde. Das sind typisch weibliche Reflexe, bei Männern ist das anders. Nur weil man etwa Joachim eine Frage stellt, heißt das nicht automatisch, dass man auch eine Antwort bekommt. Nicht selten lässt er mich ein paar Momente darüber im Unklaren, ob er die Frage überhaupt gehört hat, ob er nachdenkt oder schlichtweg kein Interesse daran hat zu antworten.

Ich vermute, dass er, besonders bei unbequemen Fragen aus dem partnerschaftlichen Bereich wie «Hast du auch das Gefühl, wir leben aneinander vorbei?» oder «Soll ich mir die Haare wachsen lassen?» oder «Bist du eigentlich glücklich mit mir?» darauf hofft, wenn er nur lange genug schweige, würde sich das Thema von selbst erledigen. Das war aber nie der Fall. Ganz im Gegenteil. Seine strategische Schwerhörigkeit verärgert mich jedes Mal mehr und führt zu langwierigen Auseinandersetzungen, die er hätte vermeiden können, wenn er einfach gleich geantwortet hätte.

Heute setze ich nun das Mittel der Verunsicherung durch Schweigen gezielt ein, um Heiko mürbe und gefügig zu machen. Die Zähmung des Wildpferdes kann beginnen.

«Komm, Judith, du weißt, dass das ein super Angebot ist. Das Haus ist eine Bruchbude und praktisch nichts wert.»

Jetzt bin ich beleidigt. Ich schweige entschlossen weiter.

«Zweihundertvierzig. Das ist mein letztes Wort.»

Nicht schlecht. Durch schlichtes Nichtstun habe ich in anderthalb Minuten zwanzigtausend Euro verdient. Die Rechnung geht auf.

«Ich denke darüber nach.»

«Du wirst kein besseres Angebot bekommen, Judith, ganz bestimmt nicht. Aber Respekt, du bist viel tougher, als ich dich in Erinnerung hatte. Und jetzt lass uns über was anderes als Geld reden. Es gibt da noch ein paar Erinnerungen, die ich gern auffrischen würde.»

Er lächelt, und ich kann diesmal nicht verhindern, dass ich zurücklächle. Es ist verdammt heiß hier auf einmal. Mir läuft ein Schweißtropfen zwischen den Schulterblättern hinunter. Entweder meine Jugend ist in dieser Sekunde zurückgekehrt, oder die Wechseljahre haben schlagartig eingesetzt. Womöglich ist das hormonell gesehen gar kein so großer Unterschied. Ein Ausnahmezustand für Körper und Seele.

«Möchtest du mir wieder Mathenachhilfe geben?»

«Brauchst du denn welche? Ich hatte was anderes im Sinn.»

Ich spüre, wie sich rote Flecken auf meinem Hals ausbreiten, eine ärgerliche, nicht zu beeinflussende Hautreaktion, die seit jeher jedem beliebigen Beobachter meine innere Anspannung verrät.

Der Kellner nähert sich unserem Tisch.

«Wollen wir bestellen?», fragt Heiko. Und dann höre ich mich den Satz sagen, den ich seit vier Jahrzehnten sagen will. Den Satz, den ich mir für Heiko und all die anderen Männer aufgespart habe, die uns Frauen warten lassen, die nicht zurückrufen, nicht antworten, die nicht zurücklächeln und die uns am ausgestreckten Arm verhungern lassen und davon im schlimmsten Fall noch nicht mal etwas mitbekommen.

Die Worte verlassen meinen Mund, als hätte ich einen komplizierten Satz in einer Fremdsprache auswendig gelernt, ohne seine Bedeutung richtig zu verstehen.

«Tut mir leid, Heiko, ein anderes Mal gern, aber ich habe jetzt noch einen Anschlusstermin.»

## FRAGEN, AUF DIE ES HEUTE
## EBENSO WENIG ANTWORTEN GIBT
## WIE VOR ZWANZIG JAHREN

Kannst du mir das bitte alles noch mal der Reihe nach und zum Mitschreiben erklären?» Karstens sachlicher Ton und seine ruhige Stimme wirken wie Aspirin gegen meinen höllischen Kater und wie Baldrian forte gegen meine aufgewühlte Seelenlage.

Ich atme tief durch und richte mich in meinem Bett auf. Die Sprungfedern knarzen beleidigt. Ein altbackenes Geräusch wie das Kratzen einer Nadel auf der Schallplatte oder das Knattern eines VW Käfer. Es ist schon nach zehn. Vor dem Fenster stehen die drei Tannen unbewegt in der Morgensonne. Kein Wind geht, es wird ein heißer Tag werden.

Einen Moment bin ich wie berauscht davon, in meinem alten Zimmer wieder aufzuwachen, nachdem ein halbes Leben verstrichen ist. Die Dachschräge in honigfarbenem Holz, die blauen Vorhänge, die Tagebücher im Regal und die festgeschraubte Lampe, die wie ein Schuhkarton an der Decke klebt und hinter deren milchigem Glas sich einige tote Mückenkörper abzeichnen. Wie alt die wohl sind? Womöglich handelt es sich bereits um Fossilien.

Auf der Treppe knarrt die Stufe, als meine Mutter hochkommt. Sie trägt eine Schürze über ihrem schlichten Kleid.

«Liebchen? Du musst dich beeilen, sonst verpasst du den Bus. Dein Tee steht schon in der Küche.» Der Geruch von *Fenjala*-Seife und *Ernte 23* weht in mein Zimmer, als meine Mutter herein kommt und sich, wie jeden Morgen, auf die Bettkante setzt.

«Judith, alles in Ordnung?» Ich habe mein Handy auf die Bettdecke gelegt und auf laut gestellt. Karstens Stimme zwingt mich in die Gegenwart zurück, und meine Mama erhebt sich lächelnd, schließt die Tür und geht leise. Die Stufe knarrt diesmal nicht.

«Was genau ist also passiert?»

«Abgesehen davon, dass ich den Kater meines Lebens habe und wieder in dem Bett liege, in dem ich mit achtzehn zuletzt gelegen habe? Kannst du dir vorstellen, wie sich mein Rücken anfühlt?»

«Nimm nachher zwei *Ibuprofen* und mach deine Stabilisationsübungen. Du hast Anne wiedergetroffen; wenn ich dich richtig verstanden habe, willst du dein Elternhaus an eine zwielichtige Jugendliebe verkaufen, mit dem Typen auswandern und bis heute Abend zehn Kilo abnehmen.»

«Exakt. Du hast gut zugehört.»

«Wie geht es Anne?» Ich höre eine minimale Verspannung in Karstens Stimme. Seit unserer WG-Zeit und nach dem Unglück hatten Karsten und ich uns ein paar Jahre aus den Augen verloren. Wir sind uns zufällig wieder über den Weg gelaufen, als ich mich bei einer Fernseh-Produktionsfirma bewarb, für die ich bis heute freiberuflich Moderations- und PR-Texte schreibe. Ich habe mit ihm nie über Anne und Michael gesprochen. Es war schrecklich für Karsten, das alles damals, vielleicht hat er sogar am meisten von uns allen gelitten.

Aber jetzt ist Anne zurück. Zurück aus der Vergangenheit, die wir wohl alle aus unterschiedlichen Gründen zu vergessen versuchen. Zweifel und Schuldgefühle und Fragen, auf die es heute ebenso wenig Antworten gibt wie vor zwanzig Jahren.

Wird Anne mir diese Fragen stellen? Hat sie noch Interesse an der Vergangenheit, jetzt, wo sie, so wie es aussieht, keine Zukunft mehr hat?

«Sie hat Krebs», sage ich zu Karsten, und in mir steigen die Tränen hoch, die ich gestern mit Macht unterdrückt habe.

«Wie schlimm ist es?»

«Sehr schlimm. Bauchspeicheldrüse. Die OP war vor einem halben Jahr. Jetzt ist sie im letzten Chemozyklus und erfährt in ein paar Wochen, ob und wie die Therapie angeschlagen hat.»

«Dass sie überhaupt noch lebt, ist bei der Diagnose ein Wunder.»

«Ich weiß. Der Tumor wurde wohl ungewöhnlich früh entdeckt. Ihr uralter Hausarzt hat ihr mit seinem noch urälteren Ultraschallgerät das Leben gerettet. Wenn der kein mulmiges Gefühl gehabt und sie nicht noch am selben Tag ins Krankenhaus geschickt hätte, wäre sie tot.»

«Wie ist ihre Prognose?»

«Die Rückfallquote liegt in den ersten zwei Jahren bei 95 Prozent.» Ich höre mich an wie ein Bankberater, der seinem Kunden eine unsichere Aktie ausreden will.

«Und wie geht es ihr?»

«Du kennst sie doch. Sie hat sich nicht verändert. Sie ist stark. Selbst mit Krebs im Endstadium ist Anne noch optimistischer als ich mit einem Reizdarm.»

«Und wie geht es dir?»

«Ach, Karsten ...», bringe ich noch mit sich verlierendem Stimmchen heraus, dann breche ich ungehemmt in Tränen aus. Ich weine immer sofort los, wenn mich jemand fragt, wie es mir geht, der wirklich wissen will, wie es mir geht. Ich bin das einfach nicht gewohnt. Und es kommt zu selten vor, als dass ich mich daran gewöhnen könnte. Als Mutter von drei Kin-

dern, routinierte Ehefrau und ehrenamtlich tätiges Gemeinde-
mitglied bist du eigentlich immer nur damit beschäftigt, dich
zu fragen, wie es anderen geht.

«Ichweißauchnichtkarsten», sprotze ich schließlich un-
deutlich in Richtung Handy. Karsten hat über die letzten Jahrzehnte eine ganz erstaunliche Fähigkeit entwickelt, selbst aus
grotesken und von Weinkrämpfen völlig verhunzten Wortbei-
trägen noch herauszuhören, was man ihm mitteilen will.

Karsten schreitet seit Jahren wacker durch jedes Tal der
Tränen und der undeutlichen Aussprache mit mir, mit seinen
beiden Söhnen, von denen einer auch recht nah am Wasser gebaut hat, und natürlich mit seinem Mann, einer wunderbaren
Dauerheulsuse mit großem Herz, großem Ego und Gewichts-
problemen.

«Ich finde mich gerade gar nicht mehr zurecht in meinem
Leben», bringe ich schließlich etwas deutlicher hervor. «Ich
trauere um meine Mutter, die in vier Tagen beerdigt wird. Ich
begegne meiner ältesten Freundin nach zwanzig Jahren wieder,
an deren Grab ich wahrscheinlich als Nächstes stehen werde.
Ich wache in meinem alten Kinderzimmer auf, und mitten in
diesem emotionalen Krisengebiet taucht auch noch Heiko auf,
der mein Haus kaufen und mich ins Bett kriegen will – und ich
hab keine Ahnung, warum.»

«Du bist eine attraktive Frau, Judith! Wenn du dir das nur
immer wieder einredest, wirst du es bald selber glauben – und
er auch!»

«Hallo, Erdal. Danke für den Tipp. Ich meinte eigentlich, ich
habe keine Ahnung, warum Heiko mein Haus kaufen will.»
Trotz meines desolaten Zustandes muss ich lächeln. Karsten
hat sein Handy offenbar auch auf laut gestellt, und sein Mann
hat sich ungebeten in das Gespräch eingemischt, so wie er sich

eigentlich in alles ungebeten einmischt, von dem er findet, dass es ihn was angeht, und das ist viel.

«Sorry, Judith, Erdal hat den Anfang unseres Gesprächs nicht mitbekommen», sagt Karsten und fasst kurz zusammen: «Judith hat Anne Bertram wiedergetroffen, unsere alte Freundin aus den Kölner WG-Zeiten. Sie ist schwer krebskrank.»

Ich höre Erdal förmlich erbleichen. In solchen Fällen schwankt er zwischen unendlichem Mitgefühl und unendlicher Angst, es könne ihn oder die Menschen, die er liebt, selber treffen. Erdal ist ein genialer und konsequenter Ausblender. Er liebt es zwar, über Krankheiten und erste Alterserscheinungen zu sprechen, insbesondere seine eigenen, aber sobald es wirklich ernst wird, der Tod in greifbare Nähe rückt, jemand in seinem Alter oder dem seiner Kinder krank wird oder bei einem Unfall ums Leben kommt oder entführt wird, versucht Erdal, das Thema zu wechseln oder sich zurückzuziehen. Das ist nicht böse gemeint. Es ist seine Art, sich selbst zu schützen und seine innere, fragile Welt vor dem Zusammenbruch zu bewahren.

Wenn Erdal hinter einem Leichenwagen fährt, biegt er ab und nimmt lieber einen Umweg in Kauf, als sich noch länger vorstellen zu müssen, wer da wohl drin liegt und was für ein gräuliches Schicksal denjenigen womöglich aus dem Leben gerissen hat. Denn Erdal hat eine ausgeprägte Vorstellungsgabe. Auch ohne Leichenwagen. Das macht ihn so anstrengend und so besonders. Er ist das fleischgewordene Drama, und er wäre nicht der aus dem Fernsehen berühmte Erdal Küppers geworden, wenn er in jedem Leichenwagen lediglich einen knapp hundertjährigen Opi vermuten würde, der vor dem Fernseher während seiner Lieblingssendung sanft entschlafen ist.

Erdal ist mein bester Freund, meine beste Freundin, mein

Seelenverwandter, Patenonkel meiner Zwillinge, mein gnadenlosester Kritiker, egoistisch, selbstlos und stets aufgewühlt und zu allem bereit. Er hat für alles Verständnis, für meine dunkelsten Gedanken, meine verruchtesten Träume, für die läppischsten meiner Probleme, die auch im fortgeschrittenen Alter immer wieder mit meiner Konfektionsgröße zu tun haben. Darf eine Fünfzigjährige immer noch über ihr Gewicht lamentieren? Gehört es nicht zum Reifungsprozess dazu, den eigenen Unzulänglichkeiten, inklusive nachlassender Spannkraft von Haut, Haar und Ehe, mit freundlicher, verzeihender Resignation gegenüberzutreten?

Karsten meint, dass ich schon mit vierzig zu alt dafür war. Er predigt mir und Erdal seit mindestens zehn Jahren, dass es niemanden stört, wenn wir zu dick sind.

«Das Einzige, was nervt, ist euer endloses Gejammer darüber. Esst doch einfach, was ihr wollt, und lebt mit den Konsequenzen. Dick oder dünn. Hauptsache still.»

«Du findest mich also zu dick?», sagt Erdal dann jedes Mal, was stets zu einer unerquicklichen Auseinandersetzung führt, in der Erdal sich über seinen im Vergleich zu Karstens überdurchschnittlich trägen Stoffwechsel beklagt und Karsten daran erinnert, dass die Zuschauer Erdal genau so lieben würden, wie er ist, und dass Karsten sich diese vorbildliche Haltung ruhig auch zu eigen machen dürfe.

Ich habe aufgehört, mich dafür zu schämen, dass mir meine Waage immer noch die Laune verderben kann, dass ich Hoffnungs-Hosen in unerreichbar winzigen Größen in meinem Schrank habe und mich täglich frage, was ich heute alles nicht esse.

Martina, Erdal und ich sind mit Hilfe meiner Therapeutin mittlerweile zu folgendem Standpunkt gelangt: Gewichtspro bleme sind immer auch Mentalprobleme. Der Grund, warum du zu dick oder zu dünn bist oder warum du dich zu dick oder zu dünn fühlst, hat nur auf der rein biologischen Ebene etwas mit den Kalorien zu tun, die du zu dir nimmst. Viel wichtiger ist die psychologische Ebene. Welche ungestillte Sehnsucht erfüllst du dir mit deinem dritten Bounty, deinem vierten Glas Wein oder der Zigarette vor dem Frühstück?

Seit zwanzig Jahren wiege ich sechs, mittlerweile eher zehn Kilo zu viel. Zwischendurch habe ich zwar immer mal wieder kurz mein Idealgewicht und krame dann hastig verstaubte Jeans in Größe 29 und körperbetonte Kleider hervor, um bloß schnell meinen Körper zu betonen, solange mein Ehrgeiz, schlank zu sein, größer ist als die Neigung, meine Seele und mein Unterhautfettgewebe wieder mit Nudeln aufzupolstern. Dann fristet mein Körper erneut für Monate in fließend fallenden Tuniken und Stretchhosen sein Dasein, während ich mich auf jede Mahlzeit aufrichtig freue und mich nach jeder Mahlzeit aufrichtig frage, warum ich wieder so viel gegessen habe.

Ja, ich bin fast fünfzig und erlaube mir, mein Gewicht für ein gewichtiges Thema zu halten. Mein Körper ist schließlich Teil meines Charakters – und an dem darf ich ja auch noch bis ins hohe Alter rumbasteln, ohne dass ich mich dafür entschuldigen oder als oberflächlich und unreif bezeichnen lassen müsste. Außerdem ist es keineswegs allen egal, ob ich dick oder dünn bin. Im Tennisclub sind die Damen deutlich netter zu mir, wenn ich Klöße esse. Frauen lieben Frauen, neben denen sie schlank aussehen. Und Erdal begleitet mich willig und laut lamentierend seit Jahren durch die Höhen und Tiefen der Gewichtsdiagramme, die meine Waage direkt auf den Computer überträgt. Er ist der Einzige, der sich mit mir freut, wenn ich dreihundert Gramm abgenommen habe, und es ebenfalls völlig in Ordnung findet, wenn ich diesen Erfolg mit einer Vierhundert-Gramm-Tafel *Lindt*-Schokolade feiere.

Erdal ist seit drei Jahren eine Art Markenbotschafter von *Lindt*, der Schokoladenfirma aus Aachen, deren zuckersüße Emissionen je nach Windrichtung und Windstärke manchmal bis nach Jülich waberten und mich dort in duftende Schokowolken einhüllten. So was prägt natürlich. Ebenfalls seit ein paar Jahren macht Erdal Werbung für die *Weight Watchers* – immer während der Schokoladen-Sommerpause. Er ist der einzige Mensch, der für seine Gewichtsschwankungen geliebt wird und damit auch noch ein Heidengeld verdient.

«Das tut mir schrecklich leid», höre ich ihn jetzt verstört sagen. «Ist Anne nicht die Freundin von diesem Michael gewesen?»

«Wir sehen uns ja alle in vier Tagen, dann reden wir ausführlich», unterbricht ihn Karsten, vielleicht eine Spur zu hastig. «Wir kommen, wie besprochen, zur Urnenbeisetzung.»

«Das müsst ihr wirklich nicht.»

«Das wollen wir aber. Wir haben die Trauerfeier verpasst, also kommen wir zur Beisetzung. Es ist auch für die Kinder wichtig, Abschied zu nehmen. Sie haben Uschi schließlich gut gekannt.»

«Und meine Mutter freut sich schon!», wirft Erdal, jetzt wieder etwas munterer, ein. «Sie liebt Beerdigungen. Sie ist immer ganz glücklich, dass es sie noch nicht erwischt hat. Das möchte ich ihr nur ungern vorenthalten.»

### «LASSEN SIE MICH DURCH, ICH HAB KREBS!»

«Es ist im obersten Stock. 84 Stufen. Schaffst du die?»
«Warum nimmst du nicht den Aufzug?»
«Ich hab doch nur Krebs. Meine Beine funktionieren tadellos.»
«84 Stufen?» Ich atme tief durch. «Ich hasse Treppensteigen, und du weißt ganz genau, dass ich seit meiner Kindheit zu Bronchitis neige und eine eingeschränkte Lungenfunktion habe.»
«Der Termin ist erst in dreizehn Minuten. Wir können also auf jedem Stockwerk 1,8 Minuten Pause machen.»
«Die werden wir auch brauchen, du Mathegenie. Also los. Krebs gegen Asthma. Der unaufhaltsame Aufstieg der beiden alten Schachteln kann beginnen.»
«Du bist hier bestens versorgt, falls du unterwegs krank werden solltest oder psychische Probleme bekommst. Im Erdgeschoss sitzen ein Internist und ein Psychiater, im ersten und zweiten Stock ist ein Gastroenterologisches Zentrum, im dritten sind Hautärzte, im vierten eine orthopädische Praxis mit Schwerpunkt Rücken, im fünften und sechsten hat ein berühmter Schönheitschirurg seine Beautyklinik, und ganz zum Schluss kommen wir. Onkologie. Der Todestrakt.»
«Du kennst dich hier wirklich verdammt gut aus.»
«Meine neunte Chemo, das hier ist quasi mein zweites Zuhause», sagt sie lachend auf den ersten Stufen. «Und ich habe nie den Aufzug genommen, egal wie schwach ich mich fühlte.

Mit dem Aufzug fahren nur die, die wirklich krank sind. Ich rede mir ein, solange ich Treppen steigen kann, gehöre ich zu denen, die eine Chance haben. ‹Willkommen in der Krebsfamilie›, hat mir der Arzt gesagt, als ich zum ersten Mal hier war. War wohl nett gemeint. Aber du wirst ja gleich sehen, was da oben für Gestalten aus dem Aufzug steigen. Na ja, siebter Stock, da ist man eben schon fast im Himmel.»

«Ich kann es kaum erwarten, deine neue Familie kennenzulernen», sage ich. Wir versuchen beide, mit Galgenhumor das Grauen einigermaßen in Schach zu halten.

Das Angebot, Anne zu ihrer letzten Chemotherapie nach Köln zu begleiten, ist mir nicht leichtgefallen.

«Ein großer Tag», hatte sie gestern gesagt. «Willst du mitkommen?»

Ich hatte genickt, gelächelt und dann vor Angst die ganze Nacht nicht geschlafen. Aber Anne macht es uns beiden leicht. Und ich bin ihr dankbar, mit welcher Ruhe und Gefasstheit und sogar mit Witz sie über das eigentlich so Unaussprechliche spricht. Keine Weinkrämpfe, kein Hadern mit dem Schicksal, keine abgrundtiefe Verzweiflung, der ich so schrecklich wenig entgegenzusetzen gehabt hätte.

Sie hatte ausgesehen wie ein Vogelküken, als sie sich so völlig unerwartet die Perücke vom Kopf gezogen hatte. Graue Flauminseln auf dem Kopf. Ihre Augen darunter dunkel und riesig, zwei schwarze Seen in karger Landschaft. Gelächelt hatte sie und mich um Verzeihung gebeten, dass sie mich so erschreckt habe.

«Ich wusste nicht, wie ich es dir sagen soll», hatte sie erklärt und ihren kahlen Schädel zurückgelehnt, der in der sternenklaren Nacht sanft schimmerte wie ein Solarlampion, der über Tag nicht genug Sonne bekommen hat.

SIEBTER STOCK, da ist man eben schon fast im Himmel.

Dann hatte sie mir von der Diagnose erzählt, von der Operation, den ersten Chemos und der Übelkeit, die sie wie eine wohlmeinende Freundin begrüßt hatte. «Immer wenn mir schlecht ist, nehme ich das als Zeichen, dass die Chemo wirkt. Ich versuche, mir vorzustellen, wie das Gift in meinem Körper aufräumt und wie eine übereifrige Putzfrau mit scharfen Mitteln durch meine Zellen feudelt. Es ist total wichtig, dass man die Angst im Griff behält. Angst macht schwach. Angst macht krank. Die innere Einstellung ist bei Krebs ausschlaggebend. Und ich will wenigstens nicht selbst schuld daran sein, wenn ich das hier nicht überlebe. Wer denkt, er schafft es nicht, der schafft es nicht.»

Ich hatte genickt, dabei nicht gewusst, ob ich Anne bewundern oder mich vor ihr erschrecken sollte, und dann beides getan. So viel Mut. Ist das noch normal? Ein Albtraum wird wahr, und was tut Anne? Sie verbietet sich, Angst zu haben, und erzieht sich selbst mit Strenge und Ehrgeiz, jetzt, wo ihr Vater das nicht mehr für sie erledigen kann.

Für oder gegen etwas hat Anne immer gekämpft. Für gute Noten, für ein Stipendium, gegen den Liebeskummer, gegen die Erkältung und jetzt gegen den Krebs. Und während ich mich bereits mit einer leicht erhöhten Temperatur von etwas über 37 Grad vom Unterricht befreien und von meiner Mutter mit Tee und Keksen pflegen ließ, galt in Annes Elternhaus alles unter 39,8 nicht als Grund, der Schule oder dem Sport fernzubleiben.

Ich war gerne krank, und ich habe mich seit jeher sämtlichen Formen des Leidens willig und ohne Gegenwehr hingegeben. Ich bin ein Waschlappen, und ich bin es gern. Herzschmerz habe ich sogar kultiviert und durch regelmäßiges Zuführen von Alkohol und traurigen Liedern vertieft und verlängert. So war Anne nicht. Der Ehrgeiz, den ihr Vater ihr eingetrichtert hatte, bezog sich auch auf das Ertragen von Schmerzen und Kummer. Elmar Bertram war einer jener Kriegsheimkehrer, die zwar äußerlich unversehrt aus russischer Gefangenschaft zurückgekehrt waren, ihr Inneres jedoch so fest zubetoniert hatten wie das Fundament eines Wolkenkratzers.

Der alte Bertram hatte ein regungsloses Herz. Er verlangte von seinen Kindern Ehrgeiz und Gehorsam sowie das Eliminieren oder, falls das nicht möglich sein sollte, zumindest das sorgfältige Verbergen von Schwäche.

Ich hatte immer Angst vor ihm. Alle hatten Angst vor ihm. Am allermeisten seine Frau. Die schnitt beim Abendessen ihr Graubrot in unnötig kleine Stücke, trug eine Kurzhaarfrisur, mit der sie ihr ganzes Leben lang aussah wie sechzig, und traute sich bei Gewitter nicht, ihre verängstigte Tochter zu trösten. Die Anweisungen des Familienoberhauptes lauteten anders: Angst ist dazu da, überwunden zu werden.

«Tumor ist, wenn man trotzdem lacht», hatte Anne gesagt, und mir waren die Tränen gekommen, und ich hatte mich neben ihr mal wieder schwach, mutlos, hilfsbedürftig und von ihrer unmenschlichen Stärke überfordert gefühlt.

«Ich könnte das nicht», keuche ich. Wir sind im dritten Stock bei den Hautärzten angelangt. «Ich bewundere deine Kraft. Ich hätte längst alle viere von mir gestreckt und den Kampf aufgegeben.»

«Du meinst, wie vor vierzig Jahren bei den Bundesjugendspielen vor der Sprunggrube?»

«Weitsprung bringt einen nicht weiter im Leben, das habe ich früh erkannt.»

«Dann lieber gar nicht springen?»

«Ich war nie so mutig und so optimistisch wie du. Deine Chance, gesund zu werden, liegt bei fünf Prozent. Aber das scheint dir zu reichen.»

«Irgendeiner muss ja zu den fünf Prozent gehören, warum also nicht ich?»

«Genau das meine ich. Ich würde mich wie selbstverständlich auf der Verliererseite sehen. Und damit hätte ich automatisch noch weniger Chancen zu gewinnen. Ich hätte nicht nur Krebs, sondern auch noch die falsche Einstellung. Du bist stark, Anne. Du bist kein leichtes Opfer. Bei dir möchte ich kein Tumor sein.»

«Danke, das tut gut zu hören. Brauchst du eine Pause?»

«Ja bitte.» Wir stehen vor der Praxisklinik des Schönheitschirurgen Dr. Jakob Mohr.

«Das ist ja lustig», pfeife ich aus dem letzten Loch. «Erdal hat sich letztes Jahr bei dem Mohr die Schlupflider machen lassen. Der ist sehr bekannt. Im Raum Köln–Düsseldorf spricht man sogar schon von den Mohr-Gesichtern, weil er irgendeine spezielle Liftingtechnik entwickelt hat.»

«Erdal?»

«Ja. Erdal Küppers. Ich arbeite ab und zu für ihn.»

«Du meinst nicht ernsthaft *den* Erdal Küppers, oder?»

«Doch», sage ich bemüht bescheiden. Die Tatsache, dass ich für Erdal Küppers arbeite, mit ihm befreundet und sogar Patentante seines jüngsten Sohnes bin, hat mir schon so manches Mal den Respekt verschafft, der mir für meine Krippenspielregie und die Arbeit im Elternrat leider immer versagt geblieben war.

Seit mittlerweile fünf Jahren moderiert Erdal im Ersten einmal wöchentlich, sonntags am späten Nachmittag, die Sendung «Erdal kocht nicht». Darin lässt er sich in einer Studioküche von zwei Prominenten bewirten, kommentiert ihre Kochkünste und spricht mit ihnen über ihr Leben, ihre Karriere, ihre Pläne. Das tut er schonungslos und ehrlich und gleichzeitig so arglos, dass ihm niemand etwas übelnimmt.

Die Zuschauerinnen lieben ihn, weil er so ist wie sie, weil er ständig über sein Gewicht und die nächste Mahlzeit nachdenkt, weil er emotional ist, gerne und viel weint und auch seinen Gästen gegenüber nicht versucht, den Anschein zu erwecken, er würde sich für irgendjemanden langfristig mehr interessieren als für sich selbst.

Erdal ist der Einzige, der aus seinem krachenden Egoismus ein Markenzeichen gemacht hat. Er ist die Diva, die wir alle gern wären. Er ist der weise Hofnarr, von dem man sich die Wahrheit gefallen lässt und der uns den Spiegel vorhält, ohne belehren oder kritisieren zu wollen. Alle lieben Erdal.

«Ich hasse den Typen!», ruft Anne.

«Warum?», frage ich verblüfft.

«Ich finde den völlig oberflächlich. Der redet doch nur über sich und das englische Königshaus und seine nichtssagenden Millionärsprobleme. Schrecklich. Privatfernsehen der schlechtesten Sorte. Und mit dem ist Karsten zusammen? Ich fasse es nicht!»

«Sie haben sogar zwei Kinder», sage ich trotzig.

«Wie haben sie die denn zustande gekriegt?»

«Josef ist adoptiert. Er ist der Sohn von ihrer Freundin Leonie und einem Urlaubs-One-Night-Stand. Hans ist ebenfalls von Leonie, aber er ist mit einer Samenspende entstanden.»

«Erdal Küppers' Samen?»

«Nein», sage ich reserviert. «Hans ist von Karsten.»

«Dann hat er ja noch eine Chance, dass was aus ihm wird. Karsten war zumindest früher immer ein vernünftiger Typ. Komm, Endspurt!» Anne nimmt die letzten beiden Stockwerke in Angriff, und ich trotte verstimmt hinter ihr her. Ich fühle mich persönlich gekränkt. Aber jetzt, zwölf Stufen von ihrer Chemo entfernt, scheint mir nicht der rechte Moment, um mich mit Anne auf einen Streit über Qualitätsfernsehen, Quoten und Zielgruppen einzulassen.

Seit Beginn von «Erdal kocht nicht» mache ich die Vorab-Recherche über die geladenen Gäste und stelle mögliche

Interviewfragen zusammen. Den Vorwurf, die Sendung sei oberflächlich, höre ich oft, und ich habe keine Lust mehr, ihn zu entkräften. Ich mag mich nicht mehr aufregen – anders als Erdal, der solche Anwürfe sehr persönlich nimmt und gerne mordsmäßig ausflippt. Man kann Erdal nicht vorwerfen, er würde souverän mit Kritik umgehen. In Talkshows, Quizsendungen und auf Schulflohmärkten wird er daher erfreut, aber auch stets mit bangen Erwartungen begrüßt.

Denn Erdal zeigt, wie er sich fühlt, und sagt, was er denkt. In einer Zeit, in der jeder das Wort Authentizität aussprechen kann, Achtsamkeitskurse der Renner sind und sich alle Frauen jenseits der vierzig vornehmen, ganz sie selbst zu sein und besser auf ihre Bedürfnisse zu achten, kann Erdal als Authentizitäts-Naturtalent bezeichnet werden. Im Aufspüren eigener Bedürfnisse und der Verwirklichung derselben macht ihm so leicht keiner was vor.

Erdal hat schon seine eigene Sendung verlassen, weil er sich mit einer Mode-Bloggerin zu Tode langweilte und die ihn dann auch noch nötigen wollte, ihre Chia Bowl mit gedünstetem Pak Choi und geräuchertem Tofu zu probieren. Bei Elternabenden ist er ein gefürchteter Gast, weil er entweder einschläft oder sich wahlweise über das Schulsystem, die Schulbehörde oder die Schulkantine aufregt oder über die Kunstlehrerin, der es nicht gelinge, das Zeichentalent seines Sohnes zu erkennen und entsprechend zu fördern.

Als er von einem Feuilletonredakteur der *Zeit* bei einem Interview gefragt wurde, ob er, Erdal Küppers, denn nicht mal was Anspruchsvolles machen wolle, hatte sich folgender Dialog entsponnen:

«Ich bin froh, dass Ihnen meine Sendung nicht gefällt, Herr Neumann.»

«Ich heiße Niemann. Und warum, wenn ich fragen darf?»

«Sie gehören nicht zu meiner Zielgruppe.»

«Und das soll heißen, dass ich Sie nicht kritisieren darf?»

«Das soll heißen, dass Ihre Kritik irrelevant ist. Ein Veganer kann nicht in ein Steakhouse gehen und sich dann beschweren, dass er nichts auf der Karte findet. Wenn Sie als Intellektueller mit Affinität zum tschechischen Kunstfilm meine Sendung mögen würden, hätte ich allen Grund zur Sorge. Dann würde nämlich die Quote nicht mehr stimmen, Herr Niermann.»

«Immer noch Niemann. Sie unterschätzen das Publikum, Herr Küppers. Und sie verderben Sehgewohnheiten. Aber wo Sie schon meinen Hang zur sogenannten Hochkultur ansprechen: Gehen Sie überhaupt einmal in ein Arthouse-Kino oder ins Theater? Nein? Warum wundert mich das nicht?»

«Ich war wahrscheinlich gerade dabei, Geld zu verdienen, mit dem die Hochkultur gefördert wird. Mein Anspruch ist, die Zuschauer gut zu unterhalten und mich auch. Und wissen Sie was, Herr Naumann? Ich habe jetzt noch Termine.»


Wir sind oben. Anne bleibt vor der Praxis stehen. Auf dem Schild nur drei Namen. Wer an diese Tür kommt, weiß, warum er hier ist, und muss nicht extra daran erinnert werden.

Wir sind beide außer Atem.

«Du bist die 80 Stufen immer ganz alleine hochgestiegen?»

«84. Ja. Ich habe mich damit abgelenkt, die Stufen zu zählen und mir auf jedem Stockwerk was zu wünschen.»

«Was denn zum Beispiel?»

«Banales Zeug. Was einem so wichtig wird, wenn's nach hinten eng werden könnte. Dass mir die Haare nicht lockig und drahtig wie Schamhaare nachwachsen. So was kommt vor. Dass an Weihnachten Schnee liegt, dass ich bald meine Ab-

Ich habe zum ersten Mal vergessen, die Stufen zu zählen.

findung bekomme und dass meine eigene Beerdigung nicht das Erste ist, was ich davon bezahlen muss. Dass meine Mutter mich noch einmal wiedererkennt, bevor eine von uns stirbt. Komm, lass uns reingehen, sonst werde ich noch sentimental.»

«Was hast du dir heute gewünscht?»

«Nichts. Ich habe zum ersten Mal vergessen, die Stufen zu zählen.»

Karge Räume, vollgestopft mit Schicksal. Ich habe Wartezimmer schon immer gehasst. Die Krankheiten der Leute hängen in der Luft, sie kriechen aus den Tapeten, böse Gespenster, und wachsen aus den pflegeleichten Linoleumfußböden wie Schlingpflanzen, die einen ins Verderben ziehen.

Zwei Frauen und ein Mann sitzen mit mir in dem Raum, an dessen Wänden eine Armada von Blumenaquarellen gegen die Ängste der Patienten in Stellung gebracht worden ist.

«Wir machen immer vorher ein paar Routineuntersuchungen bei Frau Bertram. Wenn wir sie an die Chemo angeschlossen haben, sage ich Ihnen Bescheid, dann können Sie sich gerne zu ihr ins Behandlungszimmer setzen», hatte die fröhliche Schwester zu mir gesagt und war mit Anne hinter irgendeiner der vielen Türen verschwunden.

Ich starre auf meine Zeitschrift, um nicht in die Gesichter der anderen Wartenden sehen zu müssen. Wer hier sitzt, hat was Schlimmes. Und ohne Krebs bist du wirklich fehl am Platz. Ich schäme mich. Ich war noch nie so glücklich, gesund zu sein.

Ich beschließe hastig, in die Welt der Royals zu entfliehen. Seit Erdal die Hochzeit von Prinz Harry zusammen mit Frauke Ludowig und der Adelsexpertin der *Gala* live im Fernsehen kommentiert hat, fühle ich mich quasi wie ein Mitglied des britischen Königshauses. Die *Bunte* argwöhnt, dass sich unter dem locker geschnittenen Sommerkleid von Meghan Markle, der Herzogin von Sussex, womöglich wieder ein Babybäuchlein verbergen könnte. Sosehr ich Prinz Harry als Mann schätze, viel mehr übrigens als seinen langweiligen pferdegesichtigen Bruder, in solchen Situationen bin ich doch froh, dass ich nicht mit einem potenziellen Thronfolger verheiratet bin. Nicht auszudenken, wie viele Schwangerschaften mir die Klatschpresse angedichtet hätte, bloß weil ich am Abend vor einem bedeutenden Empfang im Kensington Palace mal wieder keine Zurückhaltung geübt, sondern mir mit meinem Prinzgemahl eine doppelte Portion Spaghetti bolognese plus Parmesan, dazu eine halbe Flasche Rotwein und anschließend eine Tafel Kinderschokolade reingehauen habe. Und am nächsten Tag stünde ich dann da wie Bud Spencer im Negligé neben meiner perfekten Schwippschwägerin Catherine, der blöden Kuh mit ihrem festgetackerten Lächeln und ihren Oma-Pumps, die abends immer nur gedünstetes Gemüse isst und nach einem halben Glas Wein sofort müde wird.

Während des Staatsbanketts würde ich zwischendurch heimlich rausschleichen, um hinter irgendeinem königlichen Gebüsch eine Zigarette zu rauchen, wo mich selbstverständlich ein Paparazzo ablichten würde, sodass in der nächsten Ausgabe der *Bunten* zu lesen wäre: «Schwangere Herzogin vergiftet ihr Ungeborenes mit Nikotin!»

Ich bin wirklich froh, dass meine Willenlosigkeit und meine regelmäßigen Niederlagen im Kampf gegen die herkömmlichen Suchtstoffe nicht unter den Augen der Öffentlichkeit stattfinden. Nein, ich wäre keine repräsentative Herzogin geworden. Ich fühle mich ja selbst beim Weihnachtsessen des Wedeler Tennisclubs unwohl, wenn ich mal wieder die Einzige bin, die Klöße zur Gans bestellt und nach einem halben Glas Wein nicht müde wird.

«Entschuldigung, ist hier frei?» Ich schrecke hoch, unsanft zurückgeholt vom Kensington Palace in die Kölner Onkologie. Ich nicke, und eine adrett gekleidete Frau setzt sich neben mich. Oh Gott, denke ich, die ist doch noch keine vierzig und schon hier. Mir wird das Herz schwerer und schwerer.

Die Dame uns gegenüber, sie mag um die siebzig sein, beugt sich vor und sagt mütterlich: «Sie sind zum ersten Mal hier, oder?» Es wird nicht ganz deutlich, ob sie mich oder meine Nachbarin oder uns beide meint. «Bei mir ist es die Leber. Dritte Chemo, zweiter Zyklus. Und bei Ihnen?»

Willkommen in der Krebsfamilie, denke ich und hoffe, dass die Frau neben mir irgendwas sagt. Was sollte ich antworten? Ich hab Rücken und schlechte Zähne und sehe im Bikini aus wie eine Portion Weißwürste?

«Oh nein, ich bin nicht krank», antwortet jetzt eilig meine Sitznachbarin und beeilt sich gleichzeitig, nach einer Zeitschrift zu greifen. «Ich bin hier, weil die Arzthelferin unten in der Beautyklinik es nicht geschafft hat, mir Blut abzunehmen. Jetzt sollen die es hier versuchen, die kennen sich wohl besser aus mit schwierigen Fällen. Ich hab nämlich unheimlich schlechte Venen.» Sie zuckt entschuldigend die Schultern.

«Das tut mir leid», murmelt die ältere Frau und lehnt sich wieder zurück. Ich schaue stumm auf die *Bunte* in meinem Schoß, der es dank investigativer Recherchen gelungen ist, die Wahrheit über Britney Spears ans Licht zu bringen: Die Sängerin hat innerhalb der letzten sechs Wochen vier Kilo zugenommen. Dasselbe, ich will nicht unbescheiden klingen, ist mir schon in erheblich kürzeren Zeiträumen gelungen.

«Im Wartezimmer sprechen alle über Diagnosen, Prognosen und Nebenwirkungen», hatte Anne mir erklärt. «Es gibt einen gewissen Krankheitsstolz und Krebsehrgeiz. Mit meinem Pankreaskarzinom bin ich natürlich ganz weit vorne. Schlechte Prognose bei vergleichsweise jungem Lebensalter – damit toppe ich jeden siebzigjährigen Kettenraucher mit 'ner halben Lunge. Die Gesunden können wir nicht mehr für voll nehmen, die werden müde belächelt. Was wissen die schon vom Leben? Manchmal, wenn ich vor der Supermarktkasse in der Schlange stehe, würde ich am liebsten rufen: ‹Lassen Sie mich durch, ich hab Krebs!›»

Ich werfe einen vorsichtigen Blick auf die Dame mir gegenüber. Lebermetastasen. Für mich klingt das wie ein sicheres Todesurteil. Sie lächelt ab und zu, während sie im *Stern* blättert. Mal runzelt sie die Stirn. Sie ist dezent geschminkt, ein Hauch von Rouge auf den Wangen, etwas Lippenstift und sorgfältig nachgezeichnete Augenbrauen. Sie hat keine eigenen mehr. Ihre dunkelgraue Kurzhaarperücke sitzt, das sehe ich jetzt bei genauerem Hinschauen, ein wenig schief. Oberhalb der Schläfen ist ein kleines Stück schorfiger, leicht geröteter Kopfhaut zu sehen. Wie ein Riss in einer Fassade. Eine undichte Stelle. Ein vermeintlich unbeobachteter Moment, der dann doch nicht unbeobachtet bleibt. Der ungewollt gewährte Einblick in verborgene Seelenwinkel, da wo die Angst sitzt und die Ahnung, dass die Stunden gezählt sind.

Mir kommen die Tränen. Diese kleine Fläche geschundener Haut, die ich nicht hätte sehen sollen, bringt mich völlig aus dem Gleichgewicht. Die Frau neben mir wird zur Blutabnahme aufgerufen und verlässt eilig das Wartezimmer. Ich würde am liebsten hinter ihr herlaufen. Ich starre auf meine Hände, die ich so fest ineinander verschlungen habe, dass die Knöchel weiß hervortreten. Jetzt nicht die Fassung verlieren. Ich versuche, tief ein- und auszuatmen, aber irgendein zäher Klumpen in meiner Brust ist im Weg. Zwei dicke Tränen fallen auf meinen Handrücken.

Ich habe nicht bemerkt, dass die alte Dame aufgestanden ist und sich neben mich gesetzt hat. Sie schiebt mir ein Taschentuch zu und legt ihre magere, schmale Hand auf meinen Unterarm.

«Lassen Sie das!», möchte ich am liebsten schreien. «Ich bin gesund! Ich brauche keinen Trost. Ich bin einfach nur schwach, ganz erbärmlich schwach. Ich halte nicht einmal das Leid der anderen aus, geschweige denn mein eigenes. Ihre verrutschte Perücke zerreißt mir das Herz. Sie sind wahrscheinlich bald tot. Ich müsste Sie trösten, nicht Sie mich.»

Wir sitzen eine Weile schweigend nebeneinander.

«Ich bin nicht krank. Ich begleite meine Freundin zur Chemo. Es steht mir überhaupt nicht zu, hier so rumzuheulen. Ich weiß wirklich nicht, was in mich gefahren ist, es tut mir leid», bringe ich schließlich weinend hervor.

«Das braucht es wirklich nicht», sagt die Dame und streichelt meinen Arm. «Meiner Erfahrung nach ist das Mitleid oft schwerer zu ertragen als das Leid. Ich habe meine Tochter gebeten, nicht mehr mit mir hierherzukommen. Sie hält es nicht aus. Sie hat viel mehr Angst als ich.»

«Wie kann das sein? Haben Sie denn gar keine Angst?»

«Doch, natürlich. Ich kämpfe jede Nacht gegen meine Dämonen. Aber gleichzeitig wird das Leben immer schöner, je näher man dem Tod ist. Das Problem ist nur: Das glaubt einem keiner. Solange man jung und gesund ist, denkt man, es könne einem nichts Schlimmeres widerfahren, als alt und krank zu werden. Das ist aber nicht richtig. Bloß weiß man das leider erst, wenn man alt und krank ist. Schauen Sie, meine Liebe, ich bin über siebzig, und das Einzige, was ich in meinem Leben bereue, ist, dass ich mir zu viele Sorgen gemacht habe. Das meiste von dem, was ich befürchtet habe, ist nie eingetroffen. Jetzt habe ich Krebs und werde bald sterben. Davor hatte ich immer Angst. Aber ich bin nicht mehr dieselbe Frau wie die, die damals Angst hatte. Es ist also wirklich völlig für die Katz, sich auszumalen, was einen Schlimmes erwartet. Weil man nie weiß, wie und wer man sein wird, wenn einem das Schicksal begegnet.»

Ich nicke und greife nach ihrer Hand. Sie fühlt sich an wie die Hand meiner Mutter, ganz zuletzt. Leicht und brüchig, wie ein trockenes Laubblatt.

«Frau Jakobs, kommen Sie bitte?»

Die alte Dame erhebt sich.

«Einen Moment noch», sage ich, stehe ebenfalls auf und rücke ihr vorsichtig die Perücke zurecht.

«Danke», sagt Frau Jakobs lächelnd.

«Ich habe zu danken. Auf Wiedersehen.»

Ich lächele immer noch still in mich hinein, als Minuten später die Tür auffliegt und eine der Arzthelferinnen im Laufschritt auf mich zukommt.

Nichts ist so beunruhigend wie beunruhigtes Personal. Wenn Ärzte, Piloten oder Feuerwehrmänner in Aufregung sind, muss die Lage wirklich ernst sein. Ich bemerke, wie meine Halsschlagader zu pulsieren beginnt und die Panik sich bereitmacht, in meinem Kopf zu explodieren wie eine überhitzte Propangasflasche.

«Würden Sie bitte mal schnell mitkommen?»

Ich habe so eine Angst, dass ich schon wieder heulen könnte, wenn man mir die Gelegenheit dazu ließe. Ich folge der Frau in

Weiß eilig durch das Labyrinth von weißen Fluren und weißen Türen.

Herzrasen. Keine Luft.

Ich versuche, an Annes Vater zu denken, den alten Tyrannen. «Angst ist dazu da, überwunden zu werden!», höre ich ihn mit schnarrender Stimme rufen. Aber meine Angst war schon immer unüberwindbar.

Das Einzige, was ich denken kann, ist: «Noch nicht. Bitte nicht. Bitte, bitte jetzt noch nicht!»

## ABER ALS ES SO WEIT WAR, KAM ES GANZ ANDERS

Ich habe nie genau verstanden, was daran schlecht sein soll, sich abzulenken. Leider gilt die Ablenkung ja nun nicht gerade als der Königsweg unter den Problemlösungsstrategien. Ein Drückeberger, wer sich der Angst nicht stellt. Emotional amputiert, wer den Schmerz nicht zulässt. Man ist dringend gehalten, sich zu konfrontieren. Verdrängtes aufspüren. Kummer zulassen. Wut rauslassen.

Als Mutter weiß ich jedoch, dass auch Gummibärchen gegen Nöte jeglicher Art helfen können und dass Ablenkung in Form von Fernsehen, Vorlesen, Rückenkrabbeln oder Mau-Mau-Spielen den Heilungsprozess sämtlicher Verletzungen in der Regel erheblich beschleunigt. Meine Therapeutin hört das nicht gerne, aber ich finde, dass man innere und äußere Gefahrenquellen getrost mal weiträumig umfahren darf. Warum sollte ich meiner Psyche ins Handwerk pfuschen? Sie wird schon ihren Grund haben, warum sie etwas verdrängt.

Manchmal erwische ich mich bei dem kühnen Gedanken, ich könne doch einfach so bleiben, wie ich bin. Keine Therapie, keine Diät mehr. Kein Hadern mit meinen Ecken und Kanten, Dellen und Falten. Einfach mal nicht mehr nachdenken über sich und andere und die Beschwernisse des Lebens. Ich denke eigentlich nicht gerne nach. Man kommt dabei so leicht ins Grübeln. Und dann ist man nur noch Zentimeter entfernt von einer depressiven Verstimmung, die blitzschnell chronisch wird.

Auch Gummibärchen helfen gegen Nöte.

Mich einfach mal so alt fühlen, wie ich bin. Genauso feige sein, wie ich mich fühle, und ohne schlechtes Gewissen Bücher lesen, die mich nicht voranbringen, sondern nur seelenruhig einschlafen lassen. Das kommt natürlich nicht in Frage. Das sind ketzerische Vorstellungen in Zeiten von Selbstoptimierung, Bootcamps und Lach-Yoga. Zeiten, in denen jeder in seiner Freizeit an sich selber arbeitet und Probleme nicht mehr Probleme, sondern Herausforderungen heißen.

Ich bin bequem und ängstlich und liebe Herausforderungen nicht. Ich war schon immer ein reinrassiger Hasenfuß. Die Tatsache, dass ich mir im Laufe meines Lebens um eine wachsende Anzahl von Kindern Sorgen machen musste, hat diese Veranlagung noch verstärkt. Meine Komfortzone endet an der nächsten Straßenecke. Ein scharfes Wort zur falschen Zeit, und mein Ego geht ins Exil. Ich bin ein leichtes Opfer für Angstmacher. Wenn einer «Buh!» ruft, bin ich die Erste auf dem Baum. Mit jedem Akt des Terrors, jedem Amoklauf, jedem Krieg und jedem Verbrechen, von dem mir in Großbuchstaben und reich bebildert berichtet wird, sinkt mir der Mut ein Stückchen weiter. Die beschämende Wahrheit ist: Stark war ich noch nie. Und ich habe Angst, mehr als je zuvor. Ich meide Großveranstaltungen und halte mich nicht unnötig lange an Flughäfen auf. Jedes Gepäckstück ohne Eigentümer macht mir Angst. Es gibt nichts Besseres, als beschossen und nicht getroffen zu werden, hat Churchill mal gesagt. Das sehe ich anders. Ich möchte eigentlich lieber, dass gar nicht auf mich geschossen wird, noch nicht mal vorbei.

Ich brauche keinen zusätzlichen Nervenkitzel. Im Gegenteil: Ich wechsele sofort den Fernsehsender, sobald ein Tropfen Blut vergossen, ein Kind vermisst, ein Zehennagel in übler Absicht gezogen wird. Die wenigen Horrorfilme, die ich versehentlich angeschaut habe – «The Blair Witch Project» beispielsweise –, habe ich bis heute nicht verarbeitet. Zelten war noch nie mein Liebstes, ist seither aber komplett vom Programm gestrichen. Als ich mit fünfzehn Hitchcocks «Psycho» gesehen hatte, war ich die darauffolgenden Monate nicht in der Lage, mit geschlossenem Duschvorhang oder mit geschlossenen Augen zu duschen. Lieber lief ich mit vom damals sehr angesagten Grüner-Apfel-Shampoo rotstichigen Lidern durch die Gegend, als auch nur eine einzige Sekunde die Badezimmertür aus den Augen zu lassen. «Der weiße Hai» hat mir kurz darauf den Urlaub in der Bretagne vergällt, während mich «Das Schweigen der Lämmer» bis heute in meine Träume verfolgt.

Ich sehe eigentlich nicht ein, warum ich mich nach einem Film schlechter fühlen sollte als vorher, aber natürlich ist mir klar, dass das eine unpopuläre Haltung ist. Ein gemütlicher Fernsehabend sieht bei uns zu Hause mittlerweile so aus, dass Joachim im Wohnzimmer eine dieser skandinavischen Crime-Serien schaut, in denen es nie richtig hell wird, die Gesichter der Hauptdarsteller immer fahl und zerfurcht sind und jeden Moment etwas passieren kann, was noch schlimmer ist als das, was gerade passiert ist und von dem man sich auch schon nicht hatte vorstellen können, dass es passieren würde.

Ich liege derweil oben im Bett und schaue etwas im Fernsehen, bei dem ich nicht ständig wegsehen muss. Immer wieder gerne «Miss Marple», «Mary Poppins» und «Mord im Orient-Express». Oder Serien, in denen gutgeschminkte Frauen in New York bei angemessener Beleuchtung pittoreske Verbrechen aufklären.

Die beste Entscheidung, die ich im letzten Jahr getroffen habe, habe ich nicht getroffen. Es ist einfach geschehen, und danach war mein Leben besser als vorher: Computer machen ja manchmal Sachen, ohne dass man sie dazu auffordert. Sie laden Updates runter oder konfigurieren sich neu, und plötzlich sieht alles ganz anders aus. Mein Computer hatte über Nacht beschlossen, die Browser-Startseite auszuwechseln.

Aus alter Verbundenheit, weil meine Eltern zwanzig Jahre lang den *Stern* abonniert hatten und ich mit ihm, wie mit der Kirchenzeitung und dem Telefonbuch, ein Gefühl verlorener Kindheit verband, hatte ich *stern.de* als Startseite installiert. Plötzlich jedoch begrüßte mich mein Computer mit einer kahlen Seite, auf der ich lediglich die Möglichkeit hatte, ein Suchwort einzugeben. Selbstverständlich, ich bin schließlich ein Gewohnheitstierchen, versuchte ich, diese eigenmächtige Aktion rückgängig zu machen, was mir ebenso selbstverständlich nicht gelang. Und so stellte ich fest, dass mir nichts fehlte, ganz im Gegenteil.

Mein Herz hatte sich zusammengekrümmt unter der Last all der Hintergrundberichte über Kindesmisshandlungen oder grauenvolle Unfälle, der Geschichten über tödliche Haiattacken vor Hawaii, elendig verhungerte Wanderer in Arizona, der Bilder von an Krebs sterbenden Kleinkindern, weinenden Eltern, Leichenteilen auf einer Autobahn oder zerfetzter Körper in einer Diskothek. Es gibt eine Pflicht, sich zu informieren. Und es gibt ein Recht, sich vor zu viel und vor unnötiger Information zu schützen.

Ich beneide die Pragmatischen, die sich mit Rationalität, Statistik und Wahrscheinlichkeitsrechnung beruhigen können. Joachim zum Beispiel. Wenn ich mal wieder auf dem Flughafen um unser Leben fürchte, berichtet er mir mit derselben Miene, mit der er Parodontose behandelt, dass pro Jahr dreihundert Menschen am Verschlucken von Kugelschreibern sterben. «Willst du deshalb aufhören, mit Kugelschreibern zu schreiben? Siebzig Menschen werden jedes Jahr vom Blitz erschlagen. Sollten wir deshalb unser Haus nicht mehr verlassen? Judith, du musst dir einmal rein rational klarmachen, dass nur eines sicher ist: dass es keine Sicherheit gibt. Nach den Anschlägen auf das World Trade Center trauten sich viele Menschen nicht mehr zu fliegen und stiegen aufs Auto um. Daraufhin gab es 1500 Verkehrstote mehr.»

Was daran beruhigend sein soll, verstehe ich nicht. Mit der mir eigenen Rationalität folgere ich daraus: Wenn es nirgends sicher ist, dann muss ich überall Angst haben. Dagegen sollte ich was tun, schon klar. Es gibt allerdings kaum eine Therapierichtung, die ich nicht schon eingeschlagen hätte. Von der

Familienaufstellung bis zur Hypnose: Ich hab alles durch. Ein anderer Mensch bin ich bedauerlicherweise nicht geworden, noch nicht mal ein besserer.

Es ist, als fehle mir eine Hautschicht, als dringe das Elend von draußen ungefiltert bis zu meinen Knochen durch. Täglich kämpfe ich darum, die Zuversicht nicht zu verlieren, dass meinen Lieben all das nicht passiert, was passieren könnte. Ich kann einfach nicht viel aushalten, das war schon immer so. Und sollte das Schicksal mal richtig zuschlagen, würde ich die Erste sein, die in die Knie geht. Das war mir und allen anderen völlig klar.

Aber als es so weit war, kam es ganz anders.


Sie lag in einer Ecke des Raums auf dem Fußboden, zusammengekrümmt, als hätte sie durch eine der Steckdosen kurz oberhalb der Fußleiste hinauskriechen wollen. Anne bewegte sich nicht, ihr linker Arm ragte seltsam nackt unter ihrem Körper hervor, und hellrotes Blut sickerte gemächlich, als hätte es alle Zeit der Welt, über ihre Hand, wo es sich irgendwo zwischen den Fingern verlor.

Anne sah aus wie eine Ausbrecherin, die man gerade noch rechtzeitig gestellt und ausgeschaltet hatte.

«Ist sie tot? Was ist passiert?», fragte jemand. Das war wohl ich.

«Nein, sie ist nicht tot. Frau Bertram ist mit einem Mal völlig außer sich geraten, als wir mit der Chemo beginnen wollten. Sie hat sich den Zugang aus dem Arm gerissen und um sich geschlagen. Das erleben wir ab und zu. Irgendwann ist dann doch alles zu viel. Ihre Freundin war bisher unheimlich stark. Vielleicht können Sie ihr ja helfen. Ich lasse Sie beide jetzt mal einen Moment allein.»

Ich ging die wenigen Schritte zu Anne in die Ecke, und ab da war nichts mehr so, wie es vorher gewesen war.

Fünfzig Lebensjahre, drei Todesfälle, eine Ehe, drei Kinder, 84 Stufen. Letztlich hatte es nur diese letzten vier Meter gebraucht, um aus mir einen mutigeren Menschen zu machen.

Ich setzte mich neben sie auf den Boden, den Rücken an die Wand gelehnt. Hatte ich Anne jemals weinen sehen? Vor Zorn vielleicht oder wenn sie sich ungerecht behandelt fühlte. Anne hatte nur selten ihren Kummer gezeigt und schon gar nicht nach Trost gesucht. Selbst ihren geliebten Wellensittich Kasimir, der eines Tages kommentarlos tot von der Stange gefallen war, hatte sie mit unbewegter Miene beerdigt, während ich meinem Schmerz und meinem Hadern mit dem Schicksal – Kasimir war für mich wie ein Bruder gewesen – freien Lauf gelassen hatte.

Ich weine bis heute gern und viel und breche bei nichtigsten Anlässen in unangemessen hemmungsloses Schluchzen aus. Praktisch meine gesamte Kindheit habe ich im Bett meiner Eltern verbracht, die mich ermutigten, stets meine Gefühle zu zeigen. Und so gelingt es mir heute nur mehr schlecht als recht, sie zu verbergen. Emotionen zurückzuhalten entspricht mir nicht und ist auch für mein äußeres Erscheinungsbild durchweg unvorteilhaft.

Auf dem offiziellen Bild von der Taufe meines Patensohnes Hans sehe ich aus wie eine gefährliche Irre: mit weit aufgerissenen, in Tränen schwimmenden Augen, die Lippen schmal wie zusammengetackert, den erschrockenen Täufling verkrampft an mich gepresst. Hinter mir stehen Karsten und Leonie, die biologischen Eltern, vergleichsweise gelassen, während Kindsvater Erdal als solcher gar nicht zu erkennen ist, weil er sein Gesicht in einem lobsterfarbenen Taschentuch vergraben

hat. Auf dem Video der Zeremonie übertönt sein Schluchzen und Sprotzen selbst das «Laudato si, o mi Signore!» des Kinderchors.

Erdal und ich sind also langjährige Tränenexperten. Auf dem Gebiet macht uns so leicht keiner was vor. Anne hingegen mangelt es womöglich an Talent, mindestens aber an Erfahrung. Und was da jetzt auf dem hellgrauen Linoleumboden der Praxis aus den Tiefen ihrer Seele hervorkroch, war auch kein Weinen. Es war ein vorsichtiges Wimmern, ungelenk und zittrig wie die ersten Schritte eines neugeborenen Fohlens im frischen Heu.

Mein Herzschlag beruhigte sich, ich konnte wieder atmen und entschied mich nach kurzem Zögern, die Aufgabe anzunehmen, die ich an Annes Seite oder vielmehr in ihrem Schatten noch nie gehabt hatte: stark zu sein. Ich schätze, das kostete mich ebenso viel Kraft, wie es sie gekostet hatte, schwach zu sein.

Ich erinnerte mich an meinen Vater, der nach seinem Schlaganfall noch drei Monate lang von meiner Mutter zu Hause gepflegt worden war, ehe er im Aachener Klinikum an einer Lungenentzündung starb. Es war mir schier unmöglich gewesen, zu akzeptieren, dass der Mann, der mich auf seinen Schultern tragen, mir ein Baumhaus bauen und nahezu jede Frage, die ich ihm im Laufe meines Lebens gestellt hatte, beantworten konnte, dass dieser Mann jetzt so ein elendes Häuflein Mensch sein sollte.

Seine Krankheit hatte aus uns zwei Fremde gemacht, weil wir beide nicht von dem lassen konnten, was wir einmal füreinander waren: Vater und Tochter. Er ließ sich nicht von mir füttern und nicht die wenigen Haare kämmen. Ich durfte ihm nicht den verkrampften Rücken massieren, ja nicht einmal vorlesen. Er hasste es, dass ich ihn schwach sah. Und ich hasste es, ihn schwach zu sehen.

Erst als er schon im Koma auf der Intensivstation lag und sich nicht mehr wehren konnte, hatte ich es gewagt, seine Hand zu nehmen und ihm über den Kopf zu streichen. Es war ja ein Leben lang umgekehrt gewesen. Es hatte mich geschüttelt vor Schmerz.

Doch auch den Tod, die, wenn man so will, stärkste Form der Schwäche, konnte mein Vater nicht zulassen, solange seine Tochter dabei war. Väter sterben nicht.

Ich hatte mit meiner Mutter Stunde um Stunde an seinem Bett gesessen. Bei jeder längeren Atempause hatte ich gebangt und gehofft, dass es endlich vorbei sei. Doch immer wieder hatte sich mein Vater mit einem tiefen, rasselnden, wütenden Atemzug zurück ins Leben gekämpft. Er starb schließlich, so schnell er konnte, während ich kurz auf dem Klo war.

Das war vor 25 Jahren. Ich war keine Tochter mehr. Und ich würde denselben Fehler nicht noch einmal machen.

Ich legte meine Hand auf Annes Kopf, so wie ich es unzählige Male bei meinen Söhnen getan hatte, wenn sie, von Albträumen geplagt, nachts aufwachten und im ängstlichen Halbschlaf nur die Gewissheit brauchten, nicht alleine zu sein.

«Ich bin ja bei dir», sagte ich, und das reichte.

Anne legte ihren Kopf in meinen Schoß und weinte, als hätte sie ihr Leben lang nichts anderes getan.

«Ich hab dich angelogen», sagte sie schließlich.

Ich drückte ihr einen Wattebausch in die Armbeuge, wo noch immer etwas Blut aus der Vene sickerte. «Was meinst du damit?»

«Ich bin nicht mutig. Ich habe panische Angst. Ich liege jede

Nacht wach. Mein Körper kommt mir vor, als sei in ihn einge-
brochen worden. Etwas Böses wohnt in mir, und ich fühle mich
in mir selbst nicht mehr zu Hause. Ständig lauere ich auf jedes Ziepen, jedes Unwohlsein, und beim kleinsten Magendrü-
cken denke ich, der Krebs ist zurückgekommen. Zu 95 Prozent
Wahrscheinlichkeit bin ich in zwei Jahren tot, eher früher. Ich
bin manchmal kurz davor aufzugeben. Ich mag nicht mehr
kämpfen.»

«Das musst du auch nicht.»

«Doch, das muss ich. Wer nicht kämpft, hat schon verloren.»

«Sagt wer?»

«Mein Vater, die Ärzte, alle. In jedem Scheiß-Krebsforum
steht, dass man die Hoffnung nicht aufgeben darf. Angst macht
schwach. Es kommt auf die Einstellung an. Wenn die nicht positiv ist, kannst du es gleich vergessen.»

«Das ist doch Blödsinn. Lass dir das von einem professionellen Angsthasen gesagt sein. Ich habe seit meiner Geburt die
falsche Einstellung zum Leben und bin immer noch nicht tot.»

«Vielleicht hast du recht. Manchmal frage ich mich, ob ich
krank geworden bin, weil ich nie geweint habe. Dann stelle ich
mir den Tumor vor wie ein fettes, ekeliges Geschwür aus lauter
vergammelten Tränen. Man sagt doch immer, dass Leute Krebs
kriegen, die alles in sich hineinfressen. Was sie in sich reinfres-
sen, frisst sie auf.»

«Du glaubst doch nicht, wer an Krebs stirbt, ist selber
schuld?»

Anne schwieg. Und ich regte mich auf.

«Ich finde es schrecklich, dass heutzutage fast jede Krankheit
moralisch bewertet wird. Von Zellulitis bis Krebs, von Nagelpilz
bis Rheuma. Immer wird nach einem Schuldigen gesucht. Und
das ist man im Zweifelsfall selbst. Ich mag das nicht.»

«Du meinst also, es ist alles nur Zufall, was mir passiert?»

«Zufall, Pech, Schicksal. Aber keine Schuld.»

«Und jetzt?»

«Jetzt rufe ich die Schwester wieder rein, damit du mit der Chemo anfangen kannst. Könntest du mir bitte hochhelfen? Ich hab Rücken.»

Am nächsten Tag rief ich Heiko an. Worauf wollte ich noch warten?

Ich würde vermutlich eher tot als schlank genug sein, um mich hemmungslos in mein vermutlich letztes Liebesabenteuer zu stürzen. «Try before you die», hatte Anne mir am Abend trotz ihrer Abneigung gegen Heiko geraten, und wir hatten mit einem Glas Sekt auf das Ende ihrer Chemo und den Neubeginn unserer Freundschaft angestoßen.

«Ich habe zu wenig Zeit, um noch mehr davon zu verschwenden», hatte sie gesagt, und ich hatte geantwortet: «Ich auch.»

## MINDESTRUHEZEIT ABGELAUFEN.
## ANGEHÖRIGE BITTE BEI DER
## FRIEDHOFSVERWALTUNG MELDEN!

Die Beerdigung meiner Mutter war ein Reinfall. Der Sex mit Heiko ebenfalls. Beide Zeremonien konnten nicht wie geplant vollzogen werden.

Das Grab war noch besetzt. Heiko auch. Dafür war Michael auf gewisse Art wieder ins Spiel gekommen und hatte für Szenen gesorgt, wie sie sich so auf dem Friedhof unserer Gemeinde garantiert noch nie abgespielt haben.

Es scheint, als habe sich die für mein Schicksal zuständige himmlische Abteilung vertan und aus Versehen sämtliche für die nächsten paar Jahre eingeplanten Katastrophen auf dieses eine Wochenende gelegt. Man hatte mich völlig überbucht.

Und jetzt kann ich noch nicht mal mit jemandem darüber reden: Erdal war der Meinung gewesen, dass alle direkt von den Vorfällen Betroffenen, also Anne, ich und selbstverständlich Erdal selbst, das Geschehene am besten in einem Schweigekloster verarbeiten sollten.

Nun ist das Bedürfnis zu schweigen äußerst untypisch für Erdal, aber da auch er an diesem Wochenende völlig unerwartet und mit ungeheurer Wucht aus der Bahn geworfen worden war, brauchte es ungewöhnliche Maßnahmen, um diesen mehr als ungewöhnlichen Umständen zu begegnen. Wir standen alle noch unter Schock.

Ich schaue schon eine ganze Weile lang auf die schmucklosen Zimmerwände. Vor meinem Fenster scheinen die Bäume mit der hereinbrechenden Dunkelheit ein Stück näher herangerückt zu sein. Es ist kurz vor neun, ein letzter Rest Abendrot liegt noch über dem Wald wie eine dünne Schicht Himbeermarmelade auf Pumpernickel. Ich habe Hunger, das erklärt meine Assoziationen aus dem Bereich der Nahrungsmittel. Zum Abendessen, das selbstverständlich auch in totaler Stille vollzogen worden war, hatte es nur Tomatensuppe und etwas Brot gegeben.

«In einem satten Körper wohnt kein hungriger Geist», hatte der Mönch drohend gesagt, der uns am Nachmittag in Empfang genommen und das Kloster gezeigt hatte.

Seit sieben Stunden flattern Gedankenfetzen, bruchstückhafte Erinnerungen und unscharfe Bilder in meinem Kopf herum, als seien sie von einer Windhose erfasst worden, die sie nun quer übers Land wirbelt und irgendwann fallen lassen wird wie Trümmer in unwegsamem Gelände. Ich muss unbedingt Ordnung schaffen.

Ich überlege kurz, zu Anne ins Zimmer zu schleichen. Es ist an der Zeit, ihr die Wahrheit zu sagen, das weiß ich. Aber zwei Faktoren halten mich davon ab: meine Feigheit und der Gedanke an den grimmigen Ordensbruder, der auch in «Der Name der Rose» eine tragende Rolle als Meuchelmönch hätte spielen können.

«Wir bitten unsere Gäste dringend, sich an die Hausregeln zu halten. Während Ihres gesamten Aufenthaltes hier ist es nicht erlaubt, zu sprechen oder zu telefonieren. Das Handy ist komplett auszuschalten. Wir servieren drei Mahlzeiten am Tag, ausreichende, aber reduzierte Kost, die den Geist wachhält, und wir legen Ihnen nahe, sich an diesen Ernährungsplan zu halten. Ab halb elf ist Nachtruhe; wir möchten Sie bitten, dann auf Ihren Zimmern zu bleiben. Dies ist ein Ort der Kontemplation und der inneren Einkehr. Wenn Sie noch Fragen haben, stellen Sie sie bitte *jetzt*», hatte der Gottesmann gesagt und Erdal mit seinen wässrig-blauen Fischaugen fixiert, als könne er mit einem Röntgenblick in dessen Jackentaschen schauen.

«Nur falls ich Nervennahrung brauche», hatte der gesagt, als er sich kurz zuvor an der Tankstelle mit zwei Handvoll *Twix*, *Bounty* und *Hanuta* eingedeckt hatte. «Meinst du, die machen Kontrollen?» Zum Glück waren wir ungehindert bis zu unseren Zimmern durchgekommen.

Ich hasse es, so abgeschnitten von der Welt zu sein. Mit seinem grotesken Plan hatte Erdal mich völlig überrumpelt. Das Kloster, sagte er, sei nicht mal eine Stunde entfernt, wunderbar in der Eifel gelegen, und angeblich hätten dort schon Berühmtheiten wie Jogi Löw und Richard David Precht in Krisenzeiten Zuflucht gesucht.

Da ausgerechnet Anne die Vorstellung irgendwie lustig gefunden und nichts dagegen einzuwenden gehabt hatte, waren wir heute Morgen sofort aufgebrochen. Ich hatte nichts Besseres vorgehabt.

Der nächste Versuch, meine Mutter beizusetzen, war auf kommenden Sonntagmorgen verschoben worden, der nächste Versuch eines intimen Kontaktes mit Heiko auf unbestimmte Zeit.

Die reduzierte Kloster-Kost kam mir also gerade sehr gelegen. Eine höhere Macht hatte mich quasi auf Diät gesetzt, und ich würde, so der Plan, das Kloster mit klarem Kopf und flachem Bauch verlassen. Beides würde mir in den nächsten Tagen von Nutzen sein.

Mein Zimmer ist jetzt komplett dunkel. Der himbeerige Horizont ist verschwunden, und ich schaue ins Nichts. Kein Licht irgendwo am Horizont, keine Straßenlaterne, nur Wald und obendrüber ein paar Sterne, die den Braten aber auch nicht fett machen.

«Der Wald steht schwarz und schweiget» – ich muss sagen, dass diese Liedzeile in mir schon immer ein leicht mulmiges Gefühl ausgelöst hat. Dunkle Bäume, zwischen denen unheilschwanger Nebel aufsteigt? Da denke ich doch eher an den Hund von Baskerville als an das Sandmännchen. Und ich kann mir kaum vorstellen, dass es den Millionen von Kindern, die mit dem Lied in einen friedlichen Schlaf gesungen werden sollten, anders ergangen ist. Ich habe nichts gegen die Natur, solange sie gut beleuchtet ist und insgesamt einen zivilisierten Eindruck macht.

Ich knipse die Schreibtischlampe an und suche in meiner Reisetasche nach dem Buch. Ich habe es weder verbrannt noch in Säure aufgelöst, sondern wieder vorsichtig in die Plastiktüte von «Wallmrath und Wiese» verpackt. Vielleicht wäre es jetzt an der Zeit, die paar Seiten noch einmal zu lesen?

Ich schlage das Tagebuch auf und rieche den vertrauten, liebgewonnenen Duft alten Papiers. Meine Schrift hat sich kaum verändert; es sind die ordentlich geschwungenen Schleifen eines braven Mädchens, das sich nur bei einigen Großbuchstaben manchmal traut, über die Stränge zu schlagen und über die Linien hinwegzuschreiben. Ich halte mich sowieso gern an Vorgaben, an Rechenkästchen, Kochrezepte, Noten und Verkehrsregeln. Schon seit jeher wusste ich nichts mit Blankoheften und Autobahnstrecken ohne Geschwindigkeitsbegrenzung anzufangen.

Aber beim Schreiben hatte ich mich – selbst wenn ich mich

zwischen den Linien bewegt hatte – frei und gleichzeitig sicher gefühlt, mutig und wie eine bessere Version meiner selbst. Warum habe ich damit aufgehört? Ich habe das Schreiben immer als meine Gabe empfunden, es war mir leichtgefallen; ein paar Kurzgeschichten von mir waren sogar veröffentlicht worden.

Stets haben mir Papier und Stift den Weg in vertrautes Gelände gewiesen. Wenn wirre Gedanken meinen Kopf verstopfen, erscheint mir das Schreiben als einzige Möglichkeit, Ordnung in mein inneres Verkehrschaos zu bringen wie ein erfahrener Straßenpolizist in das Stadtzentrum von Rom, wenn alle Ampeln auf einen Schlag ausfallen.

Ich blättere vor bis zum letzten Eintrag vom Sonntag, dem 22. August 1999. Das war mein Abschied gewesen von dem Leben, so wie ich es kannte, und auch von dem Leben, wie ich es mir erträumt hatte.

Die letzten Sätze, das weiß ich noch, hatte ich in Eile geschrieben:

*Auf unserem Dachboden wird niemals jemand suchen. Höchstens ich selbst. Wenn ich dann noch ich selbst bin. Vielleicht irgendwann, wenn ich alt bin und mich hoffentlich kaum noch daran erinnern kann, hinter welchem der Balken ich das Buch versteckt habe und was damals, in diesem Sommer, geschehen ist.*
*So. Es wird Zeit.*


Warum nicht da weitermachen, wo ich aufgehört habe? Den Faden wiederaufnehmen und die Geschichte zu Ende bringen?

In meiner Handtasche finde ich einen Kugelschreiber der *Sparkasse Wedel*. Der sollte reichen. Vor meiner Tür höre ich ein seltsames Kratzen und Schnaufen, eine Gänsehaut kriecht mir über den ganzen Körper, und ich klammere mich an den Stift wie an ein Stück Treibholz im Ozean.

*Und heute bin ich genau das: alt. Oder zumindest bin ich das, was ich damals für alt gehalten habe. Ich trage flache Schuhe und vertrage keine rohen Zwiebeln mehr. Aber ich erinnere mich trotzdem genau an diesen Sommer vor zwanzig Jahren.*

*Erdal hat uns in einem Schweigekloster in den Tiefen der Eifel eingebucht. Mein Zimmer ist winzig und hellhörig, finstere, leise schnaufende Mönche schleichen über die Flure und passen auf, dass wir die Nachtruhe einhalten. Als wir mit fünfzehn Benediktinern und etwa zehn Gästen in dem unwirtlichen Speisesaal gegessen haben, schweigend natürlich, fehlte nicht viel, und ich wäre hysterisch gackernd hinausgerannt.*

*Erst hatte Erdal versehentlich allen einen guten Appetit gewünscht, dann war Anne die Kelle in den Topf gerutscht, wo sie in den Tiefen der Tomatensuppe unauffindbar blieb, und schließlich setzte sich ein schlecht riechender Mann neben mich, dessen Kiefer beim Brotkauen so ohrenbetäubend knackte, als würde er gleich zerbrechen. Ich habe mich nicht getraut, Anne ins Gesicht zu schauen, weil ich fürchtete, das könnte einen nicht enden wollenden Lachkrampf auslösen – und ich bin mir ziemlich sicher, dass Lachen nicht als Schweigen gilt. Bei Weinen bin ich mir nicht ganz so sicher.*

*An Michael habe ich lange nicht mehr so viel gedacht wie in den letzten Tagen. Das voranschreitende Leben, der Alltag, die Jahre hatten sich gnädig über den Schmerz und die Erinnerung gelegt. Aber gestern ist Michael in gewisser Weise zurückgekehrt, und ich weiß nicht, wie ich damit umgehen soll.*

*Außerdem ist Heiko wiederaufgetaucht. Das Schicksal hat mir eine zweite Chance angeboten! Mein Herz-Zerbrecher lebt noch* immer in unserer Heimatstadt, hat eine große Tochter und eine sehr große Immobilienfirma. Er will mein Elternhaus kaufen und seine Frau mit mir betrügen. Was sagt man dazu?

Ein wildes Ding regt sich plötzlich in mir. Ein leidenschaftliches, risikofreudiges, maßloses Weib, das ich jahrelang mit leeren Kalorien und Netflix-Serien in Schach gehalten und um elf ins Bett geschickt habe, bevor es größeren Schaden anrichten konnte.

Aber ihre Stimme war immer da. Flüsterte mir manchmal Verlockendes ins Ohr, erinnerte mich daran, dass zu einer geglückten Existenz mehr gehört, als zufrieden zu sein, und dass man keine großen Momente mehr erlebt, wenn man zum Steuerprüfer des eigenen Lebens geworden ist, der jeden ungestümen Impuls mit der Frage nach den Konsequenzen erstickt.

In meinem Körper haben sich gleich zwei Persönlichkeiten eingenistet. Jede von ihnen beansprucht das alleinige Wohnrecht, wie schlechte Nachbarn machen sie sich das Leben zur Hölle und gönnen sich die Butter auf dem Brot nicht.

Die eine, ich nenne sie Molly, ist stets die Erste am Buffet und die Letzte auf der Party, sie hat einen hohen Verbrauch an Kopfschmerztabletten und angeblich allerletzten Zigaretten und erlebt eine Menge lustiger Abende, an die sie sich nur verschwommen erinnern kann. Die andere, sie heißt Modesta, ist immer frisch und ausgeruht. Sie weiß, wann es Zeit ist aufzuhören – und sie tut es dann auch. Sie kennt keine Gewichtsschwankungen, und während Molly morgens noch ihren Kater verflucht, joggt Modesta schon bestens gelaunt durch den Stadtpark – nachdem sie meditiert und Schulbrote geschmiert hat.

Die beiden können sich nicht ausstehen und kämpfen erbittert um die Vorherrschaft. Ein Kampf, den Modesta mit ihrer ruhigen, besonnenen Art seit vielen Jahren jedes Mal für sich entschieden hat.

*Sie hat mich, meistens unterstützt von Martina – die beiden müssen Seelenverwandte sein –, weitsichtig durch etliche Krisen gecoacht, mich vor Kurzschlussreaktionen bewahrt und mir immer dringend geraten, tief durchzuatmen und noch mal eine Runde um den Block zu gehen.*

*Heiko ist der fleischgewordene Luzifer, das Buffet voller Süßspeisen, die wahrscheinlich letzte Chance für ein sündiges Liebesfeuerwerk. Ich weiß genau, was meine Stimme der Vernunft dazu sagt: «Glaub mir, du stürzt dich ins Unglück. Und nicht nur dich. Was bleibt nach einem Feuerwerk? Verkohlte Reste in der Gosse. Und wer soll die Schweinerei dann wegmachen? Du glaubst, du würdest als Mutter und als Ehefrau nicht mehr gebraucht, und willst deswegen jetzt die welke Geliebte spielen? Mach dich nicht lächerlich. Was dich noch mit Joachim verbindet? Ihr seid gute Eltern. Und ihr seid immer noch das, was man ein gutes Team nennt. Und das ist mehr, als man von den meisten anderen Ehepaaren behaupten kann, die zwanzig Jahre verheiratet sind. Was ist so schlecht daran, ein gutes Team zu sein? Was erwartest du denn? Herzrasen und knisternde Erotik? Du solltest lieber das knisternde Kaminfeuer und deinen soliden Ruhepuls genießen.*

*In den mittleren Jahren mutieren nicht wenige Frauen zu hormongesteuerten Teenagern. Sie verlassen ihre erschrockenen Ehemänner, die sich nichts anderes haben zuschulden kommen lassen, als ebenfalls älter zu werden. Färbt euch die Haare blau, macht einen Kalligraphiekurs, schreibt Gedichte oder Romane, ihr späten, fehlgeleiteten Furien – aber verlasst um Himmels willen eure Männer nicht!*

*Denn ihr sitzt einem fundamentalen Irrtum auf: Ihr seid nicht in der Pubertät. Das sind die Wechseljahre! Und wenn der Hormonsturm vorübergezogen ist, liebe Judith, wirst du unfrucht-*

bar und froh sein, wenn du noch ein Dach über dem Kopf hast und einen Mann an deiner Seite, der dich schon lange kennt und gewillt ist, deine künstliche Hüfte zu bezahlen.»

*Modesta, schon immer eine Frau klarer Worte, hat mich vor mancher Dummheit bewahrt. Aber jetzt könnte eine neue Zeit anbrechen.*

*Anne ist da übrigens ganz meiner Meinung. Auch wenn sie das Objekt meiner Begierde nicht gutheißt, unterstützt sie mein Vorhaben, mich ab sofort rigoros und mutig ins Leben zu stürzen.*

*Man kann einwenden, dass es sich viel leichter riskant lebt, wenn man den nahezu sicheren Tod vor Augen hat. Natürlich lässt du den Dessertwagen im Bordrestaurant der Titanic nicht an dir vorbeirollen, wenn du davon ausgehen kannst, dass es dein letztes Dessert ist, das du da gerade vorbeiwinkst.*

*Aber was geschieht, wenn man jeden Nachtisch mitnimmt, als gäbe es kein Morgen mehr, lässt sich ja sehr schön an mir studieren. Man lebt weiter und weiter, nimmt kontinuierlich zwei bis drei Kilo im Jahr zu und leidet unter den Folgen seiner eigenen Maßlosigkeit. Man stirbt eben meistens nicht rechtzeitig genug, als dass man die Konsequenzen des eigenen Fehlverhaltens nicht mehr mitbekäme.*

*Deshalb sollten wir uns in Sachen Dessertkonsum im Speziellen und Lebensplanung im Allgemeinen mäßigen und lieber mit einer hohen Lebenserwartung statt mit einem schnellen Tod rechnen. Bei den Nachspeisen ist mir das nicht so gut gelungen – aber in Sachen moderater Lebensstil macht mir so leicht keiner was vor. Ich verkneife mir extreme Gefühle, extreme Ausgaben und extremes Risiko, damit ich an unserem Lebensabend nicht etwa einsam, pleite oder bereits tot bin.*

*Aber ich mache jetzt Schluss mit dieser Art der Altersvorsorge. Ich wage mal ein Risikoinvestment. In neue Unterwäsche zum*

*Beispiel. Denn es hat sich aus gegebenem Anlass herausge-
stellt, dass ich tatsächlich nur noch Unterwäsche besitze, die
ihren Namen völlig zu Recht trägt: Wäsche für drunter. Maul-
wurfstextilien, die keinesfalls ans Tageslicht gelangen dürfen.
Man würde sie mit einem Spaten erschlagen.*

*Man stelle sich den Samstagabend vor, den Abend vor der Be-
erdigung meiner Mutter. (Auch da ist was schiefgelaufen. Ihre
Asche steht jetzt wieder bei uns in der Küche auf der Anrichte,
aber dazu später mehr.) Es ist kurz vor acht, und ich trage Unterwäsche, die keine einzige praktische Funktion hat. Sie wärmt
nicht, sie stützt nicht, keine noch so schmale Slipeinlage würde
darin Halt finden. Es mag Körper geben, an denen Schwangerschaften spurlos vorübergehen; meiner gehört nicht dazu.*

*Ich bin heilfroh, dass ich, entgegen Joachims Rat, meine Haare
wieder habe wachsen lassen. Er findet ja, ich sei ein Kurzhaar-
typ. Aber in Kombination mit meinen zunehmend flacher werdenden Schuhen, den gesteppten Daunenjacken, wie man sie in
Wedel und Umgebung ganzjährig trägt, und den nach Bequemlichkeit ausgesuchten Hosen sah ich mit kurzen Haaren in etwa
so feminin aus wie Peter Altmaier.*

*Inzwischen sind die Haare schulterlang und zwar nicht unbe-
dingt das, was man eine Frisur nennt, aber ich habe immerhin
bei Heiko eine Art positiven Wiedererkennungsreflex ausgelöst.
«Du hast immer noch dieses Mädchenhafte von früher», das
waren seine Worte. Ich finde, allein für diesen einen Satz hat
sich die sehr lange Phase der unansehnlichen Übergangslänge
gelohnt.*

*Ich stehe am Küchenfenster meines Elternhauses und warte
auf ihn. Ganz genau wie vor vierunddreißig Jahren stelle ich
mich so neben den Vorhang, dass mein Körper verdeckt ist, und
schiebe meinen Kopf vorsichtig an dem dunkelblauen Stoff vor-*

*bei, um den Weg zum Haus im Blick zu haben, ohne dabei gese-*
*hen zu werden. Heiko soll auf keinen Fall denken, ich würde auf*
*ihn warten. Das habe ich nicht nötig. Heute genauso wenig wie*
*damals. Ich bin eine vielbeschäftigte Frau.*

*Die letzten Stunden war ich ganz besonders viel beschäftigt*
*gewesen, insbesondere damit, mich auf dieses Treffen vorzu-*
*bereiten. Treffen? Ach was, ein reinrassiges Date! Ein Date ist*
*eine Verabredung, bei der die Beteiligten damit rechnen, dass*
*sie im Bett endet. Früher waren auch alternative Zieladressen*
*denkbar wie Fußboden, Autorücksitz oder die Küchenanrichte.*
*Aber auf der Anrichte steht immer noch die Asche meiner Mut-*
*ter, und ich mag mir nicht vorstellen, wie beschämend es sein*
*würde, wenn beide Sexualpartner nicht mehr ohne fremde Hilfe*
*vom Teppich hochkämen und am Ende nackt durch den Raum*
*krabbeln müssten, um sich an Stühlen, Sesseln oder Tischkan-*
*ten ächzend hochzuziehen.*

*Heiko hatte jedenfalls angedeutet, dass er es im Knie habe.*

*Als ein weißer Mercedes vor unserem grünen Gartentor parkt,*
*das seit dreißig Jahren nicht gestrichen worden ist, durchfährt*
*mich ein alter, wohlbekannter Schrecken: Bin ich gut genug?*
*Sind wir gut genug? Dieses hutzelige Häuschen mit den undich-*
*ten Fenstern und der schiefen Treppe. Meine Mutter, die stets*
*eine Schürze trug und nie Make-up. Mein Vater, der keinen Wert*
*auf schicke Autos oder gutsitzende Anzüge legte, der blind war*
*für Moden und Trends, der sich für Politik, seinen Gemüsegar-*
*ten und seine Bücher interessierte. Er hatte immer schmutzige*
*Fingernägel. Heute schäme ich mich dafür, dass ich mich für*
*ihn geschämt habe. Und doch überfällt mich jetzt wieder die*
*alte Angst, nicht zu genügen. Nicht schön genug, nicht schlank*
*genug, nicht schick genug und, das ist neu dazugekommen,*
*nicht jung genug zu sein. Hört das denn nie auf?*

Nach einer halben Flasche Wein ging es mir deutlich besser. Wir saßen im «La Scala», der Pizzeria, in der wir uns immer nach der Schule getroffen haben. Damals war der langgezogene Raum mit den diversen Nischen, den weiß gespachtelten Wänden und den Spiegeln an den Wänden ein Treffpunkt für vergnügungsbereite Teenager gewesen. Hier wurde billig gegessen und getrunken, bevor wir weiterzogen in die teuren Diskotheken in Köln, Düsseldorf oder Aachen, wo wir uns gerade mal den Eintritt leisten konnten. Dass Heiko mich an diesen Schicksalsort, diese zauberhafte Spelunke, diesen Fixpunkt unserer kurzen gemeinsamen Vergangenheit ausgeführt hatte, machte mich sentimental, glücklich und wagemutig. Ich fühlte mich wie siebzehn. Nicht ganz unriskant, wenn man neunundvierzig ist. Wir küssten uns noch vor der Hauptspeise. Tagliatelle al Salmone. Waren schon immer die Spezialität des Hauses.

Wer könnte sie vergessen? Diese Küsse, die dir von der Zungenspitze direkt bis in den Bauch und von da aus zurück ins Herz fahren? Die deinen ganzen Körper, deine Gefühle, dein ganzes Sein in Aufruhr und selige Panik versetzen? Der Kuss, bei dem du denkst, wenn das dein letzter gewesen sein sollte, dann ist es auch egal. Denn besser wird's mit Sicherheit nicht mehr.

So ein Kuss war das.

Und dann kamen die Nudeln. Und fast gleichzeitig seine Frau.

Heiko sah sie, bevor sie uns sah. Er erstarrte, zog den Kopf ein und murmelte: «Judith, das ist jetzt etwas blöd, aber da vorne steht meine Frau. Sie weiß nicht, dass wir uns kennen, und denkt, es ginge hier nur um ein Immobiliengeschäft. Das heißt, wenn sie das wirklich glauben würde, wäre sie wohl kaum hier. Würdest du bitte ...?»

«Störe ich?» Eine kleine, schmale Frau trat an unseren Tisch.

*Ich schwöre, sie sah genau so aus, wie ich immer aussehen wollte. Sie hatte genau die Frisur und die Figur, nach der ich mich fast fünfzig Jahre verzehrt habe. Kinnlange dunkelblonde Haare, die perfekt so saßen, als würden sie nicht sitzen sollen. Exakt dieser Meg-Ryan-Wuschellook, den einem jeder Frisör verspricht, der aber niemals wirklich gelingt. Nie, nie, nie habe ich, trotz klarer Anweisungen meinerseits, beim Verlassen eines Salons auch nur im Entferntesten an Meg Ryan in ihren Glanzzeiten erinnert. Von Paul Breitner (missglückte Dauerwelle) bis Boris Johnson (Horror-Blondierung) war alles dabei. Außer Meg Ryan.*

*Die Frau von Heiko hatte den Körper einer Balletttänzerin, federleicht und durchtrainiert. Sie hätte problemlos mit meinem achtjährigen Patensohn die Hosen tauschen können. Bloß ihre Augen stachen heraus aus dem ansonsten makellosen Gesamtpaket. Sie waren von dem kältesten Braun, das ich jemals gesehen habe. Zwei dunkle Löcher, die mich zu verschlingen drohten.*

*«Hallo, Schatz», rief Heiko, eine Spur zu gut gelaunt. «Was machst du denn hier?»*

*«Ich war zufällig in der Nähe», sagte seine Frau und ließ mich dabei nicht aus den Augen. Sie lächelte, ohne zu lächeln, auch eine Kunst. Eine Gefriertruhe, sehr überzeugend als Frau verkleidet. Sie hatte sich nicht verändert.*

*«Hallo, Jessica», sagte ich.*

*«Kennen wir uns?»*

*«Judith Rogge, ehemals Monheim. Ich hab vor fünfunddreißig Jahren in den Sommerferien mal bei euch im Garten gearbeitet.»*

*«Ich fass es nicht! Judith! Ich habe dich überhaupt nicht erkannt. Du bist so, äh, na, du siehst ganz anders aus. Nicht mehr so schmal.»*

«Ihr kennt euch?» Heiko gelang es nicht sehr gut, seine Nervosität zu verbergen.

«Na ja, kennen ist zu viel gesagt. Du bist ja um einiges älter als ich. Wie viele Klassen warst du über mir?» Sie lächelte. Ich hätte ihr gern eine reingehauen.

«Und wann hast du noch mal Abi gemacht, Jessica?» Ich erinnerte mich genau, dass sie mit Ach und Krach die mittlere Reife geschafft und mit sechzehn eine Lehre in der Baufirma ihres Vaters begonnen hatte. Ihre Eltern waren bei Jessicas Geburt schon ziemlich alt gewesen, und ich habe nie wieder ein derart verwöhntes und verzogenes Nesthäkchen erlebt wie Jessica Kallensee. Ich hatte erst vor wenigen Tagen auf dem Grab ihrer Eltern gelegen. Es kam mir vor, als sei das Jahre her.

«Kein Mensch sagt noch Jessica zu mir. Passt nicht zu mir, der Name, hat er nie. Du kannst mich ruhig Jess nennen.»

«Wie schön, dich wiederzusehen, Dschäss Schmidt.» Ich reichte ihr die Hand und grinste. Jess Schmidt fischt frische Fische, frische Fische fischt Jess Schmidt.

Äußerlich war ich die Ruhe selbst. Souverän, freundlich, der Situation vollständig gewachsen. Innerlich kam ich mir vor wie eine Naturkatastrophe.

«Darf ich mich kurz zu euch setzen?», fragte Jess, während sie sich setzte. «Esst ruhig weiter. Guten Appetit.»

«Möchtest du noch was bestellen, Jess?», fragte ich zuvorkommend, denn Heiko sagte gar nichts mehr.

«Ich nehme eine Schorle. Der Wein ist in solchen Lokalen eine Zumutung, den kann man nur verdünnt ertragen. Nicht ganz der Rahmen für ein Geschäftsessen, oder, Heiko? Uns liegt ja viel an dem Grundstück, Judith, deswegen haben wir dir auch ein Angebot gemacht, das deutlich über dem Marktwert liegt. Dein Elternhaus?»

*«Ja, meine Mutter ist vor kurzem gestorben.»*

*«Tja, das ist der Lauf der Dinge. Bist du eigentlich schon fünf-zig? Das ist ja echt 'ne Hausnummer. Mir macht schon mein vierzigster in einem halben Jahr totale Angst. Was treibst du denn jetzt so?»*

*«Ich schreibe einen Roman.»*

*«Oh, dafür muss man gut in Deutsch sein, oder? Wenn ich bloß die Zeit hätte, würde ich auch mal ein Buch schreiben. Aber ich komm einfach nicht dazu, mich in Ruhe hinzusetzen. Ich muss ja viel repräsentieren, da kann ich mich nicht gehenlassen und einfach so in den Tag hineinleben und irgendwas schreiben. Du weißt, Heiko, dass wir morgen früh einen Termin bei Zimmer-mann haben, oder?»*

*«Zimmermann? Der Bauer? Dem gehören die Wiesen hinter meinem Haus, oder?»*

*«Lass uns zahlen», sagte Heiko, der seine Nudeln kaum ange-rührt und nun endlich seine Sprache wiedergefunden hatte. «Wir bleiben in Kontakt, Judith. Ich melde mich bei dir.»*

*«Ach, ihr seid schon beim Du?», fragte Jess. Ihr Blick sprach Bände. Heikos Frau mochte schrecklich sein, aber blöd war sie nicht.*

*Ich war etwas zu sorgfältig geschminkt, meine Augen hatten etwas zu viel Glanz, und meine Bluse stand den entscheiden-den Knopf zu weit offen für ein Geschäftsessen, bei dem man sich über den Preis für ein baufälliges Häuschen einig werden möchte. Ich kam mir ertappt und lächerlich vor. Oma will es noch mal krachen lassen.*

*Das einzig Gute an diesem Debakel war, dass ich am nächsten Morgen ausgeschlafen und ohne Kater zu der Beerdigung mei-ner Mutter erschienen bin.*

Ich traf den Bestatter um kurz vor zehn in der Aussegnungshalle. Die Urne stand auf einem kleinen Tischchen, das mit einem schwarzen Samttuch verhüllt war und zudem fast gänzlich durch ein wagenradgroßes Gebinde aus weißen Lilien und roten Rosen verdeckt wurde. Ich brauchte den Text auf der dunkelblauen Schleife gar nicht zu lesen, mir war auch so völlig klar, dass hier Erdal und seine Mutter Renate Gökmen-Küppers ihrem Geschmack freien Lauf gelassen hatten.

Mein eigener Strauß und der Kranz von Anne und ihren Eltern wirkten recht mickrig neben dem Küppers'schen Blumenmonument. Ich musste lächeln. Erdal nahm sich immer so wichtig. Man hätte das geschmacklos finden können, aber ich fand es tröstlich, weil es mir so vertraut war.

«Du meine Güte», sagte Anne, die lautlos neben mich getreten war und indigniert auf Erdals Gebinde blickte.

«Können wir anfangen?», fragte der Bestatter, der es erkennbar eilig hatte. Der eigentlich für mich zuständige Kollege sei erkrankt, sagte er entschuldigend, und im Betrieb gehe es drunter und drüber.

«Familie Küppers müsste jeden Moment hier sein», sagte ich. «Wir können ja schon mal langsam in Richtung Grab loslaufen.» Der Bestatter griff sich die Urne meiner Mutter und ging gemessenen Schrittes voran.

«Nur damit du es weißt, ich will keine Blumen auf meinem Grab», flüsterte Anne mir zu. «Was für eine Verschwendung. Stellt lieber ein Sparschwein neben meinen Sarg, da kann dann jeder was für Brot für die Welt spenden.»

«Keine Blumen? Dann komme ich nicht», sagte ich, und wir verjagten die Todesangst mit einem Lächeln.

«Kinder, wartet!», dröhnte plötzlich eine rauchige Frauenstimme über den Friedhof. «Judith, meine Liebe, ich hoffe, wir *sind nicht zu spät, das würde ich mir nie verzeihen! Erdal, pflück mir mal das Gestrüpp da vom Rad!»*

*Familie Küppers war eingetroffen.*

*Renate bahnte sich, allen voran, mit ihrem Gehwagen einen Weg zwischen den Gräbern hindurch, was nicht so einfach war, weil sich eines der Räder in der Schleife eines verblühten Kranzes verheddert hatte. Erdal und die Kinder knieten um den Rollator und versuchten, Renate zu befreien.*

*Karsten war sich offenbar nicht sicher, wie er Anne begrüßen sollte, aber sie legte ihm entschlossen ihre Hände auf die Schultern, und die beiden umarmten sich wie alte Freunde, die sie ja auch waren.*

*«Da sind wir also wieder», murmelte sie.*

*«Bitte entschuldigt die Verspätung», sagte Karsten. «Erdal ist völlig durch den Wind. Er hatte gestern Abend ein ganz plötzlich anberaumtes Treffen mit seinen Produzenten. Es sieht nicht gut aus für seine Sendung. Nicht, dass das jetzt wichtig wäre, Judith, bitte missversteh mich nicht. Mach dich aber darauf gefasst, dass er sich vielleicht noch etwas seltsamer benehmen wird als sonst.»*

*Ich fand keine Zeit mehr, etwas zu erwidern, denn nun hatten sich Renate und Erdal uns zugewandt. Mit Schrecken sah ich, dass Joseph sein Saxophon mitgebracht hatte und Hans seine Blockflöte. Dass die Jungs sich durch eine auffallende musikalische Begabung ausgezeichnet hätten, wäre mir neu gewesen.*

*«Judith, mein Liebchen, lass dich umarmen!», rief Erdal und kam auf mich zugestürmt. «Du musst jetzt stark sein. Die eigene Mutter zu verlieren ist so entsetzlich schwer. Jetzt ist deine Kindheit endgültig vorbei. Du weißt, dass du immer auf mich zählen kannst», brachte er noch mit erstickter Stimme hervor, dann warf er sich weinend in meine Arme.*

Anne blickte konsterniert auf den kleinen, moppeligen Halbtürken, dessen Schultern bebten. Allmählich löste sich Erdal wieder von mir und schaute Anne mit seinen strahlenden blauen Kinderaugen an.

«Verzeih, du musst Anne sein. Karsten hat in den höchsten Tönen von dir gesprochen. Ich freue mich so sehr, dich endlich kennenzulernen.»

Anne wollte Erdal die Hand geben, aber diese alberne Distanziertheit nahm Erdal gar nicht erst zur Kenntnis. Für ihn gehörte Anne ab sofort zu seiner Familie. Er drückte sie an sich, und ich sah in Annes Gesicht, wie ihre Vorbehalte dahinschmolzen und sie sich anschickte, in seinem großen, weichen Herzen Unterschlupf zu suchen.

«Können wir weitermachen?», fragte der Bestatter.

«Junger Mann, das ist eine Beerdigung und kein Formel-1-Rennen», röhrte Renate Gökmen-Küppers und drückte nun ihrerseits erst mich und dann Anne an ihren mächtigen Busen.

«Meine Söhne haben da was vorbereitet», sagte Erdal zu dem Bestatter. «Würde es Ihnen etwas ausmachen, wenn die Jungs hinter Ihnen und der Urne herschreiten und etwas spielen würden?»

Der Bestatter schüttelte resigniert den Kopf. Und so setzten wir und zu den Klängen von «What shall we do with the drunken sailor?» in Bewegung.

Ich war gerührt, eigentlich nahezu glücklich, wie ich so im Kreise meiner Lieben über den spätsommerlichen Friedhof schritt. Ich hatte meine Mutter verloren, aber meine Freundin zurückbekommen. Und ich spürte eine neue Art von Zuversicht und Entschlossenheit in mir. Ich hakte mich bei Anne ein und bemerkte, wie sie langsam unruhig wurde.

«Wo ist denn das Grab deiner Mutter?», fragte sie.

Mindestruhezeit abgelaufen

*«Parzelle vier, glaube ich. Da ist praktischerweise gerade eins frei geworden.»*
*«Es ist nur, mir kommt das hier alles so bekannt vor. Ich glaube ...»*
*Der Bestatter blieb abrupt stehen und sagte: «Scheiße.»*
*«Lauter bitte!», rief Renate von hinten. «Was hat der Mann gesagt? Ist das der Pfarrer?»*
*«Da ist was schiefgelaufen», sagte der Bestatter. «Ich frag mich nur, warum mich mein Kollege nicht informiert hat. Das Grab ist noch gar nicht frei.»*
*Ich schob mich an dem Bestatter und den Kindern vorbei, die ihr Spiel eingestellt hatten. Die Grabstelle war offensichtlich*

*seit Jahren nicht gepflegt worden. Der Stein war halb eingesunken und zeigte gefährlich Schlagseite. Auf dem sichtbaren Teil klebte ein orangefarbener Aufkleber: «Mindestruhezeit abgelaufen. Angehörige bitte bei der Friedhofsverwaltung melden!» Ich schob eine Efeuranke beiseite, die den Namen des Verstorbenen verdeckte.*

*Die Welt schwankte.*

*Anne entfuhr ein schwaches «Oh!».*

*Karsten seufzte.*

*«Ich kann mich da nur in aller Form entschuldigen. Wir müssen einen neuen Termin ausmachen», meldete sich hinter mir der Bestatter bedröppelt. Sie sei schon auf vielen Beerdigungen gewesen, rief Renate, aber so was, so was habe sie noch nie erlebt.*

*«Wer liegt denn da?», fragte Erdal.*

*Wir standen vor dem Grab von Michael.*

## WAS IST DAMALS
## EIGENTLICH GENAU PASSIERT?

Ich schaue auf die Uhr, es ist nach Mitternacht. Ich lege den Stift beiseite und schließe das Buch. Augenblicklich verliere ich meinen Halt und bin zurück in der Welt der grauen Klostermauern und der toten Handys.

Ich bin hundemüde, aber mir graut davor, mich jetzt auf dieses schmale Bett zu legen. Keine Sekunde will ich mehr allein sein.

Ich schalte mein Handy wieder ein. Verdammt. Kein Empfang.

«Wir haben kein zuverlässiges Netz», hatte die Dame am Kloster-Check-in gesagt, die einen weltlichen, zugewandten und redseligen Eindruck gemacht hatte. «Aber in dringenden Fällen gehen Sie am besten auf den Kapellenberg links hinter dem Schlaftrakt.»

Ich halte mein Handy als Taschenlampe bereit und mache mich auf den Weg. Auf dem Flur ist es totenstill. Hinter Annes und Erdals Zimmertüren regt sich nichts. Klopfen? Lieber nicht. Der Hinterausgang ist nur wenige Schritte entfernt, ich ziehe die schwere Tür leise hinter mit ins Schloss, um nur ja keinen der bärbeißigen Mönche aus dem Schlaf zu reißen.

Draußen liegt Nebel über den Wiesen, und das Klostergebäude ist so dunkel und unbelebt, dass mich die Angst anfällt wie ein Rudel Bluthunde. Ist ja sonst keiner da, nach dem sie schnappen könnten.

Am liebsten würde ich zum Parkplatz rennen, in mein Auto

springen, alle Türen verschließen und Gas geben. Nur weg von hier. Raus aus diesem unheimlichen, furchteinflößenden Schweigen. Alles wird so laut, wenn es still ist.

Es sind nicht nur die feinen Geräusche um mich herum, das Knacken der Äste, der Wind in den Bäumen, irgendwo ganz weit hinten in der Welt bellt ein Hund – nein, es wird von innen laut, und zwar ohrenbetäubend.

Meine Gedanken geraten in Panik. Alles beginnt, sich auf einen einzigen Punkt zu verdichten: Michaels Tod. Sein leeres Grab. Meine Schuld.

Ich weiß, wenn ich jetzt zu rennen anfange, dann werden sich die Furien der Erinnerung auf mich stürzen und mich in der Luft zerreißen. Ich bewege mich Richtung Waldrand, Schritt für Schritt, ganz vorsichtig. Bloß nicht zurückschauen. Bloß nicht aufgeben. Nicht schneller werden, auf keinen Fall schneller werden.

Wie kann man so einsam, so verzweifelt sein, keine vierzig Kilometer von all dem entfernt, was einmal Heimat war? Ich versuche, mich auf etwas anderes zu konzentrieren. Warum bin ich hier?

«Damit wir lernen, worauf es ankommt», hatten wir am frühen Abend in der Klosterkirche mit den Mönchen gebetet. Ein später Sonnenstrahl hatte sich kurz zu uns durchgeschlagen und die mit Heiligen bemalten Bleiglasfenster aufleuchten lassen. Das war mir selbstverständlich wie ein Zeichen von allerhöchster Stelle vorgekommen.

Lernen, worauf es ankommt.

Ich finde, in der ersten Lebenshälfte darf und muss man alles ausprobieren. Schlechte Filme bis zum Schluss ansehen, doofe Bücher bis zur letzten Seite lesen und borniertem Langweilern stundenlang zuhören, weil man denkt, wenn man jemanden nicht versteht, sei das ein Zeichen für dessen überragende Klugheit und für die eigene Blödheit.

Im ersten Teil des Lebens darf man Angst haben, was zu verpassen, wenn man vor zwölf nach Hause geht oder in den Ferien nicht verreist. Man darf Klamotten kaufen, die zu eng sind, und sich in Typen verknallen, die hinter einer schweigsamen, schroffen Fassade lediglich einen beeindruckenden Hohlraum verbergen. Es geht darum, zu lernen, worauf es ankommt.

In der zweiten Halbzeit sollte man es allerdings wissen. Man sollte sich Umwege sparen, Ballast abwerfen, das Leben, den Körper und die Schränke ausmisten. Bücher wegschmeißen, die bis Seite zwanzig noch nichts in dir entzündet haben, lieber schlafen gehen als einen miesen Film bis zum bitteren Ende anschauen, Urlaube abbrechen, wenn das Heimweh zu groß wird oder das Zimmer Blick auf die Müllcontainer im Hinterhof hat.

Lernen, worauf es nicht ankommt.

Das loslassen, was man ohnehin nicht festhalten kann. Die Kinder, die Jugend, die Fruchtbarkeit, das Gefühl, unsterblich zu sein. Abschied nehmen von langjährigen Wegbegleitern, die andere Wege einschlagen, Abschied von Eltern, die sterben, von Gewissheiten, die nicht mehr gewiss sind, von Beziehungen, die nicht alt werden können.

Wo ist bloß dieser verdammte Kapellenberg? Und was ist das für ein Geräusch? Täusche ich mich, oder höre ich Stimmen, die nicht aus meinem Kopf kommen?

Der Berg liegt jetzt direkt vor mir. Ein Murmeln dringt zwischen den Bäumen hervor. Auf der Lichtung vor einem verwitterten Kirchlein brennt ein Feuer, um das sich eine Handvoll Leute versammelt hat. Einige sitzen im Gras. Auf einem Baumstamm thront Erdal, der sich offenbar zwei Kopfkissen mitgebracht hat. Anne lehnt an seiner Schulter und zieht an einer Zigarette.

Ich trete in den Schein des Feuers.

«Na, noch jemand auf der Suche nach WLAN?», begrüßt mich ein Mann, den ich als den knackenden Kiefer identifiziere.

«Judith!», ruft Erdal unnötig laut und schwenkt eine Flasche Klosterwein. «Komm, setz dich zu uns! Wir haben an deiner Tür gekratzt, aber du hast nicht aufgemacht!»

«Was macht ihr hier?», frage ich nicht ohne Vorwurf in der Stimme. Die Vorstellung verstimmt mich, dass ich in meiner Klosterklause der quälenden Einsamkeit ausgeliefert war, während hier oben eine Wi-Fi-Party stattfindet, mit echten, analogen Gesprächen und Alkohol. «Innere Einkehr und Kontemplation, schon vergessen? Und du solltest in deinem Zustand wirklich nicht rauchen, Anne.» Ich höre mich an wie die Aufsicht auf dem Pausenhof.

«Wieso? Bist du schwanger?», fragt schläfrig eine Frau, die mit einem Ast im Feuer herumstochert. Sie scheint total bekifft zu sein. Beim Abendgebet hatte sie neben mir gesessen und einen sehr frommen Eindruck gemacht. Der Geruch von Marihuana wabert durch die immer noch laue Luft.

«Nee, Quatsch, ich hab Krebs», antwortet Anne.

«Alles klaro. Für 'n Kind wärest du ja auch schon 'n bisschen zu alt gewesen», sagt die Frau träge, offenbar zufrieden mit der Erklärung. Mir fällt auf, dass Annes Zigarette auch ein Joint ist.

«Du bist mit fünfzig zu alt zum Kinderkriegen, ich bin mit vierundfünfzig zu alt fürs Fernsehen», lamentiert Erdal. Anne lehnt ihren Kopf an seinen teddybärweichen Oberarm.

«Das mit deiner Sendung tut mir leid. Ich finde, dass der Jörg Pilawa auch nicht jünger rüberkommt als du. Der Kerner allerdings sieht zurzeit sehr gut aus, hat der was machen lassen?»

154

«Ich dachte, du interessierst dich nicht fürs Unterhaltungs-
fernsehen?», frage ich ziegig dazwischen.

«Ob der Johannes was machen lassen hat?», ereifert sich Erdal. «Das kann man wohl so sagen. Er ist mit einer Vierund-
zwanzigjährigen zusammen und sieht aus wie sein eigener
Sohn. Frisch verliebt zu sein macht jung und unbesiegbar, weiß
man ja. Ich erinnere mich noch, wie der Johannes vor zwei Jahren bei der Bambi-Verleihung mit an unserem Tisch saß und
sich zweimal Nachtisch genommen hat. Da war er noch einer
von uns.»

«Ich kenn dich», mischt sich die bekiffte Frau ein. «Du bist
doch ein Promi, oder? Ich hab dich im Fernsehen gesehen.»

Erdal lächelt geschmeichelt.

«Du bist doch der Dirk Bach.»

«Also ehrlich», sagt Erdal wenig später immer noch entrüstet,
als die Kifferin längst weg ist, «der Dirk ist viel dicker als ich
und außerdem tot.»

«Deine Quoten waren doch gut», sage ich. «Was ist denn
passiert?»

«Ich bin 54, und der Sender möchte sich verjüngen. Als wäre
Jungsein ein Wert an sich. Ich fühle mich nicht alt, ich seh im
HD-Fernsehen bloß so aus. High Definition bedeutet, dass dich
die Zuschauer schärfer sehen als im normalen Leben. Was soll
das? Das ist eine widerliche Form von Altersdiskriminierung.
Du liegst vor einem Millionenpublikum praktisch unter dem
Vergrößerungsglas. Ich habe schon überlegt, ob ich aus Protest
einen Teil meiner Gebühren einbehalten soll.»

«Ende des Jahres sind wir also beide arbeitslos», sage ich be-
trübt.

«Und ich bin höchstwahrscheinlich tot», meint Anne.

«Das ist nicht zu toppen», befindet Erdal und nimmt noch einen großzügigen Schluck Klosterwein.

Wir schauen einvernehmlich in die Glut. Die anderen Klostergäste sind wieder auf ihren Zimmern, und der Geruch von Haschisch und Qualm hüllt mich in wohlige Erinnerungen an Pfadfinderlager und Osterfeuer.

Anne schaut mich an: «Das war eine Überraschung der vierten Dimension, dass ausgerechnet wir beide an Michaels Grab stehen.»

Ich weiß, was jetzt kommen muss.

«Was ist damals eigentlich genau passiert?», fragt Erdal und setzt sich aufrechter hin. «Immer wenn ich Karsten nach diesem Michael gefragt habe, hat er ausgesprochen wortkarg reagiert. Nicht, dass er sonst gesprächig wäre. Aber darüber will er gar nicht reden. Es hat einen Unfall gegeben, das ist alles, was ich weiß.»

«Willst du es ihm erzählen, Judith, oder soll ich?»

«Fang du an.»

«Michael ist mit Judith und mir aufs Gymnasium gegangen. Er war zwei Klassen über uns. Nach der Schule haben wir mit ihm und Karsten knapp drei Jahre in Köln in einer WG gewohnt. Ich war ziemlich schnell mit meinem BWL-Studium fertig und arbeitete bei einer Bank. Irgendwann hat Michael dann auch sein Studium auf die Reihe gekriegt. Als wir uns zufällig wieder über den Weg liefen, haben wir uns gleich total ineinander verliebt. Wir zogen zusammen und schmiedeten Zukunftspläne. Wir waren noch keine zwei Jahre ein Paar, als Michael während des Sommers nach Hause zu seiner Mutter fuhr. Sein Vater war gestorben, und es ging ihr nicht so gut. Ich war zur selben Zeit für drei Monate in unserer Filiale in Washington. Als ich zurückkam, war alles anders. Ich stand an Michaels Grab.

So wie gestern.» Anne macht eine Pause. Erdal scheint es die Sprache verschlagen zu haben, er wartet stumm, bis sie weiterredet.

«Michael und Karsten sind vor ziemlich genau zwanzig Jahren zu einer ihrer Reisen nach Peru aufgebrochen. Sie fuhren dort regelmäßig mit einer Hilfsorganisation hin, um beim Bau von Brunnen, Schulen und Krankenhäusern zu helfen. Hat Karsten dir nie davon erzählt? Zwei Wochen wollten sie da bleiben. Am vorletzten Tag, es war der 11. August 1999, ist Karsten morgens mit einer achtköpfigen Gruppe zu einer Bergwanderung aufgebrochen. Michael fühlte sich nicht gut und kam nicht mit. Zwei Stunden später, gegen acht Uhr Ortszeit, ging dann eine riesige Lawine aus Schlamm und Geröll ab, das stand damals in allen Zeitungen. Karsten hatte Glück. Er befand sich mit seiner Gruppe knapp oberhalb der Stelle, an der sich die Lawine gelöst hat. Als sie, so schnell sie konnten, zurück ins Tal abstiegen, war da kein Tal mehr. Und kein Dorf. Es gab über vierhundert Tote in der Region und mehr als achtzig Vermisste. Die Hälfte der Vermissten wurde nie gefunden. Michael auch nicht. Er kam nie zurück, weder tot noch lebendig.»

Wieder macht Anne eine Pause.

«Karsten hat eine Woche auf ein Wunder gehofft, dann ist er zurück nach Deutschland. Zwei Monate später wurde Michael für tot erklärt. Bei der Beerdigung stand ich an seinem leeren Grab. Karsten und ich haben uns danach nie wiedergesehen.»

«Wie schrecklich.» Erdal tupft sich die Tränen mit dem Ärmel seines Pullovers aus den Augen. Die Glut flüstert knisternd vor sich hin, als er fragt: «Und du, Judith, wie ging es dir damals? Ihr wart doch befreundet. Wo warst du, als das alles passiert ist?»

Ich schließe die Augen.

Anne sagt: «Genau das frage ich mich seit zwanzig Jahren: Wo warst du, Judith?»

Es ist so weit.

Meine Stimme klingt gar nicht wie meine, als ich sage: «Ich war gestern zum ersten Mal an Michaels Grab. Als Karsten mir sagte, dass es keine Überlebenschance mehr für Michael geben würde, habe ich für mich eine Entscheidung getroffen. Ich bin zu Joachim nach Wedel gefahren und habe ihm gesagt, dass ich seine Frau werden will. Ich habe ganz neu angefangen und alles hinter mir gelassen.»

«Ja, mich zum Beispiel», sagt Anne. Ohne Vorwurf, eher müde. «Aber warum? Das habe ich nie verstanden. Warum? Was hat das denn mit Michaels Tod zu tun?»

«Weil ich schuld bin an seinem Tod, Anne. Ich bin schuld.»

## WENN MAN SICH ENTSCHEIDEN MUSS ZWISCHEN DER FREUNDSCHAFT UND DER LIEBE SEINES LEBENS, DANN IST DIE ENTSCHEIDUNG HART. ABER KLAR

*11. August 1999, 10 Uhr 29*

*Angeblich soll heute die Welt untergehen.*
*«Im Jahr 1999, im siebten Monat, wird der große Schreckenskönig vom Himmel kommen», prophezeite Nostradamus. Und jetzt drehen alle durch, weil Endzeitexperten den heutigen Tag errechnet haben. Manche erwarten die Apokalypse, andere wenigstens ein großartiges Naturschauspiel. Ich erwarte einen Anruf.*
*In zwei Stunden, um 12 Uhr 29, wird es eine totale Sonnenfinsternis geben, die letzte in diesem Jahrtausend. Um 18 Uhr, vorausgesetzt, die Erde existiert dann noch, wird das Telefon bei uns zu Hause klingeln, und mein Leben wird neu beginnen.*
*Es war noch gar nicht richtig hell, als ich aufgewacht bin. Ich brauche fast keinen Schlaf mehr. Das liegt am Glück, vermute ich. Es ist wie früher als Kind. Da habe ich bereits Tage vor meinem Geburtstag kaum geschlafen vor Aufregung, vor Vorfreude, vor Ungeduld. So ist es jetzt wieder. Wenn du weißt, dass bald etwas Neues anfängt, dann hältst du dein altes Leben kaum noch aus.*
*Joachim ist ein respektabler Mann, und bis vor ein paar Wochen habe ich sogar mit dem Gedanken gespielt, er könne zumindest nicht der falsche Mann für mich sein. Ich kann mir Kompro-*

Um 12²⁹ Uhr – die letzte Sonnenfinsternis in diesem Jahrtausend

misslosigkeit nicht leisten. Ich bin fast dreißig, habe keine gute Frisur, keine gute Figur, keinen ausgeprägten beruflichen Ehrgeiz, dafür aber einen ausgeprägten Kinderwunsch. Keine meiner Beziehungen hat bisher länger als ein Jahr gehalten. Ich bin wählerisch, ich bin anspruchsvoll, ich will ein gewisses Niveau nicht unterschreiten: Das habe ich mir eingeredet und dann Männer verlassen, bloß weil mir ihre Stimme zu hoch oder ihr Haaransatz zu tief war.

Aber mit knapp dreißig, wenn die Eizellen ihre beste Zeit hinter sich haben, kann man schon mal darüber nachdenken, ob man das Niveau, das man erwartet, eigentlich selber hat.

Joachim sieht ansprechend aus, ist souverän, klug und zuverlässig. Er ist Facharzt in Zahnheilkunde, spielt Tennis und war vor zwei Jahren Clubmeister; einen Segelschein hat er auch. Er ist nie betrunken, er hält maß. Ich fühle mich sicher bei ihm. Zu Hause, gut behütet.

Er liebt mich wie ein Norddeutscher, der sich nicht daran erinnern kann, dass ihn seine Mutter jemals umarmt hat. Die beiden geben sich bis heute die Hand, wenn sie sich begrüßen. Manchmal klopft sie ihm auf die Schulter, was immer ein kleines bisschen so aussieht, als wolle sie ihn verhauen.

Mit fast dreißig kannst du langsam aufhören, auf die ganz große Liebe zu warten. Sonst verpasst du deine letzte Chance auf eine kleine. Dachte ich.

Und dann fuhr ich zusammen mit Michael in unsere Heimatstadt. Er wollte sich im Sommer auf seine Prüfungen vorbereiten und Zeit mit seiner Mutter verbringen. Sein Vater war ein paar Monate vorher gestorben, so wie meiner. Ich hatte mir drei Wochen Urlaub genommen, um mich um meine Mutter zu kümmern, die nach einer OP am Fuß bewegungsunfähig war.

Ich kann nach wie vor nicht begreifen, dass ich drei Jahre lang mit einem Mann zusammengelebt habe, ohne zu bemerken, dass er der ist, den ich die ganze Zeit gesucht habe.

Wenn es nicht so abgeschmackt und ich Fan von Klaus Lage wäre, würde ich jetzt vor mich hin singen: «Tausendmal berührt, tausendmal ist nichts passiert ...»

Erst waren wir alle Freunde, und dann wurden Anne und Michael urplötzlich ein Paar. Ich fand das seltsam. Aber wer sollte daran rühren? Ich schon mal gar nicht. Annes unscheinbare Freundin Judith, die Schattenpflanze, die damit angeben darf, dass sie vor fünfzehn Jahren mal von Heiko Schmidt gebumst *und dann verlassen wurde und ansonsten alle paar Wochen mit der Bahn zum Sextourismus nach Wedel fährt?*

*Anne und Michael passten für mich nicht zueinander. Er ist wie ein Kind, sie wie eine Lehrerin. Er ist der Clown, sie der Zirkusdirektor. Er liebt die Freiheit, sie ihren Lebensplan. Nachdem die beiden ein Paar wurden, ließ Michael sich die Haare kurz schneiden, hatte Freunde, die Golf spielten, und wollte Jurist in der Kanzlei von Annes schrecklichem Vater werden. Im Nachhinein kommt mir die Beziehung zwischen Anne und Michael wie ein großes Missverständnis vor, ein Versehen. Jemand hat im entscheidenden Moment nicht richtig aufgepasst.*

*Michael und ich, wir sind beide im falschen Leben gelandet. Und das haben wir erkannt.*

*Ob ich ein schlechtes Gewissen habe? Klar. Aber was hätte ich tun sollen? In Deckung gehen, als der Blitz einschlug?*

*Nach der ersten Nacht, die ich mit Michael verbracht habe, nein, ehrlich gesagt bereits in dem Moment, als er seinen Arm bei diesem Abendspaziergang vor fünf Wochen um mich legte, wusste ich, dass ich mir von nun an jede Frage nach der Moral nur noch pro forma stellen würde. Uns beiden war völlig klar, dass hier nichts Harmloses geschah.*

*Wir hatten natürlich die Wahl. Und wir haben gewählt und den Anne-Irrtum korrigiert. Jetzt passt es, so soll es sein, so war es von Anfang an gedacht: Michael und Judith. Judith und Michael. Ob mir Anne verzeihen wird? Das weiß ich nicht. Aber ich gehe das Risiko ein, sie zu verlieren.*

*Wenn man sich entscheiden muss zwischen der Freundschaft und der Liebe seines Lebens, dann ist die Entscheidung hart. Aber klar.*

*Ich bin so glücklich wie noch nie zuvor.*

*11. August, 18 Uhr 45*

*Die Sonnenfinsternis hat außer Nackenschmerzen wenig gebracht. Pünktlich um 12 Uhr 25 hatte ich meine Mutter in ihrem Rollstuhl auf die Terrasse geschoben. Wir hatten unsere Schutzbrillen aufgesetzt und in den wolkigen Himmel gestarrt.*

*Und? Nichts und. In Karlsruhe und in Saarlouis wurde es angeblich für zwei Minuten stockdunkel. Das gesamte Rheinland blieb aber von dem Spektakel ausgeschlossen, weil man wegen der dichten Wolkendecke weder die Sonne noch die Sonnenfinsternis sehen konnte.*

*Ach so, und die Welt ist nicht untergegangen. Angerufen hat er auch noch nicht.*

*Ich fand mich selber rührend, wie ich da ab Viertel vor sechs das Telefon mit mir herumschleppte, als sei ich ein durchgeknallter Teenager. Es hat mich ein bisschen an die grauenvolle Zeit erinnert, als Heiko mich verlassen und sich einfach nicht mehr gemeldet hatte.*

*Heiko, dieser arrogante Arsch. Wie konnte ich nur so falschliegen? Das sagt sich natürlich leicht aus heutiger Sicht, vor allem, da ich nun endlich richtigliege. Stunde um Stunde habe ich vor fünfzehn Jahren vor dem weinroten Apparat verbracht, das Telefonkabel reichte gerade vom Flur bis knapp vor die Haustür, und wenn ich ungestörte Gespräche führen wollte, hatte ich mich, auch bei unwirtlicher Witterung und Minusgraden, unter unser windschiefes Vordach gequetscht, mich auf die Fußmatte gesetzt und gleich unterhalb unseres monströsen Briefkastens den Kopf an die weiße Wand gelehnt. Bis heute ist da noch eine etwas dunklere, leicht speckige Stelle zu erkennen, wo meine diversen Haarprodukte – Gel, Schaumfestiger, Color- oder Glitterspray – während unzähliger Telefonate oder des Wartens auf das Klingeln des Telefons eine unauflösbare Beziehung mit dem Hausanstrich eingegangen sind.*

*Auf Heiko hatte ich nicht nur gewartet, ich hatte ihn aktiv verfolgt. Es war unfassbar peinlich, aber ich konnte nicht anders. So ist es eben manchmal im Leben, wenn man eindeutig zu den nicht ganz so rational gesteuerten Menschen gehört.*

*Als ich erfuhr, dass Heiko mit Katja zusammen war, habe ich mich tatsächlich mehrfach vor seinem Elternhaus auf die Lauer gelegt, um die beiden auszuspionieren. Mit gebrochenem Herzen und frei von Restwürde habe ich mich hinter einer hochgewachsenen Kirschlorbeerhecke versteckt, von wo aus ich einen hervorragenden Blick auf Heikos Zimmer im ersten Stock hatte. Und wenn Heiko mit der langbeinigen Katja, die in meiner Erinnerung nie etwas anderes als Jeansminiröcke in Kindergrößen getragen hat, reinkam, zog er jedes Mal sofort die Vorhänge zu. Ich wusste ja, warum, ich hatte schließlich selbst dort hinter den Vorhängen in Heikos Bett gelegen. Ein Bett, das zu einer Zeit, als wir alle noch auf 90-Zentimeter-Matratzen auf dem Boden schliefen, eine geradezu verdächtige Breite aufwies und ungewöhnlich großen Liegekomfort bot.*

*Der Tiefpunkt meiner abendlichen Observationen war erreicht, als ich mich auf meinen Posten begeben wollte und feststellen musste, dass mein Platz hinter der Hecke bereits besetzt war. Ein mir unbekanntes Mädchen stand dort und starrte wie in Trance mit verweinten Augen zu dem Fenster mit den zugezogenen Vorhängen. Bevor sie mich bemerken konnte, zog ich mich beschämt zurück.*

*Danach habe ich nie wieder einen Mann beschattet, und ich habe seither ein irreparabel gestörtes Verhältnis zu Kirschlorbeer.*

*Ich sollte mir ein Handy zulegen. Dann warte ich zwar immer noch, aber ich kann es überall tun. Als ich das letzte Mal mit Michael telefoniert habe, war er noch in Lima in einer Telefonzelle. Sie waren gerade angekommen und wollten am nächsten Tag zum Lager aufbrechen. Um 18 Uhr deutscher Zeit wollte er wieder anrufen. «Ich muss doch wissen, ob wegen der Sonnenfinsternis bei euch die Welt untergegangen ist», meinte er, und ich sagte: «Komm heil zu mir zurück.» Er antwortete: «Versprochen.»*

*Mama steht in der Küche und bereitet das Abendessen vor. Fast so wie früher. Es ist schön, so ein kleiner Ausflug zurück in die eigene Kindheit. Ich glaube sogar, es gibt Pfannkuchen. Sonst hat mich der Geruch immer wehmütig, fast unglücklich gemacht. Da dachte ich noch, früher sei alles besser gewesen. Das denke ich jetzt nicht mehr. Jetzt ist alles besser!*

*Wann er wohl anruft? Na gut, man kann sich nicht für einen Abenteurer wie Michael entscheiden und sich dann beschweren, dass er nicht immer so pünktlich ist wie Joachim.*

«Und? Hat er noch angerufen?», fragt Erdal leise.

«Nein.»

«Und warum bist du schuld an seinem Tod?»

«Weil Michael im Dorf geblieben ist, um mit mir zu telefonieren. Sonst wäre er mit auf die Bergwanderung gegangen. Er fühlte sich nicht krank, er wollte mich nur ungestört anrufen. Die Lawine ging um Viertel vor acht Ortszeit nieder. Ich saß noch immer vorm Telefon, als meine Mutter rief, ich solle schnell ins Wohnzimmer kommen. In den Nachrichten um sieben gab es die ersten Meldungen über die Katastrophe. Bis zum «Heute journal» war die Zahl der Toten auf über zweihundert gestiegen. Nein, Michael hat mich nicht mehr angerufen.»

«Ach, Judith», sagt Anne. Mehr nicht.

Die Glut ist längst erloschen. Ich weine, und Anne sucht in der Dunkelheit meine Hand. Ich bemerke, wie sich ein Teil der Last zögernd von meiner Schulter löst. Die beiden gehören schon so lange zusammen, die Schuld und die Schulter. Sie werden erst lernen müssen, ohneeinander zurechtzukommen.

Ich versuche, tief zu atmen. So also ist das, wenn man nach zwanzig Jahren endlich die Wahrheit sagt.

Oder zumindest die halbe.

## STIRB ERST MAL.
## DANN SEHEN WIR WEITER

Ich habe lange genug geschwiegen», sage ich beschwingt zu dem Mönch, der uns am nächsten Morgen aus dem Kloster hinausgeleitet. Er antwortet mit einem Blick, der deutlich genug sagt, was er von Leuten hält, die glauben, sie hätten ihr Seelenheil rebootet, wenn sie mal vierundzwanzig Stunden lang ihr Mobiltelefon ausschalten.

Noch in der Nacht an der kalten Feuerstelle hatten Erdal, Anne und ich beschlossen, das Klosterexperiment für gescheitert zu erklären. Wobei ich natürlich nicht gescheitert bin. Ausgerechnet im Schweigekloster hatte ich endlich angefangen zu reden.

«Kannst du mir verzeihen?», hatte ich Anne gefragt.

«Den Betrug? Ja. Deine Schuld? Die sehe ich nicht. Du verwechselst Schuld und Schicksal. Du kannst nichts für Michaels Tod. Aber dass du dumme Kuh unsere Freundschaft ruiniert hast, weil du zu feige warst, mir die Wahrheit zu sagen, das ist die eigentliche Katastrophe an der ganzen Sache.»

«Besser spät als nie», hatte Erdal dümmlich eingeworfen, er war offenbar noch mitgenommen von meinem Geständnis und außerdem bekifft.

Anne hatte bitter aufgelacht. «Erdal, mein Leben ist so gut wie vorbei. Für mich ist alles zu spät. Begreifst du das denn nicht? Ich kaufe keine Vorratspackung Waschmittel mehr, und ich würde keine Blumen pflanzen, die erst im nächsten Frühjahr blühen. Wahrscheinlich brauche ich noch nicht mal das

Kaminholz für den Ofen, der in Murphys Hütte steht. Wenn der Sommer vorbei ist und ihr anfangt zu frieren, bin ich wahrscheinlich tot. Judith und ich hätten die letzten zwanzig Jahre Freundinnen sein können. Jetzt bleibt nur noch dieser kümmerliche Lebensrest.»

«Jetzt reicht es aber», hatte Erdal sie unterbrochen. «Es ist eine Frechheit, wie du über dein Leben sprichst. Auch und besonders mir gegenüber. Erstens bist du noch nicht tot. Stirb erst mal. Dann sehen wir weiter. Außerdem hast du gerade deine alten Freunde Karsten und Judith wiedergetroffen und einen neuen kennengelernt: mich. Ich hasse eigentlich kranke Leute. Meistens vermiesen die einem die Stimmung. Dich mag ich, aber nur, wenn du endlich aufhörst zu jammern. Du sagst, du hast eine Mortalitätsquote von 95 Prozent? Irrtum, Anne. Sie liegt bei exakt einhundert Prozent. Das bringt das Leben so mit sich. Wir sterben alle, ich übrigens auch, was mir ziemlich zu schaffen macht, denn ich bin mir im Laufe der Jahre sehr ans Herz gewachsen. Und ich möchte die Zeit, die mir bleibt, genießen. Das möchte ich dir auch empfehlen. Stell dir vor, du lebst aus Versehen weiter und stirbst erst in dem für dich vorgesehenen Durchschnittsalter von 83 Jahren. Willst du dreißig Jahre lang klagen, keine Vorratspackungen mehr kaufen und dich im Frühjahr ärgern, dass in deinem Garten schon wieder nichts blüht, weil du dachtest, du überlebst den Winter nicht? Und dass du Judith wiederbegegnet bist, ist doch ein Geschenk des Himmels! Du kannst ihr verzeihen und sie von ihrem dämlichen Schuldkomplex befreien. Ihr seid wieder beste Freundinnen, wohnt momentan sogar Tür an Tür, und wenn es hart auf hart kommt, kann Judith dich pflegen. Du suchst doch sowieso nach einem neuen Lebensinhalt, nicht wahr, Liebchen, jetzt, wo deine Kinder aus dem Haus sind?»

Ich hatte ängstlich zu Anne rübergeschaut. Wie würde sie reagieren? Schreien, weinen, toben, Hysterie, körperliche Gewalt?

Aber Anne hatte angefangen zu lachen. Erst leise, dann schallend, und wir waren laut singend durch den Wald nach Hause gegangen.

*«Irgendwie fängt irgendwann,*
*irgendwo die Zukunft an,*
*ich warte nicht mehr lang!*
*Liebe wird aus Mut gemacht,*
*denk nicht lange nach,*
*wir fahr'n auf Feuerrädern*
*Richtung Zukunft durch die Nacht!»*

Ich denke, die Mönche hätten gern ihre Fenster aufgerissen und «Ruhe!» geschrien. Aber das ist das Angenehme an einem Schweigekloster. Es kann keiner was sagen, wenn man zu laut ist.

## MIR WÄRE ES TATSÄCHLICH LIEBER, ES WÜRDE JETZT MAL WAS SO RICHTIG SCHIEFLAUFEN

Mein Haus.

Es fühlt sich nicht so an, als würde es wirklich mir gehören. Ich will auch gar nicht, dass es mir gehört. Ich möchte diese verdammte Küchenuhr zerschlagen, die dort seit dreißig Jahren an der Wand hängt und einfach über den Tod meiner Mutter hinweggegangen ist.

Jedes Mal, wenn ich in unseren winzigen Flur zurückkehrte, fühlte ich mich wieder als Kind; frei von Verantwortung und Pflichten. Unter diesem Dach habe ich nie Rechnungen geöffnet, Raten überwiesen oder Uhren aufgezogen, als Uhren noch aufgezogen werden mussten. Ich habe mir nie über den Stromzähler Gedanken gemacht, Handwerker beauftragt oder mich über die Grundsteuer geärgert.

Mein Elternhaus war ein beschützter Raum. Sobald ich ihn betrat, ließ ich die Formalitäten des Lebens hinter mir, gab bereitwillig und altersunabhängig meine Mündigkeit und meine Volljährigkeit ab und genoss es, verwöhnt, bekocht, bevormundet zu werden und zutiefst mütterliche Fragen zu beantworten wie: «Bist du auch warm genug angezogen?», «Hast du auch genug gegessen?» oder «Soll ich das Licht löschen, Liebchen, wenn ich die Tür zumache?».

In den vielen Jahren, in denen ich aus Angst nicht in mein Elternhaus zurückgekehrt bin, habe ich mich oft danach gesehnt, mich hier vor dem Erwachsensein zu verstecken.

In meinem Elternhaus habe ich immer gut geschlafen.

In meinem Leben außerhalb dieses Hauses musste ich immer irgendwas sein. Mutter, Ehefrau, Arbeitnehmerin, Organisatorin, Chauffeurin, Hausfrau, Nachhilfelehrerin, Ratgeberin, Elternsprecherin, Hobbypädagogin, Zähne-Nachputzerin. Immer hatte ich eine Funktion, die mit Pflichten und Verantwortung verbunden war. Selbst im Urlaub musste ich aufpassen, dass kein Kind in den Pool fiel oder auf weiträumigen Ferienclubanlagen verlorenging. Als meine Söhne klein waren, lauschte ich nachts den Bewegungen in ihren Zimmern und erwachte bei jedem Husten. Als sie älter wurden und abends lange ausgingen, konnte ich erst einschlafen, wenn sie alle wieder heil und sicher in ihren Betten lagen.

Grob gerechnet habe ich in den vergangenen zwanzig Jahren sechzig bis siebzig Prozent der Nächte schlecht oder gar nicht geschlafen. Mein Mann hingegen hat gut geschlafen. Immer und überall. Joachim verschläft im Flugzeug die wildesten Turbulenzen und muss nach der Landung oft vom Flugpersonal geweckt werden, weil er sonst noch sanft schnarchend im Anschnallgurt hängen würde, wenn die Putzkolonne durch die Maschine rauscht.

Joachim nickt gern beim Finale eines Horrorfilms weg, ebenso beim Finale eines Ehestreits. Seine Mutter wirkt auf ihn derartig narkotisierend, dass ich schon mehrfach mitansehen musste, wie er ihr eine Frage stellte und noch bevor sie antworten konnte, eingeschlafen war. Das Erstaunliche bei seiner Mutter ist allerdings, dass sie sich daran nicht stört und einfach mit ihrem schlafenden Sohn weiterredet. Ab einem gewissen Alter ist man vielleicht so dankbar für ein menschliches Gegenüber, dass dieses Gegenüber nicht zwingend auch noch wach sein muss.

Joachim hat die provozierende Fähigkeit, jederzeit abschalten zu können. Und von der macht er auch bei Elternabenden, im Theater und bei sich hinziehenden Abendeinladungen Gebrauch. Sollte er jemals entführt werden, ich bin sicher, er würde seine eigene Geiselnahme verschlafen und müsste nachher keine Traumabewältigungstherapie machen. Träumen statt Trauma.

Ich finde, je älter man wird, desto schlechter kann man neben einem friedvoll schlummernden Mann wachliegen. Ich fühle mich durch Joachims Schlafen aufs unangenehmste provoziert. Er hat diese leise Art zu schnarchen, kaum mehr als ein ausgeprägtes Atmen, die einen nicht dazu berechtigt, ihn grob wachzurütteln, mit dem Finger ins Auge zu piksen oder gar mitten in der Nacht des Raumes zu verweisen. Trotzdem hält mich dieses unregelmäßige und nur knapp über dem Störradar dahinsegelnde Geräusch manchmal stundenlang wach. Wie ein Wasserhahn, von dem sich nur alle paar Minuten ein kleiner Tropfen löst, um mit einem kaum wahrnehmbaren, aber subjektiv immer lauter werdenden «Plitsch» ins Waschbecken zu fallen.

Den Wasserhahn würde man auch nicht guten Gewissens an der Rezeption reklamieren – obwohl sich nach einer halben Stunde jeder einzelne Tropfen anhört wie eine im Hirn einschlagende Bombe.

Andererseits weiß ein Schnarchender ja nicht, wie laut er wirklich schnarcht. Ich könnte Joachim wecken und einfach behaupten, er sei ein unerträglicher Ruhestörer. Aber ich traue meinem Mann zu, dass er die Nacht darauf ein Schnarchüberprüfungstonband mitlaufen lassen würde, um sich Gewissheit zu verschaffen.

Jedenfalls plagen mich nachts an seiner Seite immer häufiger Gewaltphantasien und Fluchtgedanken. Martina ist noch an dem Tag, als sich ihr Sohn zum Auslandssemester nach England verabschiedet hatte, dauerhaft ins Kinderzimmer umgezogen. «Das dient dem Erhalt unserer Ehe», hatte sie erklärt, wobei ihr Mann tatsächlich auf eine Weise schnarcht, die klingt, als würde jemand versuchen, ein Rhinozeros zu erwürgen.

In unserem Haus in Wedel stehen nun drei Kinderzimmer leer, aber ich würde es nie wagen, das Ehepaar-Schlafarrangement aufzukündigen. Joachim legt Wert auf Konventionen und ich mittlerweile auch. Ich habe mich daran gewöhnt, Normen zu entsprechen, genauso, wie ich mich daran gewöhnt habe, bei heruntergelassenen Rollläden, in weißer Bettwäsche und umgeben von weißen Wänden zu schlafen.

Eine reizarme Umgebung sei ungemein wichtig für einen erholsamen Schlaf und ein ausgeglichenes Chi, hatte uns eine namhafte Feng-Shui-Beraterin erklärt, die unser Haus begutachtet hatte – und das war Joachims Bedürfnis nach Minimalismus natürlich entgegengekommen.

Reizarmut. Eigentlich auch kein schönes Lebensmotto.

Ab und zu habe ich mich den Normvorstellungen meiner Umgebung widersetzt, indem ich beispielsweise den Karneval in Wedel zu etablieren versuchte. Meine Weiberfastnacht-Partys in unserem Keller waren legendär, auch wenn ich meist als Einzige verkleidet und stets mein letzter und bester Gast gewesen bin.

Aber außerhalb der fünften Jahreszeit bin ich ein tadelloses Mitglied des Wedeler Establishments. Ich fahre das richtige Auto und parke es regelmäßig in der zweiten Reihe. Ich gehe zu einem anerkannten Frisör, mein Gynäkologe nimmt nur Privatpatienten und ist auch der Gynäkologe von der Frau des Bürgermeisters. Ich kaufe Bio, trenne Müll und rauche heimlich. Joachim und ich gehen gemeinsam zu Abendveranstaltungen, und wir verlassen sie auch gemeinsam. Mein Mann flirtet nie mit anderen Frauen und selbstverständlich auch nicht mit mir. Joachim möchte in der Öffentlichkeit nicht geküsst oder sonst wie befummelt werden, er legt Wert auf einen gepflegten Vorgarten und eine beleuchtete Hausnummer. Im Falle eines nächtlichen Notfalls muss der Rettungswagen wissen, wo er hinmuss.

Wir haben getrennte Konten, und jeder hat sein eigenes Waschbecken – damit bewegen wir uns noch innerhalb des konventionellen Rahmens. Aber zwei getrennte Schlafzimmer wären für die Nachbarn ein weithin sichtbares Zeichen für den renovierungsbedürftigen Zustand unserer Ehe. Getrenntschläfer erfüllen nicht mehr die Kriterien, die für eine handelsübliche Partnerschaft gelten. Außerdem, das kommt noch erschwerend hinzu, teilen wir uns die Putzfrau mit dem Apothekerehepaar, und es würde schnell die Runde machen, wenn ich im Kinderzimmer nächtige. Also schlafe ich weiterhin schlecht.

In meinem Elternhaus habe ich immer gut geschlafen. Ich musste mich nicht fragen, ob die Gartentür abgeschlossen, die Kerzen gelöscht und der Herd ausgeschaltet ist. Nie bin ich nachts noch mal aufgestanden und die schmale Treppe runtergestiegen, um zu überprüfen, ob die Mülltonnen am Straßenrand stehen und der Hund in seinem Korb liegt. Ich war nicht zuständig.

Es schläft sich gut, wenn keiner schnarcht, man keine Verantwortung trägt und jemand anderes dran ist mit Aufpassen. Aber jetzt passt keiner mehr auf mich auf, und aus meinem Elternhaus ist ein Haus ohne Eltern geworden.

Ich setze mich am Küchentisch auf den Platz meiner Mutter. Auf der Anrichte, gleich neben der Urne, die ich dem dubiosen

Bestatter erbost entrissen und sicherheitshalber wieder mitgenommen hatte, liegen Rechnungen, adressiert an Frau Ursula Monheim. Wie lange wohl noch Briefe an sie kommen werden?

Meine Mutter wurde von allen Uschi genannt. Früher habe ich mich für diesen Namen geschämt, aber damals habe ich mich eigentlich für alles geschämt. Für unser prachtloses Haus, für meinen schlecht gekleideten Vater, für meine ungeschminkte Mutter und am allermeisten natürlich für mich selbst. Schade, dass man erst bemerkt, dass man schlank, schön und frei von großen Sorgen war, wenn man nicht mehr schlank, schön und frei von großen Sorgen ist.

Die Küchenuhr tickt mich mitleidig an.

Armes Kind, bist kein Kind mehr.

Ich gehe in den Garten, eine rauchen. Mein Vater hatte für das Haus ein striktes Rauchverbot erlassen, das auch nach seinem Tod weder von meiner Mutter noch von mir in Frage gestellt worden war.

Ich kontrolliere mein Handy und bemerke überrascht, dass ich vergessen habe, es nach dem Verlassen des Klosters wieder anzuschalten. Gestern Morgen beim Einchecken ins Kloster hatten wir alle unsere Handys ausgeschaltet; Erdal hatte gar nicht gewusst, wie das geht. Er ist weder beim Abschalten noch technisch sehr geschickt.

Gestern kommt mir ewig her vor.

Mein Handy erwacht zum Leben und gibt eine ganze Kaskade von unterschiedlichen Klingel-, Nachrichten- und Brummtönen von sich. Eine Mail von Joachim, zwei SMS von Heiko und dreizehn WhatsApp-Nachrichten von Anton.

Mein Mutterherz macht einen Salto mortale, bei dem es sich fast das Genick bricht. Anton, mein Küken, mein unschuldiges Schätzchen, mein kleines Baby, hilflos in den Weiten Neuseelands! Mein Kind in allergrößter Not, während ich Rabenmutter mir Klosterwein hinter die Binde gekippt habe. Das werde ich mir nie verzeihen. Anton meldet sich nur, wenn etwas wirklich Schlimmes passiert ist. Bei seinem letzten freiwilligen Anruf war er zwölf und hatte sich auf der Skaterbahn zwei Zähne ausgeschlagen.

Als Mutter von drei Söhnen musst du immer erreichbar sein. Und du bleibst eine Mutter von drei Söhnen, dein Leben lang.

Mit rasendem Herzen höre ich mir die letzte seiner Nachrichten an. Empfangen um drei Uhr morgens.

**Dreht sich jetzt. Wo bist du denn?**

Eine geistige Verwirrung? Drogenrausch? Vergiftung? Mein armes Täubchen! Nachdem ich mich durch seine vorausgegangenen Nachrichten durchgehört habe, entfaltet sich vor mir folgende Situation, drüben in Neuseeland, 18 000 Kilometer entfernt: Mein achtzehnjähriger Sohn möchte, nachdem er bereits seit vier Wochen in dem Studentenwohnheim in der Nähe von Queenstown wohnt, zum ersten Mal seine Wäsche waschen. Das verschafft mir eine sehr genaue Vorstellung von Geruch und Beschaffenheit seiner Socken, denn sieben Paar reichen nicht für vier Wochen, jedenfalls nicht, wenn man herkömmliche Maßstäbe in Sachen Hygiene ansetzt. Im Keller des Wohnheimes stößt er auf eine feindliche Waschmaschine. Schon mit einem deutschen Modell wäre er überfordert, aber ein englisch beschrifteter Toplader jagt ihm verständlicherweise Angst ein.

Und was tut mein kluger Spatz in so einer ausweglosen Situation?

Er wendet sich per WhatsApp an seine Mama.

**Mama? Geh mal kurz ran, hab Problem mit Waschmaschine**

Mama??? Melde dich, ich schicke ein paar Fotos von
dem Ding. Ich weiß nicht mal, wie das aufgeht.

Es folgen drei Bilder, die eine vorsintflutliche Waschmaschine
von vorne, von oben und von der Seite zeigen.

Die Klappe habe ich jetzt auf. Aber wo kommt das
Waschmittel rein?

Sag mal, Mama, hast du dein Handy gar nicht an????

Für Notfälle bist du immer erreichbar, hast du gesagt.

Nach zwei Minuten:

Ich hab die Bedienungsanleitung gefunden, aber nicht
das Fach für den Weichspüler.

Braucht man Weichspüler???

Ich drück jetzt einfach auf Start.

Mist, jetzt habe ich das Waschmittel vergessen! Ist das
schlimm?

Und schließlich:

Dreht sich jetzt. Wo bist du denn?

Ich bin zutiefst gerührt. Wenn er wirklich, wirklich in Not ist,
kommt mein Kleiner eben doch noch zu seiner Mama. Gleichzeitig habe ich ein schlechtes Gewissen, weil ich es versäumt
habe, Anton fundamentale Kenntnisse in Sachen Hausarbeit
mit auf seinen Lebensweg zu geben. Mein Sohn wird sich noch
sehr wundern, wenn er feststellen muss, dass ein Kühlschrank
nicht von alleine voll und ein Mülleimer nicht von alleine leer
wird.

Ob ich meine Söhne zu sehr verwöhnt habe? Eine lächerliche Frage. Selbstverständlich.

Ob ich das bereue? Total.

Würde ich es wieder tun? Ohne zu zögern.

Ich schicke Anton sechs verschiedenfarbige Herzchen, und

er textet sofort zurück. Ich weiß, wie ich meinen Sohn aus der
Reserve locken kann.

mama, peinlich! hier ist es nachts. wo warst du???

Schweigekloster.

sehr witzig. gute nacht

Schlaf gut, mein süßes Häschen.

lass das.

Als Nächstes nehme ich mir die Mail von Joachim vor. Die beiden Nachrichten von Heiko will ich mir für ganz zum Schluss
aufsparen. Ich halte mich da an die Strategie, die ich auch an
All-you-can-eat-Buffets und bei Stehempfängen mit Flying
Food verfolge: erst was Gesundes, dann was Herzhaftes und
dann das Süße.

Joachim schreibt, dass weder er noch die Hundesitterin Zeit
hätten, sich nächste Woche von Mittwoch bis Samstagmittag
um Joe zu kümmern. Er, Joachim, sei auf einem Zahnstein-Kon-
gress in Rostock; ob ich eine Idee hätte, wo wir den Hund solange unterbringen könnten, seine Mutter sei auch unpässlich.
Außerdem wolle er mich an den Ausflug mit den Rotariern ins
Alte Land erinnern und fragen, ob es bereits einen neuen Termin für die Urnenbeisetzung gäbe und schließlich, wann ich
nach Hause käme.

Am Ende stand: Kuss J.

Keine Ahnung, warum ich auf einmal so kleinlich war und es
mir auffiel, dass Joachim keinen einzigen Satz an mich geschrieben hatte, den er nicht genauso auch an seine Sprechstundenhilfe hätte schicken können. Abgesehen von dem Kuss J.

Ich wusste, dass er diese zerschlissene Grußformel seit Jahren auf seinem PC unter einer Tastenkombination abgespei-
chert hatte, gleich neben den Tasten für Mit kollegialen Grüßen und Bitte vereinbaren Sie einen Prophylaxetermin.

Weiche, Control und die 1 – schon kriegt die Frau Gemahlin ihren obligatorischen Abschiedskuss. So intim wie ein Händedruck, so liebevoll wie ein Schulterklopfen. Tatsächlich unterschreibt Joachim seine Mails an mich auch manchmal aus Versehen mit **Bitte vereinbaren Sie einen Prophylaxetermin** – die Formel ist nämlich gleich daneben gespeichert: Weiche, Control, 2.

Eigentlich fand ich das immer recht lustig. Kann ja mal passieren im Alltag, zwischen zwei Patienten, die Hände noch in den Schutzhandschuhen. Aber heute bin ich nicht zum Spaßen aufgelegt.

**Liebst du mich eigentlich noch?**, schreibe ich aus einer kindischen Provokationslust heraus zurück und frage mich zu spät, ob ich die Antwort wirklich wissen will. Man stelle sich vor, was in Beziehungen für ein Chaos ausbrechen würde, wenn auf einmal jeder diese Frage wahrheitsgemäß beantworten würde. Wie viele faulige Kompromisse würden auffliegen, wie viel Feigheit, Bequemlichkeit, Abhängigkeit von Status und Geld kämen zum Vorschein?

Und dann? Dann stünden wir da mit der kläglichen Wahrheit über unsere überstrapazierte Liebe, diese zu oft gewaschene Wollsocke, dieses verfilzte, eingelaufene Knäuel, und wir würden uns wünschen, dass wir bloß nicht daran gerührt und die explosive Frage nie gestellt hätten.

Zum Glück kann man in einer wohltemperierten Ehe nahezu sicher mit einer diplomatischen, den Status quo nicht gefährdenden Reaktion rechnen. Und auf Joachim ist Verlass. Er antwortet postwendend und mit zuverlässiger Diskretion bezüglich seiner wahren Gefühle, die er vermutlich nicht einmal sich selbst gegenüber preisgibt:

Natürlich, was soll die Frage? Heute haben übrigens Helga und Björn für das Fest zugesagt. Hakst du die beiden bitte auf der Gästeliste ab? Was ist da jetzt der aktuelle Stand? Ich melde mich heute Abend noch mal. Bitte vereinbaren Sie einen Prophylaxe-Termin.

Ich lächele. Das ist noch mal gutgegangen.

Es ist von Vorteil, einen Mann zu haben, der sich nicht provozieren lässt und der die Ruhe bewahrt, wenn seine Frau aus dem Ruder läuft und ihre Ehe gefährdet, bloß weil sie einen Jugendfreund geküsst hat und nicht in der Lage ist, die ersten Symptome einer beginnenden Verliebtheit von den ersten Symptomen der beginnenden Wechseljahre zu unterscheiden. Ich bin keine süße siebzehn mehr. Ich bin zartbittere neunundvierzig. Wie konnte ich mich nur so gehen lassen?

Als hätte ich die Liebe nicht längst zu den Akten gelegt und meine Erwartungen dem Erwartbaren angeglichen. Ich finde, zum gelungenen Älterwerden gehört, zu akzeptieren, dass nicht alles so gelaufen ist, wie man sich das Anfang zwanzig mal ausgedacht hatte.

In meinem Fall ist die große Karriere ausgeblieben und die große Liebe unter einer peruanischen Schlammlawine verlorengegangen. Aber ich bin Mutter geworden. Das größte Glück meines Lebens. Und dass meine Ehe ein etwas ins Geschäftsmäßige abgeglittenes Organisationssystem ist, in dem es um Rechte, Pflichten und Verantwortung geht – warum sollte ich mich darüber beklagen?

Joachim und ich sind gute Partner. Ich kenne so viele Paare, die sich gegenseitig das Leben zur Hölle machen, weil sie nicht akzeptieren können, dass Glück ein Ausnahmezustand ist und die Liebe peu à peu zu etwas wird, woran man sich nach drei

Glas Wein gern und wehmütig erinnert. Nicht umsonst stellen Paartherapeuten in der ersten Stunde immer die Standardfrage: «Wie haben Sie sich kennengelernt?» Im günstigsten Falle entsteht eine entspannte Stimmung, weil sich beide in die Zeit zurückversetzen, als sie verliebt waren und sich nicht vorstellen konnten, dass sich daran jemals etwas ändern und ein Richter über den Verbleib des gemeinsam angeschafften Thermomixers entscheiden würde.

«Ich nehme meinem Mann nicht übel, dass ich ihn nicht mehr liebe», lautet Martinas Standpunkt. «Das wäre kleinlich und ungerecht. Keiner kann etwas dafür. Es ist die Zeit, die aus jeder stürmischen Liebe eine windstille Partnerschaft macht. Zum Glück. Sturm ist auf Dauer ja kein Wetter, mit dem sich gut leben lässt.»

Als ich Heikos beide SMS öffne, fühle ich mich, als würde ich ein Liebesbriefchen entfalten, das während des Sachkunde-Unterrichts von Bank zu Bank an mich weitergereicht wurde. Die erste ist von gestern um 17 Uhr 10:

Liebe Judith,

es tut mir leid, dass unser letztes Treffen ein so abruptes Ende hatte. Ich habe Donnerstag nächster Woche beruflich in Münster zu tun. Wollen wir uns dort zum Abendessen treffen? Eventuell mit Übernachtung ...? Ich würde mich sehr freuen! Du kannst mich jederzeit während der Geschäftszeiten anrufen.

Dein Heiko

Die zweite ist von 17 Uhr 15:

Noch was: Wir würden gern den Kauf deines Hauses finalisieren. Ich habe einen Vertrag machen lassen, bringe ich nach Münster mit. Die Unterzeichnung

könnte Anfang übernächster Woche stattfinden. Würde
dir das passen? Jess wäre gern dabei. Der Dienstag ist
bei uns z. B. komplett frei. Dann hast du noch genug Zeit,
den Vertrag prüfen zu lassen, wenn du willst. Brauchst
du aber nicht, alles Ehrensache unter Freunden ... :-)

Ich lehne mich zurück und versuche, mich zu fühlen. Eine gemeinsame Nacht in Münster klingt phantastisch. Aufregend,
verboten, unvergesslich und vielleicht der Anfang von was
weiß ich was.

Die vorgeschlagene Vertragsunterzeichnung unter den Augen von Jess reißt das Abenteuergefühl allerdings derbe zurück
in die Realität von Zahlen, Paragraphen und einer rechtskräf-
tigen Ehefrau. Martinas Warnung kommt mir in den Sinn. Natürlich hat sie recht. Das Ganze kann nur in einer Katastrophe
enden. Aber: Na und?

Mir kommt es so vor, als ob ich mir durch mein braves, ge-
diegenes Leben, in dem ich nie untreu, auffällig oder gar ausfällig geworden bin, ein gewisses Anrecht auf die eine oder andere
Katastrophe verdient hätte. Mir wäre es tatsächlich lieber, es
würde jetzt mal was so richtig schieflaufen, als dass alles wei-
terliefe wie bisher.

Ich habe lange aus- und durchgehalten, meine Geheimnisse
und meine Schuld tief in meinem Innersten begraben, ich war
pflichtbewusst, verantwortungsvoll und meistens nüchtern
und vor zwölf im Bett.

Ich habe es Joachim immer hoch angerechnet, selbstverständlich ohne es jemals auszusprechen, dass er sich mit dem,
was ich ihm zu bieten bereit war, klaglos zufriedengegeben
hatte. Er muss gewusst haben, dass er nicht meine große Liebe
war. Dass er niemals nach Michael und den genauen Umstän-

den seines Todes gefragt hatte, schien mir ein deutliches Zeichen dafür zu sein, dass Joachim es lieber nicht so genau hatte wissen wollen. Es war fast wie eine flehentliche, stumme Bitte gewesen: Lass mir meinen Frieden. Sag es mir nicht. Sprich es nicht aus. Dann muss ich auch keine Konsequenzen daraus ziehen.

Er hat nicht gefragt. Und ich habe geschwiegen. Wir waren Komplizen. Und mein größtes Geheimnis blieb bis heute unangetastet.

## EIN GROSSES GRAB
## WÄRE JA AUCH ÜBERTRIEBEN,
## SO GANZ OHNE LEICHE

*17. August 1999*

*Die Suche nach Überlebenden ist gestern Abend eingestellt worden. Er ist tot, und ich bin schwanger.*
*Diesen Moment, als der winzig kleine letzte Hoffnungsschimmer von einer einzigen riesenhaften Welle aus Schmerz ausgelöscht wurde, vergesse ich nie. Ein Blutsturz im Herzen. Ich dachte, ich ertrinke darin.*
*«Hast du schon mit Anne gesprochen? Wie hat sie es aufgenommen?», hatte ich Karsten mechanisch am Telefon gefragt, denn das war die Frage, die man von mir erwartete.*
*Er sagte, sie habe ganz gefasst gewirkt, obwohl es doch so schrecklich für sie sein musste. Das galt für ihn selbst natürlich auch. Dann hatten wir aufgelegt, und natürlich hatte er nicht gefragt, wie es mir ging. Warum auch?*
*Ich gelte ja nicht als direkt Betroffene, ich war nur eine gute Bekannte von Michael, seine ehemalige Mitbewohnerin, bloß ein netter Kontakt aus Jugendtagen. Mir steht nur ein durchschnittliches Maß an Trauer zu.*
*Keiner weiß, dass ich gerade innerlich zerfalle, dass mit Michael auch meine Hoffnungen und meine Zukunft für tot erklärt wurden. Niemand ahnt, dass im Geheimen eine große Liebe begonnen hatte, von der nichts bleiben wird außer einem schlechten Gewissen und zwei zerstörten Leben.*

*Ich kann das Kind unmöglich bekommen. Wie soll das gehen? Es wäre ein fleischgewordener Grabstein, eine ständige Erinnerung an Verlust und Schmerz. Schon jetzt wird mir übel bei dem Gedanken, dass ich ein Kind von einem Toten erwarte.*
*Ich habe in den letzten drei Tagen vier verschiedene Tests gemacht. Das Ergebnis war jedes Mal eindeutig. Am Freitag fahre ich zu einem Frauenarzt nach Heerlen in Holland. Eine Abtreibung in so einem frühen Stadium sei keine große Sache, meinte die Sprechstundenhilfe am Telefon. Ihr holländischer Akzent, mit dem irgendwie ja immer alles harmlos und halb so wild klingt, hatte mir gutgetan. «Nach zwanzig Minuten ist alles vor-*

Gottschalk gucken ist wie Nutella direkt aus dem Glas essen.

*bei, machen Sie sich keine Sorgen», hatte sie freundlich gesagt
und geklungen wie Frau Antje, die von jungem Gouda Pikantje
schwärmt.*

*Meiner Mutter habe ich nichts erzählt. Sie macht sich Sorgen,
das merke ich. Mein Kummer ist so unverhältnismäßig groß.
Aber ich kann sie nicht einweihen, ich kann niemanden einweihen. Ich will versuchen, die vergangenen Wochen zu vergessen.
Keiner weiß, was war. Und solange ich nichts sage, ist es, als
wäre nichts geschehen. Niemand kann sich und mich daran erinnern, niemand kann an mein Gewissen appellieren, niemand
kann es rumerzählen, niemand muss es für sich behalten. Niemand außer mir.*

*Wie ein Tatortreiniger werde ich sämtliche Spuren aus meinem
Leben tilgen, die auf das hindeuten könnten, was hier geschehen ist. Und danach werde ich nicht den Fehler machen, noch
einmal an den Ort des Verbrechens zurückzukehren.*

### Samstagabend, 21. August 1999

*Mein Koffer ist gepackt.*

*Mama hat mir, wie immer, wenn ich wegfahre, zwei Brote mit
Spiegelei und gekochtem Schinken eingepackt. Ich liebe diese
altmodischen, in dickes Butterbrotpapier eingehüllten, leicht
fettigen Päckchen, die mich auf jeden Wandertag und jede Klas-
senreise begleitet haben.*

*Ob sie ahnt, dass ich nicht mehr zurückkommen werde? Sie
wirkt bedrückt, aber das sind wir schließlich alle mehr oder
weniger. Die Trauer liegt wie ein feuchter Nebel, der einem
das Atmen schwermacht, über unserem Viertel. Jeder hier hat
Michael gekannt oder kennt jemanden, der ihn kannte. Seine
Mutter war lange im Kirchenchor gewesen.*

*Von der Fleischerfrau habe ich gestern erfahren, dass es bereits
ein Grab für Michael gibt.*

*«Eins von den kleinen, du weißt schon, diesen Urnengräbern»,
hatte sie gesagt und mir anderthalb Pfund Gehacktes halb und
halb über den Tresen gereicht. «Finde ich richtig. Ein großes
Grab wäre ja auch übertrieben, so ganz ohne Leiche.»*

*Ich hatte zügig bezahlt und war aus dem Geschäft geeilt, um
mich ins nächste Gebüsch zu übergeben. Es wurde höchste Zeit
für meinen Abschied. Ich bin wahrscheinlich in der neunten
oder zehnten Woche.*


*Der holländische Arzt sah aus wie Hanns Joachim Friedrichs
und sprach wie Rudi Carrell. Insgesamt war das eine für mich
beruhigende Mischung, und ich fühlte mich auf seinem Gynäkologenstuhl fast so wohl wie auf dem Sofa meiner Eltern, wenn
«Am laufenden Band» lief oder «Wetten, dass..?».*

*Gottschalk gucken ist wie* Nutella *direkt aus dem Glas essen.
Wie* funny-frisch Chipsfrisch ungarisch *direkt aus der Tüte
essen. Wie im Frottee-Schlafanzug warmen* Dr. Oetker Vanillepudding *direkt aus dem Kochtopf essen.*

*Ich tue das alles schon lange nicht mehr.*

*Nur noch, wenn ich zu Hause bin. Mit Mama.*


*«Das ist der Herzschlag Ihres Kindes», hörte ich Rudi Carrell
sagen, und ich sah ein winziges, pulsierendes Fleckchen Leben
auf dem Bildschirm des Ultraschallgerätes.*

*Ich dachte an Michael, der nun auf immer der Vermisste in mei-
nem Leben bleiben würde, und an das Kind, das auf dem Bildschirm aussah wie eine Kaulquappe unter Strom. Dann brach
ich zusammen und kippte dem grauhaarigen Arzt vom Stuhl.
Ich habe bestimmt zehn Minuten lang geweint. Die Tränen flos-*

sen wie Abwasser aus mir heraus. Nach den Tränen kamen die Worte, und ich erzählte diesem Fremden die ganze Geschichte von Liebe und Betrug und Tod, von der Schlammlawine und von meiner Sehnsucht nach einer Familie und davon, dass ich die Pille schon vor drei Monaten abgesetzt hatte, weil ich nicht länger auf den Unbekannten hatte warten, sondern es mit dem Bekannten hatte versuchen wollen.

«Sind Sie denn ganz sicher, dass der Verstorbene der Vater ist?», fragte der Arzt. Ich nickte und schaute in sein Hanns-Joachim-Friedrichs-Gesicht. In diesem Moment wurde mir klar, dass es einen Ausweg gab.

Joachim. Theoretisch, rein theoretisch, konnte das Kind auch von ihm sein. Höchst unwahrscheinlich zwar, aber mehr als großzügig kalkuliert wäre das möglich.

«Ich bekomme das Kind», sagte ich, und der Arzt lächelte und sah sehr zufrieden aus.

«Sie tragen eine große Verantwortung. Überlegen Sie gut, wem Sie die Wahrheit zumuten wollen, wer sie ertragen kann und wer nicht. Und wenn ich Ihnen einen Rat geben darf: Schweigen Sie und fangen Sie ein neues Leben an. Sie haben einen Menschen verloren, und ein neuer ist auf dem Weg. Konzentrieren Sie sich auf die Zukunft, dort wartet ein großes Glück auf Sie.» Auf dem Heimweg konnte ich seit Tagen zum ersten Mal wieder richtig durchatmen.


Gleich, um Viertel nach acht, gucken Mama und ich fern. Sie hat gesagt, dass ich ohne Sorge fahren kann. Sie ist schon wieder recht beweglich, und ich denke auch, dass sie allein zurechtkommen wird.

Morgen um Viertel nach zwölf geht mein Zug. Einmal umsteigen. Um 18 Uhr 58 werde ich in Wedel ankommen und Joachim noch auf dem Bahnsteig fragen, ob er mich immer noch heiraten will, und ihm sagen, dass er Vater wird.

Mama ruft. Das Abendbrot ist fertig. Wir essen ein letztes Mal zusammen auf dem Sofa. Ich habe zur Feier des Tages Dr. Oetker Vanillepudding gekauft. Der muss warm gegessen werden. «Wetten, dass..?» ist leider in der Sommerpause.

### Sonntag, der 22. August 1999

Mama ist in der Kirche, wie an jedem Sonntag, an den ich mich erinnern kann. Mir bleibt noch eine halbe Stunde. Ich muss dieses Buch verschwinden lassen. Es ist quasi der letzte Zeuge. Im Kino würde der entweder umgebracht werden oder im Zeugenschutzprogramm an einem entlegenen Ort unter falscher Identität weiterleben.
Ich werde das Buch sorgfältig in eine Plastiktüte verpacken und auf unserem Dachboden verstecken: Auf unserem Dachboden wird niemals jemand suchen. Höchstens ich selbst. Wenn ich dann noch ich selbst bin.
Vielleicht irgendwann, wenn ich fünfzig und alt bin und mich hoffentlich kaum noch daran erinnern kann, hinter welchem der Balken ich das Buch versteckt habe und was damals, in diesem Sommer, geschehen ist.
So. Es wird Zeit.

## ICH VERMISSE
## MENEN HUND MEHR
## ALS MEINEN MANN

Ich könnte ihn umbringen.»

«Du darfst jetzt nicht die Nerven verlieren, Anne. Sonst gefährdest du die gesamte Operation.»

Anne nickt und lässt sich noch ein Stückchen tiefer in den Autositz sinken. Sie trägt eine dunkle Sonnenbrille und einen Sonnenhut meiner Mutter, ein Ungetüm aus blassgelbem Stroh mit olivgrünem Zierband. Anne sieht aus wie eine sehbehinderte, pensionierte Vogelscheuche, genau richtig für unsere Zwecke.

Es ist für den Erfolg unseres Vorhabens ausschlaggebend, dass sie unerkannt bleibt und dass unser Auto keinerlei Aufsehen erregt. Nachher darf sich niemand an uns erinnern. Wir kommen, wir schlagen zu, wir verschwinden wieder.

Ich hatte einen blauen BMW-Kombi gemietet. In München-Bogenhausen, unserem Einsatzort, gebe es nur BMWs, Mercedes und ab und zu mal einen Tuareg, hatte Anne gesagt und damit völlig recht behalten.

Von dem Mann, der gerade die herrschaftliche Altbauvilla in der Maria-Theresia-Straße verlässt, sein Handy am Ohr und einen Hund an der Leine, werden wir wie geplant übersehen.

«Das ist er also?»

«Darf ich vorstellen: Günther Wolf, mein Ex-Chef und Ex-Mann.»

«Der ist ja uralt.»

«67. Hatte ich nicht erwähnt, dass ich unter einem Vaterkomplex leide?»

«Bist du sicher, dass Herr Wolf immer dieselbe Runde dreht?»

«Hundertprozentig. Günni ist ein Gewohnheitstier. In den zwei Jahren, die wir zusammengewohnt haben, ist er kein einziges Mal von seiner Routine abgewichen. Er beginnt morgens um halb sieben mit lautem Gurgeln von kaltem Fencheltee und einer halben Stunde Joggen mit integrierten Rückenübungen und endet abends um elf mit dem Einsetzen seiner Schnarchschiene.»

«Bei Gelegenheit musst du mir noch mal erklären, was genau dich an diesem Mann so fasziniert hat, dass du ihn drei Monate nach eurem Kennenlernen geheiratet hast.»

«Das ist schnell gesagt: Er wurde mein Vorgesetzter, er war frisch getrennt, Kinder aus dem Haus. Er ist durchsetzungsstark, auf altmodische Weise charmant und wollte mich. Und ich wollte endlich irgendwohin gehören. Du musst mir glauben, im Anzug sieht Günther wirklich sehr distinguiert aus.»

«Im Jogginganzug aber nicht.»

Der Mann, der jetzt in einen lockeren Altherrentrab fällt, besitzt die natürliche Uneleganz von Menschen, die groß, aber nicht sportlich sind. Günther Wolf erinnert an ein zwei Meter großes Streichholzmännchen, blass, ungelenk, mit kahlem rotem Kopf.

«Er läuft jetzt zum Englischen Garten. Dort lässt er Petra von der Leine, stoppt nach etwa zweihundert Metern an einer Bank am Isarufer, macht ein paar lächerliche Kniebeugen und checkt dann erst mal seine Mails. Das ist unser Einsatzort.»

«Petra ist ein ungewöhnlicher Name für einen Pudel.»

«Als ich Petra vor drei Jahren bekam, hieß sie noch Paula.

Sie war vierzehn Monate alt. Der Name war mir peinlich. Ich entsprach plötzlich allen Klischees, die ich bis dahin verachtet hatte: Reife, kinderlose Singlefrau legt sich, nachdem sie die Hoffnung auf einen menschlichen Lebensabendpartner aufgeben hat, einen Hund zu. Und wenn der dann auch noch Ida, Paula, Ben oder Jeremy heißt, braucht man echt nicht siebenundzwanzig Semester Psychologie studiert zu haben, um zu wissen, was da schiefgelaufen ist. Ich wollte auf keinen Fall zu den mageren Frauchen gehören, die ihrem Hund jeden Tag was Frisches kochen und ihm den Namen des Kindes geben, das diese Dörrpflaumen nicht mehr bekommen können. Das war mir zu psycho. Also habe ich den Pudel umgetauft und behaupte seither immer, meine Lieblingstante hätte Petra geheißen.»

«Mir gefällt der Name.»

«Aber einen Cocker-Spaniel Joe Cocker zu nennen, das ist schon auch sehr lustig.»

«Hoffentlich werden sich die beiden verstehen.»

«Vorher müssen wir Petra erst mal kriegen.»


Ich komme mir vor wie eine Agentin aus dem Abschlussfilm einer Hochschulklasse. Niedriges Budget, hohe Ambitionen. Mir klopft das Herz bis zum Hals, und ich kann mich nicht entscheiden, ob ich mich großartig und wagemutig oder bescheuert fühlen soll. Aber eins ist klar: Die Entführung von Petra *muss* gelingen.

Günther, der greise Wüstling, hatte sich bei der Trennung geweigert, Anne das Tier herauszugeben, mit der hässlichen Begründung, dass er Petra, bei allem Mitleid und Verständnis für Anne, unmöglich in eine derart unsichere Situation entlassen könne.

«Wir reden wieder, wenn du gesund bist und dem Hund eine gesicherte Zukunft bieten kannst», hatte er gesagt, die Schlösser der gemeinsamen Wohnung ausgewechselt und Annes Sachen in ein Lager schaffen lassen.

«Ich habe keine Kraft, mich dagegen zu wehren», hatte Anne auf unserer Rückfahrt vom Kloster gesagt. Erdal hatte vor Empörung fast keine Luft mehr bekommen.

«Aber das ist doch dein Hund! Was für eine Gemeinheit! Wir müssen etwas tun!», hatte er gekeucht und nach seinem Asthmaspray gegriffen. Erdal ist völlig gesund, das haben ihm mittlerweile sieben Ärzte bestätigt, was ihn aber nicht von seiner Selbstdiagnose abgebracht hat. Und als ein renommierter Pneumologe ihm beschied, er habe kein Asthma, sondern nur zu viel Phantasie, hätte Erdal den Mann beinahe bei der Ärztekammer angezeigt.

Jedenfalls setzte Erdals Anfall in Anne endlich die Energie frei, sich gegen diese Ungerechtigkeit zur Wehr zu setzen.

«Hunde haben erstaunliche Heilkräfte», hatte Erdal ihr noch mitgegeben, obwohl er in seinem ganzen Leben noch kein Tier gestreichelt hat und einen Weimaraner nicht von einem Windhund unterscheiden kann. «Wir müssen Petra aus den Fängen dieses Scheusals befreien. Du brauchst den Hund an deiner Seite, damit du gesund werden kannst. Mich macht schon der Gedanke krank, dass das arme Tier ohne dich auskommen muss.»

«Günther wird Petra niemals freiwillig herausgeben», hatte Anne gesagt.

«Ich vermisse meinen Hund mehr als meinen Mann», hatte ich gesagt, und Erdal hatte gemeint, dafür hätte er in meinem ganz persönlichen Fall viel Verständnis.

«Das sagst du nur, weil er sich auf deiner Geburtstagsparty

nicht als Dieter Bohlen verkleiden und mit Karsten im Duett ‹Cheri, Cheri Lady› singen wollte.»

«Es war mein fünfzigster, und es hätte mir viel bedeutet, das weißt du genau, Judith. Ich bin normalerweise nicht nachtragend, aber das hat sich mir tief eingeprägt.»

Erdal, das muss man wissen, ist der nachtragendste Mensch, der mir jemals begegnet ist, und kann bis heute nicht verzeihen, dass ihm sein Grundschullehrer beim Erntedankfest ein drittes Stück Apfelkuchen verweigert hat.

Am Ende der Rückfahrt hatten wir den Entschluss gefasst, Petra zu entführen und dann nach Wedel zu fahren, um dort Joe Cocker abzuholen. Anschließend würden wir für zwei Tage in Potsdam sein. Der Professor, der Anne operiert hatte, hatte ihr empfohlen, dort ihre Kontrolluntersuchung durchführen zu lassen. «Im Kernspinzentrum haben sie die besten Geräte Deutschlands. Ich kümmere mich persönlich um Sie. Wenn wir nichts finden und die Blutwerte in Ordnung sind, hat die Therapie angeschlagen, und ich kann Sie als vorerst geheilt entlassen. Ab dann steht alle drei Monate ein kompletter Check an. Sie wissen ja …»

«Ja, die Wahrscheinlichkeit, dass ich in zwei Jahren noch lebe, ist immer noch lächerlich gering.»

«Die Wahrscheinlichkeit, dass Sie jetzt noch leben, war auch lächerlich gering. Wir sehen uns in Potsdam wieder, und ich gehe davon aus, dass Sie nicht der Typ sind, der sich an Prognosen hält. Schreiben Sie Ihre eigene Statistik, ich glaube fest an Sie.»

Von Potsdam aus würde ich nach Münster fahren, um mich in unlauterer Absicht mit Heiko zu treffen.

«Es freut mich, dass du wieder sexuelles Interesse zeigst», hatte Erdal anerkennend gesagt. «Bei Frauen höheren Alters ist das leider nicht mehr naturgegeben. Neben der Gewebeerschlaffung ist ja auch die Austrocknung der Schleimhäute …»

«Erdal, bitte!», hatten Anne und ich gleichzeitig geschrien, und ich hatte ihn mit Gummibärchen beworfen.

«Wo willst du hin, wenn du das alles hinter dir hast?», hatte Erdal von Anne wissen wollen.

«Mit ‹das alles› meinst du den Krebs? Du kannst es ruhig aussprechen, ich weiß, was ich habe. Mich brauchst du nicht zu schonen.»

«Dich nicht, aber mich. Ich bin nicht gut in so was. Gib mir ein bisschen Zeit und nimm um Gottes willen nicht noch mal wie gestern Nacht am Lagerfeuer ohne Vorwarnung deine Perücke ab. Ich bin ein alter Mann mit Asthma. Ich wäre fast verstorben.»

«Verzeihung, Erdal, ich werde in Zukunft mehr Rücksicht auf dich nehmen. Um auf deine Frage zurückzukommen: Ich habe genug von der Welt gesehen und nie länger als fünf Jahre an einem Ort verbracht. Wenn ich überlebe, will ich endlich Wurzeln schlagen.»

Erdal und ich hatten ergriffen geseufzt, hinten im Auto still gerührt vor uns hin geweint und uns eine Packung *Haribo Tropifrutti* geteilt.

«Achtung, es geht los!», flüstert Anne, und ich zucke erschrocken zusammen. Wie gut, dass wir Erdal ausreden konnten, bei dieser Aktion mitzuwirken. Er hat nicht das geringste Talent für Unauffälligkeit und Zurückhaltung und würde sich selbst zum Beschatten noch einen roten Teppich ausrollen lassen.

«Günni ist an der Bank angekommen. Dein Einsatz. Es wird nicht leicht, denn du entsprichst nicht Günthers Beuteschema.»

«Was soll das denn heißen?»

«Seine Neue ist siebenundzwanzig.»

Ich steige aus dem BMW und schlendere auf Herrn Günther Wolf zu, Mitglied des Vorstandes der Münchner Privatbank *Deserno & Werder*, der sich mittlerweile mit Blick auf die Isarauen niedergelassen hat.

Siebenundzwanzig. Ich schnaube vor Wut auf Männer, die nie genug bekommen können, deren Aktienportfolio immer größer, deren Autos immer schneller und deren Frauen immer jünger werden.

Dass dieser Lustgreis mit Hängearsch und Schnarchschiene es sich erlauben kann, ungestraft seine Frau zu verlassen, sie zu ruinieren, das Penthouse und den Hund zu annektieren und sie zu guter Letzt auch noch durch eine vierzig Jahre Jüngere zu ersetzen, löst in mir kaum zu zügelnde Mordgelüste aus.

Ich atme tief ein, setze ein beschwingtes, dem herrlichen Spätsommermorgen angemessenes Lächeln auf und verlangsame das Tempo, ohne meine Zielperson aus den Augen zu lassen.

Günther Wolf sitzt da, als sei er auch Vorstand von dieser Bank. Breitbeinig ist gar kein Ausdruck. Im Genitalspagat fläzt sich der Finanzmanager auf dem Parkmöbel, als habe er es dem Land Bayern gespendet, genauso wie den die Bank umgebenden Park, den Friedensengel und das Schloss Neuschwanstein.

Wo lernt man bloß, so zu sitzen? Nimmt man auf den Eliteuniversitäten im In- und Ausland potenzielle Führungskräfte beiseite und bringt ihnen Imponiergehabe und Einschüchterungstaktiken bei?

«Zeigt eure biologischen Waffen, das flößt Männern Respekt und Frauen Angst ein.»

Ich kann mir nicht vorstellen, dass man damit in modernen Unternehmen noch durchkäme, aber Anne, die es wissen muss, sagt, Führungsetagen seien ein Neandertal. Beim Anblick des Alphasteinzeitmännchens Günni, der wie ein Pavian auf dem Affenfelsen hockt, muss ich ihr recht geben. Genauso kann ich mir aber leider auch vorstellen, dass auf jeden blöden Affen genügend dumme Hühner kommen, die allzu willig zu einer Paarung bereit sind, bei der sich Status und Geld mit Jugendlichkeit und Fruchtbarkeit zusammentun.

Es geht um Biologie und Arterhaltung: Wenn Männer Falten attraktiv fänden, wäre die Menschheit ausgestorben. Ebenso wenn sich Frauen stets nur die Singer-Songwriter-Typen unter den Neandertalern ausgesucht und sich zielsicher den Minnesängern des Pleistozäns an die magere Brust geworfen hätten. Überleben durch gezielte Fortpflanzung.

Blöder- und ungerechterweise hat die Natur es ursprünglich offenbar nicht vorgesehen, dass eine Frau nach der Menopause einfach noch lustig weiterlebt – und zwar mittlerweile im Schnitt, bis sie dreiundachtzig ist. Während Männer sich bis ins hohe Alter weiter fortpflanzen und Frauen mit prall gefüllten Eierstöcken noch am Gehwagen hinterhersteigen dürfen, ist die alternde Frau biologisch gesehen völlig nutzlos.

Papageien werden hundert und legen bis zum Schluss Eier. Fast alle Tiere können ihr Leben lang Nachwuchs zeugen und bekommen. Nur wir Menschenfrauen nicht. Extra für uns wurden die Wechseljahre erfunden – eine sehr, sehr schlechte Laune der Natur, so dermaßen unfair, undurchdacht und unzeitgemäß, dass man die Schöpfung zur Rechenschaft rufen und mit Hilfe einer Sammelklage zu einem Rückruf der fehlerhaften Ware zwingen möchte.

Neulich las ich in einem *Geo-Wissen*-Heft bei meinem Frauenarzt: «Wenn nach einer Regelblutung ein Jahr lang keine weitere folgt, ist eine Frau offiziell unfruchtbar.»

Offiziell. Unfruchtbar. Das klingt so furchtbar. Die Frau über fünfzig ist, das muss man so sagen, letztlich ein Wunder, eher sogar eine Entgleisung der Biologie. Die neue Alte pfeift auf die Arterhaltung, es fällt ihr nicht im Traum ein, sich einen rentnerbeigen Anorak zu kaufen, unsichtbar zu werden und die vierzig Jahre, die ihr noch bleiben, damit zu verbringen, in Fotoalben zu blättern und Autogramme von Schlagerstars zu sammeln.

Was mich fast am meisten am Älterwerden stört, sind die älter werdenden Männer. Diese unreformierten, horstseehoferartigen Wesen mit Haarbüscheln in den lappigen Ohren. Typen, die sich immer als Oberhäupter von Staaten, Familien, Ehen oder Gemüsebeeten definieren müssen und die Sache mit dem Älterwerden durch radikales Verdrängen und rustikales Zähnezusammenbeißen angehen. Sie versuchen eisern, den Schein zu wahren, ihre Altersschwächen zu kaschieren und sich in hastigen Zeugungsversuchen mit jungen Gebär-Müttern das Todesgrauen vom Hals zu schaffen. Als könne man die zweite Hälfte des Lebens so leben wie die erste, wenn man bloß die weibliche Hauptrolle neu und deutlich jünger besetzt.

Vielleicht bin ich nur mal wieder neidisch und beleidigt. Ich würde auch allzu gerne jetzt noch mal zwei oder drei Kinder zeugen, statt einen Pudel zu entführen.


Ich bewege mich direkt auf den Einsatzort zu.

Petra betrachtet mich gelangweilt, dann läuft sie plötzlich in Richtung Parkausgang. Wahrscheinlich hat sie dort Anne gewittert. Oder die zwei Mettwürste und die Käsewürfel, die Anne in ihre Jackentasche gesteckt hat, um den Hund ins Auto zu locken. Ich soll dann später an einem streng geheimen Treffpunkt wieder zu den beiden stoßen

«Petra! Hier!», ruft Günther. Ich erschrecke fast zu Tode und weiß sofort, dass ein derart selbstbewusst vorgetragenes Kommando keinen Interpretationsspielraum zulässt.

Klar, kurz, nicht diskutabel.

Es ist mir nie gelungen, meinen Söhnen gegenüber einen ähnlich glaubwürdig-autokratischen Ton anzuschlagen. Dabei erleichtert es die Erziehung von Lebewesen enorm, wenn sich der Erziehende seiner Sache hundertprozentig sicher ist und sich nicht auf heillose Diskussionen einlässt, die gerne mit gemaulten Sätzen beginnen wie: «Aber alle anderen dürfen auch bis Mitternacht bleiben», «Ich weiß selbst am besten, was gut für mich ist» oder «Was soll mir Integralrechnung für mein späteres Leben bringen?». Jahre meines Lebens habe ich in Argumentations-Kreisverkehren verbracht, ohne die richtige Ausfahrt zu finden, während Joachim solche Auseinandersetzungen bereits im Keim durch klare Ansagen erstickte und für weitere Diskussionen schlicht nicht zur Verfügung stand.

Wie habe ich meinen Mann um seine natürliche Autorität beneidet. Und wie habe ich mich selbst als Pädagogikwaschlappen kasteit und für mein Knetgummirückgrat geschämt.

Immer wieder gerne vermitteln mir Männer, inklusive meines eigenen und der von mir erzeugten, das Gefühl, ich würde ihr Leben unnötig verkomplizieren. Ich bin ihnen zu emotional, zu irrational, zu sentimental. Man wirft mir vor, ich würde immer alles gleich persönlich nehmen, Dinge zerreden und mich rationalen Sichtweisen gegenüber störrisch oder weinerlich verschließen.

Heute weiß ich, dass weder Familien noch Betriebe noch Staaten gut funktionieren, wenn nicht mindestens eine Frau im Aufsichtsrat sitzt, dort alles persönlich nimmt und den anderen mit ihrer Emotionalität und ihrem ständigen Diskussionsbedarf auf die Nerven geht.

Aber Männern wie Günther Wolf sind gehorsame Wesen lieber, egal ob mit zwei oder mit vier Beinen. Demokratie ist solchen Typen zu anstrengend, und Emotionen gehen ihnen so sehr auf die Nerven wie kritische Nachfragen. Bloß keine Schwächen zeigen. Im Haifischbecken darf man nicht bluten. Noch nicht mal weinen.

«Brav und sitz!» Petra hatte sofort kehrtgemacht und war zu Günther zurückgelaufen.

Jetzt liegt es an mir, den Mann von dem unschuldigen Tier abzulenken. Ich werde Günther nicht mit jugendlichen Reizen ködern können. Seine Eitelkeit wird ihm zum Verhängnis werden.

«Darf ich mich zu Ihnen setzen?» Günther schaut kurz zu mir hoch und sortiert mich innerhalb von Millisekunden aus. Ich bin zu alt für einen fast Siebzigjährigen. Desinteresse legt sich über sein Gesicht. Ich würde diesen Mann ausgesprochen gern umbringen.

Petra schnüffelt an meinen Hosenbeinen, steckt mir ihre Nase in den Schritt und beschmutzt meine helle Bluse mit ihrer Schnauze. Günther starrt auf sein Handy. Er hat mich ausgemustert, mein Schritt interessiert ihn nicht die Bohne.

«Entschuldigen Sie bitte, dass ich Sie so anspreche», sage ich mit einem schüchternen Lächeln. «Sie sind doch Günther Wolf von *Deserno & Werder*, oder?»

«Kennen wir uns?» Günthers Blick löst sich nur widerwillig von seinem Mobiltelefon. Er betrachtet mich, als wäre ich ein neutraler, reizloser Gegenstand, wie ein Parkautomat oder eine Suppenkelle.

«Nein, kennen tun wir uns nicht. Aber ich habe Ihr Interview im *Manager Magazin* über den Finanzmarkt gelesen. Endlich hat es mal jemand auf den Punkt gebracht!»

«Schön, dass Sie das auch so sehen.» Eine Art Lächeln huscht über Günthers faltiges Gesicht. «Die Resonanz war enorm. Ich rede Tacheles, statt mich wie alle anderen hinter Halbwahrheiten zu verstecken.»

Ich setze mein Bewunderungs-Gesicht auf, das ich auch in Autowerkstätten und Baumärkten benutze. «Mein Eindruck ist, dass Sie Ihre Bank hervorragend durch die Krise der letzten Jahre geführt haben.»

Günther lehnt sich zurück und setzt zu einer längeren Zusammenfassung seiner Leistungen an. Nach ein paar Momenten schaue ich betont erschrocken auf die Uhr und unterbreche die One-Man-Show. Ich murmele eine Entschuldigung und verabschiede mich zügig von dem Mann, der sich selbst so gut gefällt.

Unscheinbare Frau in fortgeschrittenem Alter. So in etwa würde seine Personenbeschreibung von mir lauten. Ich bin sicher, dass Günther sich nicht genauer an mich erinnern wird. Pech für ihn. Pudel-Petra habe ich schon länger nicht mehr gesehen, und ich gehe davon aus, dass die Operation «Bring doggy home» geglückt ist.

«Hier! Petra! Hierher!», höre ich Günther wütend rufen, während ich den Park bester Laune verlasse.

## WENN ES SO WEIT IST,
## WERDE ICH RECHTZEITIG
## VERSCHWINDEN

Haben Raststätten eigentlich eine Adresse?

Sie wirken immer so, als gehörten sie nirgendwohin, lieblos zusammengebaute Gebäudeklumpen, wie aus der Welt gefallen und am Rande der Autobahn aufgeschlagen. Raststätten gehören nie dazu, zu keinem Stadtteil, weder zu einer guten noch zu einer schlechten Gegend. Es gibt keine Nachbarn, und man kann sich schwer vorstellen, dass ein DHL-Bote dort vorfährt, um ein Päckchen mit Sportsocken oder mit Ersatzbürstenköpfen für die elektrische Zahnbürste zu bringen.

Ich liebe Raststätten. Diese Inseln im Meer der Autobahnen. Tröstliche Zufluchtsorte, rund um die Uhr geöffnet, für den Fall, dass der Tank leer und die Blase voll ist. Ich mag sogar die kalte Neonbeleuchtung, wie man sie sonst nur aus Notaufnahmen und Leichenschauhäusern kennt. Früher hatte man an Raststätten gar nicht die Möglichkeit, sich seinem guten Gewissen entsprechend zu ernähren. Was ich stets genossen habe. Fast alles war paniert, die Bockwürste sahen aus wie Plastikschläuche, und über die Inhaltsstoffe von Zigeunerschnitzeln oder Spaghetti bolognese, die immer als eine Art Eintopf serviert wurden, wollte man lieber gar nichts wissen.

Heute wartet die eine oder andere überambitionierte Raststätte tatsächlich mit Salatbuffet und frisch gepressten Säften auf. Das finde ich unpassend; man will ja in der Kölsch-Kneipe auch keinen Obstsalat.

Ich liebe Raststätten.
Diese Inseln im Meer der Autobahnen.

Meine Eltern haben das Rasten zelebriert. Sie waren pausenfreundliche Menschen, die sich ungern hetzen ließen und das Unterwegssein mindestens so genossen wie das Ankommen. Wenn wir im Sommer an die bayrischen Seen fuhren, kehrten wir in mindestens drei Raststätten ein. Statt Reiseproviant mitzunehmen, begrüßten wir Hunger und Durst unterwegs dankbar als Hinweis, dass es Zeit war, mal wieder ein Päuschen einzulegen.

Mit Joachim bin ich immer durchgefahren. Ein einziger Toilettenstopp inklusive Tanken zwischen München und Hamburg, mehr war nicht drin. Für Joachim ist jede nicht gänzlich unverzichtbare Pause Zeitverschwendung. Man kann mit ihm auch nicht bummeln oder absichtslos schlendern. Joachim braucht ein Ziel, er wählt immer die kürzeste Strecke und würde lieber verhungern, als an einer Raststätte ein paniertes Schnitzel im Brötchen mit Tütenremoulade und Krautsalat zu essen.

Joachim ernährt sich gern gesund. Ich ernähre mich auch gesund. Aber ungern.

In Joachims Sprachschatz existieren tatsächlich mir völlig fremde Sätze wie «Das ist mir zu fettig» oder «Das ist mir zu süß» oder «Nein danke, ich bin satt». Das liegt, denke ich, an seiner Herkunft, und man darf ihm da eigentlich keine Vorwürfe machen. Fast allen gebürtigen Norddeutschen, die ich kenne, fehlt die sinnliche Hinwendung zum Frittierten. Außerdem wachsen sie im Norden in einer Kuchendiaspora auf, einer grauenvollen Gebäckeinöde, die man sich westlich des Rheins kaum vorstellen kann. So was prägt einen jungen Menschen fürs ganze Leben.

Die Auslagen rheinländischer Bäckereien dagegen ähneln denen der Juweliere am Hamburger Jungfernstieg. Herrliches Gebäck, Teilchen genannt, funkelt im Fenster. Und wo man in Wedel die Wahl hat zwischen einem blassen Rosinen- und einem schrumpeligen Franzbrötchen, muss man sich in Köln und Umgebung zwischen Schweineöhrchen, Nussecken, Amerikanern, Plunderstücken, Erdbeerteilchen, Apfelberlinern, Printen, Mutzenmandeln, Reisfladen und Puddingschnecken entscheiden.

Auf unseren Urlaubsreisen haben Joachim und ich die Raststätten, diese schmuddeligen Orte leerer Kalorien und ungesättigter Fettsäuren, nie betreten, um unsere Kinder erst gar nicht in Versuchung zu führen. Immer nur Zapfsäule, Toilette und gleich weiter. Ich hatte entgegen meinem Naturell Rohkost, Vollkornbrot mit Bio-Käse und Trockenobst in wiederverschließbaren Plastikbehältnissen dabei – und tatsächlich ist es gelungen, wenigstens zweien meiner Kinder ein relativ deutliches Bewusstsein für ausgewogene Ernährung mitzugeben. Karl fiel schon in jungen Jahren dadurch auf, dass er sich regelmäßig die zweite Hälfte seines Schokoriegels für den nächsten Tag aufhob, und Anton wird unter Müttern bis heute mit dem Satz zitiert, den er während eines Kindergeburtstages im Indoorspielplatz beim Anblick des vitaminfreien Mittagessens äußerte: «Gibt es denn hier nichts Gesundes?»

Einzig mein ältester Sohn Jonathan kommt ganz nach mir. In ihm wohnt eine rheinische Seele, er ist den sinnlichen Freuden des Daseins zugewandt, liebt es zu kochen und macht dabei einen großen Bogen um alle Light-Produkte. Schon als Kind empfand er ein Essen ohne Nachtisch nicht als vollwertige Mahlzeit. Er ist allerdings ein schlechterer Futterverwerter als ich. Bis heute ist er lang und dünn wie ein Spargel. Schon mit dreizehn war er mir über den Kopf gewachsen, und seine Schuhe lagen im Flur wie gestrandete Schlauchboote.

Er war nie vom Fernweh geplagt und ist, anders als Karl und

Anton, immer in Deutschland geblieben. Zwanzig wird er dieses Jahr, studiert Umwelttechnologie in Bremen und hat seit sechs Jahren ein und dieselbe Freundin. Meike ist gleich alt, ein geradliniges Mädchen von der Nordseeküste mit gesundem Appetit, das ich ausgesprochen gerne mag, obwohl ich mir früher nie vorstellen konnte, dass es Frauen geben könnte, die auch nur ansatzweise gut genug für meine phantastischen Söhne sein könnten.

Ich kann nicht sagen, dass ich Karl und Anton weniger liebe. Aber Jonathan ist mir am nächsten und am ähnlichsten, und natürlich hat ihn seine Entstehungsgeschichte für mich immer zu etwas ganz Besonderem gemacht.

Es ist ganz erstaunlich, wie konsequent dieses Kind sein Geheimnis für sich behalten hat. Er sah mir und meiner Mutter immer auf frappierende Weise ähnlich, aber nichts in seinen weichen Zügen, seiner Art, zu gehen, zu sprechen oder zu lachen, erinnerte an Michael. Manchmal, wenn mein Kind schlief, erforschte ich sein süßes Gesichtchen nach Spuren. Aber wie genau kannte ich Michael noch? Meine Erinnerung hatte bereits vor Jonathans Geburt zu verschwimmen begonnen. Nur wenn für einen winzigen Moment ein kleiner, schelmischer Glanz in Jonathans Augen aufleuchtete, kam es mir vor, als würde Michael mir kurz aus dem Jenseits zuwinken.

Ich habe nie erwogen, heimlich einen Vaterschaftstest zu machen. Warum auch? Ich wusste es ja auch so und spürte die Wahrheit jedes Mal, wenn ich meinen Sohn umarmte. Aber diese Wahrheit wurde immer unwichtiger, je weiter mein Leben voranschritt.

Ich bekam die Zwillinge, die sich auf aufsehenerregende Weise nicht ähnelten. Oft spottete ich selbst darüber, dass meine Söhne aussähen, als seien sie von drei verschiedenen

Vätern. Mein Schuldgefühl gegenüber Joachim versiegte mit den Jahren fast ganz.

Mein Leben nahm unterdessen genau die Form an, die ich mir immer ausgemalt hatte. Ich war nie der Typ gewesen, der auf ein Wunder gehofft, hochtrabende Pläne verfolgt oder mit einem außergewöhnlichen Schicksal gerechnet hätte. Ich wollte kein Star sein, keine Prinzessin, keine Kanzlerin, keine Vorstandsvorsitzende. Ich wollte Mutter, Autorin und Ehefrau werden und mir keine existenziellen Sorgen machen müssen.

Zufriedenheit habe ich immer für den erstrebenswertesten Gemütszustand gehalten, und je mehr Zeit vergangen war, desto mehr war mir der Sommer mit Michael vorgekommen wie eine vorübergehende Herzrhythmusstörung.

Was wäre denn geschehen, wenn wir wirklich ein Paar geworden und geblieben wären? Unweigerlich hätte der Prozess der Entzauberung eingesetzt – und was wäre dann übrig geblieben von meiner großen Liebesillusion? Wie hätten wir uns im Alltag bewährt, als Erzieher, als Kreditnehmer, als Beifahrer, als Schulbrotdosenbefüller, als Paar, das die erste Verliebtheit irgendwann einmal hinter sich hat?

Mit Joachim war ich jeder traurigen Entzauberung zuvorgekommen, weil er mich gar nicht erst verzaubert hatte. Wir sind an dem Punkt gestartet, an dem die meisten Beziehungen zerbrechen. Am Ende der Illusionen.

Michael musste sich in der Realität nie bewähren. Er starb, bevor er irgendwas falsch hatte machen können. Auf dem Höhepunkt der Verliebtheit. Ein immerwährender, konservierter Rausch, ein Traum ohne Aufwachen, ein Standbildheld, der nie Arthrose oder schütteres Haar bekommen würde.

Immer häufiger dachte ich, dass sich im Grunde alles zum Besten gefügt hatte.

Anne und ich saßen an einem hellgrauen Resopaltisch, die Raststätte befand sich zwischen Würzburg und Kassel. Zu unseren Füßen lag Petra und knurrte wahllos Leute an. «Sie hat Angst vor großen Taschen», erklärte Anne. «Sie mag auch keine hohen Stimmen und tut sich mit Personen in grellen Jacken und aufdringlich gemusterten Maxikleidern schwer.»

Dann steckte sie ihrem Pudel eine der frittierten Fleischkroketten zu, die wir in trauter Eintracht bestellt hatten. Bei der Füllung war ich mir nicht ganz sicher, ob darin, bei genauerer Analyse, überhaupt Spuren von Fleisch zu finden gewesen wären. Dazu aßen wir Fritten und Krautsalat und tranken je ein alkoholfreies Pilschen. Fast wie zu Hause.

«Wirst du deinem Mann Bescheid geben, dass Petra bei dir ist?», fragte ich.

«Der soll ruhig noch ein bisschen schmoren. In ein paar Tagen schicke ich ihm ein Foto, damit er weiß, dass es ihr gutgeht.»

«Wird er sie nicht zurückhaben wollen?»

«Rechtlich hat er keine Chance. Der Hund gehört mir. Das weiß Günther genau.»

Fast aus Versehen fragte ich, was mir schon lange durch den Kopf ging: «Hast du ihn sehr geliebt?»

«Nein, nicht wirklich. Ich habe mich in etwas reingesteigert. Die pure Torschlusspanik. Ich war es leid, die Verantwortung für mein Leben allein zu tragen. Ich wollte weniger arbeiten und mich verwöhnen lassen. Der Schuss ist nach hinten losgegangen.»

«Ich meinte nicht Günther, ich meine Michael. War er deine große Liebe? Ist er es bis heute?»

Anne schwieg, und ich bereute schon, gefragt zu haben. Ihre Gefühle für Michael hatten etwas Reines, fast Heiliges – ganz im Gegensatz zu der Schmuddelliebe zwischen mir und ihm, dieser verbotenen, unseligen Romanze, die direkt in eine Katastrophe geführt hatte.

«Entschuldige bitte», sagte ich hastig. «Ich habe kein Recht, danach zu fragen. Ich am allerwenigsten.»

«Nein, nein, ich bin froh, dass wir darüber reden. Aber ich muss dir endlich etwas sagen, und das ist nicht leicht.» Wieder schwieg sie. «Es fällt mir schwer zuzugeben, dass Michaels Tod für mich längst nicht so eine große Katastrophe war wie für dich. Ich habe mich damals total geschämt, weil ich nicht traurig genug war. Alle haben tiefe Verzweiflung von mir erwartet. Aber als ich vor Michaels Grab stand, kam ich mir innerlich leer und wie unter Beobachtung vor. Ich war heilfroh, als ich wieder im Flugzeug nach Washington saß.»

«Das ist doch nichts, wofür man sich schämen muss», antwortete ich. «Die Trauer kommt oft mit Verzögerung. Ein Schutzmechanismus des Unterbewusstseins.»

«Nein, die Trauer kam überhaupt nicht. Das ist es ja. Du hattest die ganze Zeit ein schlechtes Gewissen, weil du dachtest, du hättest mich betrogen. Aber *ich* habe seit zwanzig Jahren ein schlechtes Gewissen, weil ich Michael betrogen habe.»

In meinen Ohren rauschte es. Anne sprach mit ruhiger Stimme weiter, den Blick auf ihre Hände gerichtet. «Ich habe in Washington mit einem Kollegen eine Affäre angefangen. Nichts Ernstes, aber ernst genug, um zu merken, dass ich eigentlich nicht länger mit Michael zusammen sein wollte. Diese übereilte Liebe war ein Irrtum. Michael als Partner in der Kanzlei meines Vaters? Wir beide im teilfinanzierten Eigenheim in unserem Heimatort? Von Amerika aus kam mir das wie blanker Horror vor. Michael war ein Hippie. Er hat sich doch nur mir zuliebe in Anzüge gezwängt. Niemals wäre das gutgegangen. Und ich wollte raus aus unserem Kaff, ich wollte Karriere machen, Geld verdienen. Und ich wollte irgendwann Kinder haben. All das wäre mit Michael nicht gegangen. Es ist eine besonders bittere Ironie des Schicksals, dass ich trotzdem keine Kinder bekommen habe. Du hast Michael geliebt, ich nicht. Du hast den Verlust erlitten, ich nicht. Vielleicht wärst du mit ihm glücklich geworden. Aber das werden wir nie erfahren. Ich glaube, auch ihm ist klargeworden, dass ich nicht die Richtige für ihn war. Das zu wissen erleichtert mich, verstehst du das? Jetzt, wo ich von eurer Beziehung weiß, komme ich mir nicht mehr ganz so schäbig vor.»

Sie schaute mich an. «Und ich bin erleichtert, dass wir uns das alles endlich gesagt haben und wieder Freundinnen sind. Ich bin froh, dass wenigstens du angemessen um ihn getrauert hast.»

Mein Verstand bummelte weit abgeschlagen hinter Annes Erzählungen her. Mein Gehirn war völlig außer Puste. Am liebsten hätte ich sie gebeten, alles Wort für Wort zu wiederholen. Allmählich gelang es mir, kurze Sätze mit Annes Kernaussagen zu bilden: Anne hatte Michael nicht geliebt. Anne hatte Michael betrogen. Michael hatte Anne betrogen. Ich hatte Anne betrogen. Hat jeder jeden betrogen? Oder keiner keinen? Wenn alle schuldig sind: Sind dann alle unschuldig? Kompliziert.

Wie wäre unser beider Leben verlaufen, wenn ich nicht Hals über Kopf zu Joachim gezogen wäre? Wenn ich neben Anne an Michaels Grab gestanden, wenn ich ihr von der verbotenen Liebe und dem verbotenen Kind erzählt hätte?

Gleichzeitig hatte ich das Gefühl, dass es um diese Fragen nicht wirklich ging. Ich hatte etwas überhört. Etwas ganz Entscheidendes. Was hatte Anne genau gesagt? War es in einem

Nebensatz gewesen? Es war wichtig, das wusste ich. Wie hatte ich es nur überhören können?

«Judith, ist alles in Ordnung? Ich ...»

Ich hob die Hand, und Anne schwieg erschrocken. Ich suchte verzweifelt nach dem entscheidenden Hinweis, aber immer, wenn ich ihn zu packen glaubte, zog er sich blitzschnell zurück in den Schutz meines Unterbewusstseins. Was hatte Anne gesagt, ohne zu bemerken, dass es mein Leben verändern würde?

«Es tut mir leid», murmelte sie. Widerwillig ließ ich für den Moment von der Suche nach dieser ungeheuer wichtigen Kleinigkeit ab.

«Was tut dir leid?»

«Dass du Michael verloren hast und dass wir uns verloren haben. Und am allermeisten tut mir leid, dass wir die besten Zeiten miteinander verpasst haben. Schau mich doch an. Was bekommst du denn für eine Freundin zurück? Ein Wrack. Günther macht bestimmt drei Kreuze, dass er mich gerade noch rechtzeitig losgeworden ist, bevor ich zum Pflegefall werde. Er hat die Aktie abgestoßen, ehe sie im freien Fall nach unten rauscht. Zwanzig Jahre bin ich ohne unsere Freundschaft ausgekommen, und jetzt habe ich das Gefühl, ich würde es keinen einzigen Tag mehr ohne dich schaffen. Aber du? Du kriegst beschädigte Ware. Die volle Krebs-Breitseite. Du musstest mich im wahrsten Sinne vom Boden aufsammeln. Ich glaube nicht, dass ich die letzte Chemo ohne dich durchgezogen hätte.»

«Bist du denn unglücklich?»

«Warum? Wie meinst du das?»

«Ich frage nur: Bist du unglücklich, Anne? Warst du gestern unglücklich, als du mit Käsewürfeln in den Taschen durch den Englischen Garten gekrochen bist, um deinen Pudel zu retten? Warst du unglücklich, als du nachts im Wald an Erdals Schulter gelehnt einen Joint geraucht hast? Warst du unglücklich, als wir am Abend nach unserem Wiedersehen bei uns im Garten gesessen und wie früher den Tannen beim Tannensein zugeschaut haben? Bist du jetzt unglücklich mit Krautsalat und frittierten Fleischbällchen auf dem Tisch und deinem Hund darunter?»

«Nein, natürlich nicht. Ich bin glücklich. Sehr sogar.»

«Siehst du. Ich auch. Und mehr gibt es dazu eigentlich nicht zu sagen.»

«Ich bin gerade so glücklich wie vielleicht nie zuvor. Aber wie lange noch? Ich bin todkrank, Judith. Es gibt keine Hoffnung.»

«Hoffnung hat nichts mit Statistik zu tun. Du bist eins von den Wundern. Hoffnung gibt es, solange du dir welche machst.»

«Falsche Hoffnung.»

«Es gibt keine falsche Hoffnung.»

«Ich habe studiert, ich kann Französisch und Spanisch. Ich habe in meinem Leben um die tausend Bücher gelesen und zwei Dutzend Fortbildungen besucht. Ich habe jahrelang gejoggt, bestimmt dreihundert Liter feuchtigkeitsspendende Hautcreme auf mir verteilt. Ich bin ein halbes Jahrhundert alt, und alles, was ich bin, was ich kann, was ich gelernt, gelitten, gedacht habe, wird in nicht allzu ferner Zukunft innerhalb eines einzigen Augenblickes ausgelöscht sein. Der Tod ist ein Skandal. Nichts bleibt. Alles war umsonst.» Anne legte mit einer wütenden Bewegung ihre Hände vor mir auf den Tisch. «Siehst du meine Hände? Sie sind knochig und trocken. Verblühtes Leben. Nichts als ein Häuflein Knochen auf dem Weg zu Staub.»

Ich legte meine Hände auf ihre.

«Und weißt du, was das Schlimmste ist?» Anne liefen Tränen über das Gesicht. «Dass man nur einmal lebt und dass es so sein wird, als hätte es mich nie gegeben. Alles wird einfach so weitergehen. Du stirbst, und ein paar Momente später gehen die Leute aufs Klo. Hier, schau mal. Dieses Gedicht habe ich als Foto auf meinem Handy gespeichert.»

Ich las:

*In der Morgenfrühe, Stunden nach meinem Tod,*
*Wird um sieben die Sonne, wie an jedem Tag,*
*Über den Bäumen erscheinen, die ich so gut kenne.*
*Grün werden sie aufleuchten,*
*Und die dunkelgrünen Schatten*
*Weichen der mitleidlos-sanften gefühllosen Sonne.*
*Gefühllos stehen die Bäume in meinem – meinem Garten,*
*Ruhig und tränenlos am Tag meines Todes.*
*Wie immer harren sie mit durstigen Wurzeln,*
*Stehen gelassen im windstillen Morgen.*
*Blind, schweigend, ungerührt –*
*Die Bäume, die ich kannte*
*Und aufwachsen sah und liebte.*

«Woher willst du das wissen, dass man nur einmal lebt und dass die Bäume nicht um dich trauern? Man kann nicht spurlos verschwinden. Nichts vergeht unbemerkt. Und es würde mich sehr wundern, wenn die Tannen in meinem Garten nach deinem Tod keine Schweigeminute einlegen würden.»

«Ach, Judith, ich hab sie doch gesehen, die Toten auf der 6b. Das ist die Station, wo du landest, wenn du nicht mehr zu retten bist. Du hast keine Ahnung, was da auf mich zukommt. Ich leider schon. Ich habe sie gesehen, die Sterbenden, die Röchelnden, die vom Tod Gezeichneten. Ihre gelben, eingefallenen Gesichter. Die kraftlosen Körper, die zu nichts mehr taugen, außer weh zu tun. Drei Frauen mit meiner Diagnose haben den ersten Chemozyklus nicht überlebt. Eine starb im Bett neben mir. Sie hat nach ihrer Mutter gerufen, stundenlang. Ich hätte ihr am liebsten ein Kissen aufs Gesicht gedrückt, um ihr das alles zu ersparen. Auf der 6b stehen die Türen halb offen, und wenn du nachts über den Flur gehst, hörst du die letzten Atemzüge der Sterbenden. Am nächsten Morgen steht eine Kerze am Stationsempfang, und die Schwestern packen die persönlichen Dinge in eine Kiste. Fotos der Liebsten, Bücher mit Widmungen, Stofftiere aus der Kindheit. Der Bestatter nimmt den Leichnam mit, und das Einzige, was dann noch an diesen Menschen erinnert, ist diese Scheiß-Kerze auf der 6b, die die Nachtschwester irgendwann auspustet. Du willst mich trösten. Aber ich werde sehr bald dein Albtraum sein. Ich will das nicht. Du musst wissen, dass du dir keine Sorgen zu machen brauchst. Wenn es so weit ist, dann werde ich rechtzeitig verschwinden. Ich würde nie von dir oder sonst jemandem erwarten, bis zum bitteren Ende bei mir zu bleiben.»

«Das sehe ich anders. Ich will, dass du bis zum Ende bei mir bist. Egal, was noch kommt, und egal, ob es dein Ende ist oder meins. Ich will, dass du meine Hand hältst. Und du kannst dir bei einem ganz sicher sein: Wenn du verschwinden solltest, werde ich dich finden.»

## FRÜHER HABEN WIR AUF ANRUFE GEWARTET. HEUTE WARTEN WIR AUF UNTERSUCHUNGSERGEBNISSE

Der Sommer wollte nicht enden.

Der August gehört bei uns im Norden ja offiziell schon zum Herbst. Ich habe es erlebt, dass Freibäder entnervt von Dauerregen und Niedrigtemperaturen schon Mitte Juli schlossen und ich die Winterschuhe, die ich gerade erst in den Keller getragen hatte, wieder an den Füßen hatte, bevor die Sommerferien vorbei gewesen waren. Aber in diesem Jahr hatte praktisch von April bis jetzt, Anfang September, die Sonne geschienen; sogar die Nächte waren immer noch tropisch warm. Die Blätter an den Bäumen waren vertrocknet, sodass es an einigen Stellen der Stadt aussah, als wäre es bereits goldener Oktober.

Gelbes Laub lag auf den schwitzenden Straßen, und es roch nach warmem Teer, ein Geruch, den ich automatisch mit Kindheit verbinde, so wie den Geruch von Popcorn, Grüner-Apfel-Shampoo, Luftmatratzen, Kuhkacke und Hagebuttentee.

Ich spazierte mit den beiden Hunden an der Leine durch die Straßen am Heiligen See, in dem Teil von Potsdam, wo die Villen so weiß und prächtig glänzen wie die Zähne im Gebiss von Tom Cruise. Petra und Joe Cocker verstanden sich hervorragend. Sie war die Chefin, er betete sie an. Die perfekte Voraussetzung für ein harmonisches Miteinander. Ich trug Flip-Flops aus dunkelbraunem Leder, ein weites rosafarbenes Leinenkleid ohne Ärmel und eine große Sonnenbrille. So sah ich sonst nur im Urlaub aus.

Anne hatte ich vor einer halben Stunde im Kernspinzentrum abgeliefert. Sie würde den halben Tag lang in diversen Röhren stecken und dann erfahren, ob die Chemotherapie etwas gebracht hatte. Im schlimmsten Fall wäre eine neue Operation nötig. Im allerschlimmsten Fall wäre keine neue Operation mehr möglich.

«Ich rufe dich an, wenn ich mit allem durch bin», hatte Anne gesagt, und ich hatte stumm genickt. Es gab nichts mehr zu sagen, außer: «Viel Glück.»


Joe Cocker verrichtete sein Geschäft vor einer Villa, von der man sich nicht vorstellen konnte, dass darin Menschen leben, die Stuhlgang haben. Verdauung, gar öffentliche, passte irgendwie nicht zu dieser Gegend, und der Hundehaufen auf der Potsdamer Schwanenallee wirkte so deplatziert wie ein Prinz Karneval im Hamburger Senat.

Seit ich im protestantischen Teil Deutschlands lebe, bin ich Jahr für Jahr erschüttert, wie spurlos der Karneval an den Bewohnern dieser Region und am Monat Februar vorbeizieht. Natürlich war das schon immer der unerfreulichste Monat des Jahres. Wetter, Stimmung, Kleidung – alles grau. Ich bin sicher, der Karneval wurde, ähnlich wie Brettspiele und Vorabendserien, aus reiner Langeweile erfunden. Weil im Februar keiner so recht was mit sich anzufangen wusste, rief man, ganz katholisch-pragmatisch, eine «fünfte Jahreszeit» ins Leben. Immerhin ist der Februar kürzer als alle anderen Monate, das muss man ihm zugutehalten. Aber er fühlt sich am längsten an – ganz besonders, seit ich nicht mehr im Rheinland lebe.

Während ich hastig einen Kotbeutel über die Exkremente stülpte, dachte ich an leckere Mutzenmandeln, bezaubernde Tanzmariechen und an Anne, die beim Rosenmontagszug mal eine Familienpackung *Mon Chéri* an die Birne bekommen hatte und den Restkarneval mit einer Gehirnerschütterung im Krankenhaus verbringen musste. Ach, es waren herrliche Zeiten gewesen.

Ich lief weiter und versuchte dabei, den Kotbeutel so selbstbewusst wie eine *Gucci*-Clutch zu tragen. Beim Anblick der größtenteils unterernährten Frauen um mich herum fühlte ich mich allerdings wie eine Landpomeranze auf Freigang. Der Durchschnitts-BMI schien hier im Villenviertel deutlich niedriger als in den Fußgängerzonen von Wedel oder Jülich, und ich blickte in Gesichter, denen man ansah, dass sie älter ausgesehen hätten, hätte man sie sich selbst überlassen.

Indem ich mich innerlich ununterbrochen nach Heiko Schmidt verzehrte, hatte ich zwar rasant abgenommen und im Feuer der noch ungestillten Leidenschaft bereits vier Kilo und eine Kleidergröße verloren; ich bewegte mich damit aber nach den vor Ort geltenden Maßstäben immer noch in einem Bereich, den sich hier eigentlich nur Putzhilfen und Au-pair-Mädchen aus Osteuropa leisten konnten.

Ich bog gerade auf die Seestraße ein, als eine ältere Dame mit einem Husky an der Leine auf mich zusteuerte und freundlich fragte: «Entschuldigung, haben Sie noch Kapazitäten frei?»

Ich schaute überrascht auf ihre spiegelglatte Fassade und ihr erstaunliches Schuhwerk, das ich nicht mal zur Bambi-Verleihung freiwillig getragen hätte. Zehn Meter in diesen hochhackigen Metallicsandaletten mit Blumenapplikation, und man hätte mich schnurstracks in die nächste Orthopädie transportieren und notoperieren müssen.

Ehe ich eine irritierte Gegenfrage stellen konnte, sagte sie immer noch ausgesprochen freundlich, aber jetzt sehr langsam und deutlich artikulierend: «Do you have capacity for one more dog?» Ihr Englisch klang wie das von Lady Violet aus «Downton Abbey».

«Ich spreche Deutsch», antwortete ich eilig und spürte, wie eine dunkle Rötung meinen Hals emporkrabbelte.

«Verzeihung, aber ich suche einen Dogwalker. Und da Sie nur zwei Hunde ausführen, hatte ich die Hoffnung, Sie hätten noch Platz für einen weiteren?»

Das Wort «Dogwalker» klang aus ihrem Mund wie ein Titel, der einem von der Queen verliehen wird. Diese Frau hielt mich für eine professionelle Hundeausführerin. Jener absurde Beruf, der nur entstehen konnte, weil Großstadtmenschen mit wenig Zeit und Etagenwohnungen unbedingt Hunde halten wollen, die in Afrika zur Löwenjagd gezüchtet wurden oder normalerweise riesenhafte Schafherden zusammenhalten, statt an den Fransen von Perserteppichen zu kauen.

«Das sind beides meine Hunde», stotterte ich rumpelig und vermutete, dass mein Gesicht mittlerweile ins Purpurne abdriftete.

«Sie müssen entschuldigen», lachte sie, kein bisschen verlegen. «Weil Sie so praktisch gekleidet sind, dachte ich … na ja, schade. Komm, Edgar.»

Ich schaute ihr betroffen nach. Führt auf zwölf Zentimeter hohen Absätzen und mit der Figur einer Elfjährigen einen Schlittenhund spazieren, der von Natur aus nur ausgelastet und zufrieden ist, wenn er fünf Stunden am Tag durch eisige Kälte düst und dabei schwere Lasten hinter sich herzieht. Das ist so, als hätte man ein Apartment am Canal Grande und würde sich einen Jeep mit Allradantrieb kaufen.

Ich beschloss, mir meine Sommerlaune durch den Zwischenfall mit Edgars Frauchen nicht vermiesen zu lassen. Dogwalker, warum eigentlich nicht? Die sind durchsetzungsstark und gut durchblutet, geerdete Outdoor-Persönlichkeiten mit Führungsqualitäten. Im Grunde ein Kompliment, dass man mir diesen Beruf zutraut. Ich summte entschieden fröhlich vor mich hin, als würde ich im Wald pfeifen. Heute war der Tag der Autosuggestion.

Zuletzt war ich vor ungefähr sechs Jahren am Heiligen See gewesen, ein unerquicklicher Ausflug mit drei Pubertierenden.

Das kleine Holzkreuz stand immer noch da, gleich am Ufer, mittlerweile fast ganz überwuchert von Himbeerranken und hohem Gras. Es war mir schon damals bei dem Spaziergang im Nieselregen aufgefallen, zu dem ich meine Familie gezwungen hatte. «JV» stand darauf in nicht mehr ganz weißen Buchstaben, außerdem das Geburts- und das Sterbejahr. Mir war damals ein Grauen durch den ganzen Körper gekrochen. Mit vier-

Niemals würde Joe einer Ente eine Feder krümmen.

zehn Jahren war hier ein Kind gestorben. Vierzehn. Genauso alt
wie mein Jonathan damals, als wir hier kurz gemeinsam inne-
gehalten hatten.

Ich hatte mich gefragt, ob die Angst um meine Söhne wohl
jemals aufhören würde und ob das Leben der Mutter, die ihr
Kind hier vor mittlerweile zehn Jahren verloren hatte, überhaupt wieder auch nur für eine Sekunde leicht und gut gewesen war. Auch heute fragte ich mich das, und wieder zog sich
mein Herz zusammen, als wolle es in Deckung gehen.

«Ist das Ihr Hund?» Ich war so in Gedanken gewesen, dass
ich nicht bemerkt hatte, wie Joe sich, womöglich um die Pu-
deldame an seiner Seite durch jugendliches Draufgängertum
zu beeindrucken, mit Elan in den See gestürzt und eine Schar
Enten aufgemischt hatte.

Joe Cocker ist eigentlich ein reinrassiger Angsthase. Er
fürchtet sich sogar, wenn sein Magen knurrt. Ab und zu fühlt er
sich von seinem eigenen Schwanz verfolgt, er verbellt moderne
Kunst in Grünanlagen und Denkmäler jeglicher Art. Anderen
Hunden geht er grundsätzlich lieber aus dem Weg, es sei denn,
sie sind angeleint und deutlich kleiner als er. Niemals würde
Joe einer Ente eine Feder krümmen. Dazu fehlt ihm sowohl
der Mut als auch der Appetit. Er ist ein mäkeliger Esser, der
sein Trockenfutter nur mit etwas geriebenem Gruyère zu sich
nimmt.

Ich hätte die Entensituation also entspannt vorübergehen
lassen, wäre da nicht dieser wildgewordene Senior in Shorts
und Kniestrümpfen, mit rot glänzender Glatze und einer leber-
farbenen Gürteltasche vorm Bauch gewesen.

«Nehmen Sie sofort Ihren Köter an die Leine!», brüllte der
Mann mich ansatzlos an und kam dabei meinem Gesicht so

nah, dass ich seinen säuerlichen Atem riechen konnte. Ich wich zurück, stolperte dabei über Petra, die hinter mir in Deckung gegangen war, und kippte mit lächerlich rudernden Armen, den gutgefüllten Kotbeutel mit der rechten Hand starrsinnig umklammernd, Richtung Erdboden.

Man muss es leider so sagen: Wenn eine Frau in meinem Alter hinfällt, sieht das in etwa so aus, als würde ein mit Sand gefüllter Hochwassersack von der Ladefläche eines Lastwagens kippen. Die Zeit des eleganten Abrollens ist eindeutig vorbei, und ich war mir der Würdelosigkeit des Moments leider nur allzu deutlich bewusst. Außerdem musste ich befürchten, mir ernsthaft weh zu tun. Während ich fiel, dachte ich lange über das Leben im Allgemeinen und über das Älterwerden im Besonderen nach. Ich schloss die Augen und spürte, wie die Zeit verging.

Meinen Geburtstagen, sogar den runden, war ich bisher stets unvoreingenommen und unerschrocken entgegengetreten. Sie waren lediglich willkommene Anlässe zum Feiern gewesen, und ich verstehe bis heute nicht, warum manche Frauen ihr Alter so vehement verheimlichen, als handele es sich um ein schmutziges Geheimnis. Sorgen habe ich mir natürlich zeitlebens stets viele und gern gemacht, und ich pflege meine mannigfaltigen Ängste und Neurosen wie andere Leute die Vergissmeinnicht in ihrem Bauerngarten. Aber die Angst vorm Älterwerden gehörte nicht dazu. Bis jetzt.

Seit einigen Wochen umkreisen mich Nachdenklichkeit, Wehmut und Sorgen wie ein Rudel hungriger Wölfe. Ich höre sie nachts heulen und spüre, wie sie langsam näher kommen. Auf einmal fallen sie mir schwer, diese täglichen kleinen und großen Abschiede. Wenn über Nacht eine Falte hinzukommt.

Wenn ich morgens aussehe wie eine Rosine und meine Lendenwirbel sich anfühlen, als seien sie in Stein gemeißelt. Wenn ich, wie Anfang des Jahres beim Neujahrsempfang der Kassenärztlichen Vereinigung, von einem gierigen Lustgreis angesprochen werde, von dem sich herausstellt, dass er nur fünf Jahre älter ist als ich.

Mein Meniskus wurde von einem Chirurgen operiert, der vor gar nicht allzu langer Zeit lediglich ein Follikel war. Meine langjährige Hausärztin ist in Pension gegangen, und die neue sieht aus wie eine minderjährige Fashionbloggerin. In absehbarer Zeit werden meine Ellenbogen unter den sich runzlig über sie senkenden Haut-Faltrollos verschwunden sein. Auch meine Knie verlieren zunehmend an Kontur.

Mir wird zum ersten Mal nicht mehr nur rein theoretisch bewusst, dass weniger Zeit vor mir als hinter mir liegt. Das hat natürlich mit dem Tod meiner Mutter zu tun, an dem sich der unerbittliche und natürliche Lauf der Dinge zeigt und den man nicht guten Gewissens als Tragödie bezeichnen kann, auch wenn es sich in meinem Herzen anders anfühlt.

Annes Krankheit dagegen ist ein vollwertiger Schicksalsschlag. Da geschieht, was nicht geschehen soll. An ihrem Grab werde ich hadern dürfen und Gott verfluchen für diese Schwachstelle in seinem Schöpfungsplan. Ab wann ist ein Tod eigentlich natürlich? Gibt es da genaue Bestimmungen?

Das Alter, der Tod, Alzheimer und Pflegenotstand. Früher ging es in unseren Frauenrunden um den abwesenden Ehemann, das heimliche Verlangen nach dem Nachbarn, den faulen Deutschlehrer, die inkompetente Chefin, brüchige Nägel und marode Beziehungen. Heute sitzt immer mindestens eine am Tisch, die gerade ein Elternteil verloren hat, einen Heimplatz für ihren dementen Vater oder für die pflegebedürftige

Mutter sucht oder eine ernste Krankheit im engeren Freundes-
kreis zu beklagen hat. Paukenschläge der Endlichkeit.

«Habt ihr schon gehört …» – So beginnen jetzt Sätze, die in
der Regel nicht mehr damit enden, dass der Meyer eine Neue,
der Leo eine Vier in Mathe oder der Tennistrainer eine Waden-
zerrung hat. Unsere Sorgen lassen sich nicht mehr bei Prosecco
und Knabberzeug weggiggeln. Früher haben wir auf Anrufe gewartet. Heute warten wir auf Untersuchungsergebnisse.

Unsere Probleme sind nicht mehr frauenromantauglich. Sie
stehen jetzt in feuilletongeeigneten Werken mit Schutzum-
schlägen in verschiedenen Graustufen oder in Sachbüchern
mit neckischen Titeln zu den Themen Darm und Verdauung,
Bewegung und Achtsamkeit, Blutgruppen, selbstgemachte
Smoothies, Superfood und wie man für immer jung bleibt, obwohl man älter wird.

Je näher ich der unsichtbaren Schwelle mit der Aufschrift
«fünfzig» komme, die das Leben in ein «davor» und ein «danach» zu teilen scheint, desto lauter wird das nervtötende
Krakeelen meiner Altersgenossen. Die belästigen mich jetzt
in beunruhigend kurzen Abständen mit Sätzen wie: «Fünfzig
ist das neue vierzig.» Oder: «Das Alter ist doch nur eine Zahl.»
Oder: «Man ist so alt, wie man sich fühlt.» Oder: «Du wirst bald
fünfzig? Das sieht man dir überhaupt nicht an. Du siehst noch
unheimlich gut aus für dein Alter.»

Noch.

Noch drei Millisekunden bis zum Aufprall.

Bei so was brechen schon mal Knochen, Steißbeine oder gar
Genicke.

Zu viel Wein, zu viele Zigaretten, zu viel Industriezucker, zu
wenig Schlaf. Alles Sargnägel. Jedes *Bounty*, jedes Glas Riesling,
jede wache Stunde nach Mitternacht, jedes verdammte *Choco*

*Crossie* hat deine Existenz verkürzt, an der du nun so albern hängst, als gäbe es nichts Wichtigeres im Leben.

Ich sah im Fallen in das immer noch wutverzerrte Gesicht des Herrn mit der Gürteltasche. Sehr bedauerlich, wenn diese groß-flächige Visage mit der porösen Nase das Letzte gewesen wäre, was ich in meinem Leben zu sehen bekommen hätte. Überhaupt war das kein Tod, wie ich ihn für mich vorgesehen hatte. Wie soll man so etwas denn in eine Abschiedsrede einbauen, ohne dass die Trauergäste in hysterisches Kichern ausbrechen? Womöglich würde man meinem Sarg keine Muttererde hinterherwerfen, sondern Kotbeutel.

Noch eine Millisekunde bis zum Aufprall.

War's das jetzt?

«Ich werde mir doch sehr fehlen.» Das ist von Tucholsky. Ich würde es aber vollinhaltlich unterschreiben. Irgendwie möchte ich nach all den Jahren des Zusammenlebens nicht mehr ohne mich sein. Außerdem habe ich noch einiges zu erledigen: Ich möchte Frieden schließen, bevor ich gehe. Frieden mit meiner Frisur, mit dem Tod meines Vaters und den alten Männern, die mich ungebeten in riesenhafte Parklücken einwinken oder mich beschimpfen, weil mein Hund Enten erschreckt. Ich will noch herausfinden, ob ich gut bin, so wie ich bin, und ob das Leben nicht viel besser oder wenigstens ganz anders sein könnte.

Ich will noch Oma werden und einen Roman schreiben, ich will meine Mutter beerdigen, und ich will Anne nicht alleinlassen auf ihrem Weg, der vermutlich ihr letzter sein wird.

Und wieder muss ich an unser Gespräch denken. Geführt im Irgendwo zwischen Würzburg und Kassel, in Anwesenheit von zwei frittierten Fleischbällchen und einem Pudel, in einer Raststätte, in der es nach altem Fett roch. Welcher Satz von

Anne war es bloß gewesen, dessen Bedeutung ich nicht begriffen hatte? Ein absichtslos gegebener Hinweis auf etwas Schicksalhaftes. Irgendwie, keine Ahnung, warum, schien mein Leben davon abzuhängen.

Ich schlug mit einem dumpfen Knirschen auf. Ein hässliches Geräusch, das nichts Gutes erahnen ließ.

Aber zum Glück bin ich so gut gepolstert.

## GLÜCKLICHE MENSCHEN
## SIND LANGWEILIGE MENSCHEN

Ich lehnte mich zurück und ahnte bereits jetzt, wie weh mir morgen alles tun würde. Joe Cocker hatte, durch meinen Sturz alarmiert, von den Enten abgelassen und war aufgeregt um mich herumgesprungen, während der Wutbürger noch ein paar Flüche ausgestoßen hatte und dann schimpfend abgezogen war. Aufgeholfen hatte er mir natürlich nicht.

Ich hatte mich, in meinem ehemals rosafarbenen Kleid, das nun voller Dreck und Grasflecken war, zu einer Bank geschleppt. Meine Hände waren aufgeschürft, und ich konnte fast spüren, wie sich meine gesamte linke Körperhälfte, auf der ich tonnenschwer gelandet war, bereits bläulich verfärbte. Mit einem idealen Body-Mass-Index hätte dieser Sturz übel enden können.

Ich beruhigte mich langsam und stellte mir vor, wie Annes Körper gerade durchleuchtet wurde. Akribisch, Schicht für Schicht, wie Handgepäck von einem besonders pflichtbewussten Flughafenangestellten. Bloß nichts übersehen. Ein Feuerzeug, eine Nagelfeile, Stricknadeln, brennbare Flüssigkeiten? Eine Handgranate, versteckt im Reiseproviant? Wo ist die Terrorzelle? Diese winzige bösartige Mutation, die alles Leben um sie herum zerstören würde, sollte sie nicht rechtzeitig gefunden werden.

Oder war es schon zu spät? War es schon immer zu spät? Von Anfang an alles umsonst? Der Tod bereits unterwegs, nicht mehr aufzuhalten, längst beschlossene Sache? Ich war nicht so optimistisch, wie ich Anne gegenüber getan hatte. Machten wir uns beide etwas vor, wenn wir, wie heute Morgen, untergehakt durch den Frühnebel liefen und uns gegenseitig versicherten, es würde alles gut werden?

Ich hatte gelogen, denn ich erwartete das Schlimmste.

Mit Wahrscheinlichkeitsrechnungen ist es etwas Seltsames. Ich rechne stets mit dem, wovor ich am meisten Angst habe. Egal ob es das Unwahrscheinliche oder das Wahrscheinliche ist. Vielleicht hat das mit Michaels Tod zu tun. Mit dem hatte ich nicht gerechnet. Wie groß war die Wahrscheinlichkeit, dass ein Mann aus Jülich bei einem Urlaub in Peru von einer Schlammlawine getötet wird? Keine einzige Sorge hatte ich mir gemacht. Hatte mit nichts Bösem gerechnet, und doch war das Schrecklichste geschehen. Das würde mir nicht noch mal passieren. Diesmal wollte ich vorbereitet sein. Ich glaubte nicht, dass Anne überleben würde. Meine Angst war statistisch belegbar, geradezu vernünftig.

«Statistik hat nichts mit Wahrheit tun», hatte Martina gesagt. «Menschen überleben gegen jede Wahrscheinlichkeit. Irgendwer muss es ja schaffen. Warum nicht sie?»

Ja, warum eigentlich nicht sie? Es tat mir gut, wie Martina mich in regelmäßigen Abständen daran erinnerte, dass es erst dann lohnt, sich Sorgen zu machen, wenn der Grund zur Sorge eingetroffen ist.

«Kommst du überhaupt mal wieder nach Hause?», hatte sie mich gefragt, und ich hatte gelacht.

«Klar! Innerhalb der nächsten drei bis vier Wochen verkaufe ich das Haus, bringe meine Mutter endgültig unter die Erde und packe hier alles zusammen. Und dann bin ich schon so gut wie zu Hause.»

«Und warum?»

«Wie warum?»

«Was verbindet dich denn noch mit Wedel?»

«Machst du Witze? Mein ganzes Leben findet dort statt. Es ist das Zuhause meiner Kinder, ich habe Bekannte, Freunde, ich habe dich, ich habe Verpflichtungen, den Tennisclub, die Gemeinde.»

«Und Joachim.»

«Ja klar, Joachim natürlich auch.»

«Du hast dich verändert. Und ich weiß nicht, ob ich mir deswegen Sorgen machen soll.»

«Nein, mir geht's gut. Gerade passiert nur so viel gleichzeitig.»

«Bist du nach wie vor entschlossen, deinen Ex-Freund in Münster zu treffen?»

«Wild entschlossen.»

«Ich sage dazu nichts.»

«Das brauchst du gar nicht. Ich kann dich auch so laut und deutlich hören.»


Ich hielt mein Gesicht in die Sonne. Die ganze Stadt wirkte, als würde sie Urlaub machen. Dieser Sommer hatte ein kollektives Feriengefühl ausgelöst, und in meinem Organismus hatte sich eine angenehme südländische Gesinnung ausgebreitet, die es mir ermöglichte, gemächlich in den Tag hineinzuleben und Termine, die ich vor kurzem noch für wichtig gehalten hatte, ungerührt und teilweise sogar unbemerkt verstreichen zu lassen. Als Staat wäre ich längst pleite gewesen.

Es war, als hätte ich eine Auszeit von meinem echten Leben genommen. Ich machte eine Zeitreise, war mir aber selber nicht mehr ganz sicher, in welche Richtung. In die Vergangenheit? Oder in die Zukunft?

Meine Zukunft. Statistisch gesehen würde ich in 33 Jahren sterben. 33 Jahre. Das ist ja nicht gerade wenig. Auch irgendwie erschreckend – denn diese Zeit will ja nicht dösend mit der Hand in der *Chipsletten*-Röhre auf dem Sofa verbracht, sondern bestmöglich genutzt und unheimlich kreativ gestaltet werden. Da denkst du gerade, du hättest das Schlimmste hinter dir, deine Kinder haben ihre Kindheit überlebt, du bist weder pleite noch ernsthaft krank, hast einen Mann, einen Beruf und eine begehbare Küche mit Thermomix – und schon geht der ganze Stress von vorne los.

Ich habe fünfzig Jahre gebraucht, um einen geraden Lidstrich zu ziehen, um Verhandlungen und Streitigkeiten, wenn nötig, zu vertagen, um manchmal erst zu denken und dann zu sprechen, um eine passable Bolognese zu kochen und um einzusehen, dass ich in langen Röcken aussehe wie ein fleischgewordenes Nudelholz. Aber ein Ende des Leistungsdrucks ist nicht abzusehen.

Noch 33 Jahre. Verdammt. Wie fülle ich die Zeit bis dahin bloß sinnvoll? Füße hochlegen ist ja nicht mehr erlaubt, seit die Senioren Silver Ager heißen und die Alpen auf E-Bikes überqueren.

Rührend naiv hatte ich angenommen, dass der Druck irgendwann nachlassen würde. Denn die Peergroup hat einem ja eigentlich ein Leben lang zu schaffen gemacht: Erst waren es die gleichaltrigen Teenager, die bauchfrei trugen und sowohl ein Gewicht als auch einen Abi-Durchschnitt hatten, von dem ich nur träumen konnte. Dann waren es die hochbegabten Kommilitonen, die im rasenden Tempo an mir vorbeizogen; gefolgt von Kollegen, in deren Büro immer noch Licht brannte, wenn ich nach Hause ging. Später traten die anderen Mütter in mein Leben, die immer Möhrenrohkost, Feuchttücher und

Ersatzhosen bei sich trugen und eine Drei in Mathe für eine verbesserungswürdige Note hielten.

Und jetzt, wo ich dachte, ich wäre endlich alt genug, um selbst Bescheid zu wissen, muss ich feststellen, das Altern die neue Trendsportart ist. Schon wieder biegt eine Horde von gleichaltrigen Besserwissern im Stechschritt um die Ecke, die mir einreden wollen, ich müsse mich neu erfinden, es sei nie zu spät, eine Fremdsprache zu lernen, den New-York-Marathon zu laufen, den Wohnsitz zu wechseln, den Kilimandscharo zu besteigen oder Marmelade einzukochen. Denn wer rastet, der rostet, und man ist schließlich immer nur so alt, wie man sich fühlt.

Ich bin 49, und ich fühle mich keinen Tag jünger. Warum sollte ich? Ich habe doch nicht umsonst ein halbes Jahrhundert gelebt, bloß um mich jetzt immer noch jung zu fühlen. Dann hätte ich mich ja jahrelang ganz umsonst damit gequält, zu versuchen, das Leben zu verstehen, eine gute Mischung zu finden aus Revolution und Reife, aus Kompromissen und unsterblichen Träumen und das loszulassen, was man sowieso nicht festhalten kann.

Mein Alter ist keineswegs nur eine Zahl. Es gibt sachdienliche Hinweise, wie lange man schon gelebt hat und wie lang man in etwa noch zu leben hat. Wie viel Zeit man bereits hatte, klüger zu werden, sich selbst kennenzulernen und herauszufinden, was wesentlich ist und worauf es im Leben nicht ankommt.

Fünfzig ist nicht das neue vierzig. Mit fünfzig beginnt die zweite Pubertät – ohne Pickel, dafür mit deutlich weniger Zukunft und schwindendem Unterhautfettgewebe.

Ich schaute auf die Uhr. Kurz nach zwölf. Anne würde nicht vor zwei fertig sein. Ich schickte ihr meinen Standort und machte ein Foto von unseren Hunden, die sich postkartenhaft zu meinen Füßen niedergelegt hatten, dahinter grüne Wiesen, blaues Wasser und ein paar weiße Segelschiffchen. Lächerlich perfekt. Selbst ohne Filter. Wie naive Malerei.

Ich zögerte, das Foto abzuschicken. Will man wissen, wie schön es draußen ist, kurz bevor man in einer Horrorröhre verschwindet?

Meine Oma hatte die letzten Jahre in einem Altenheim gewohnt, das direkt an einen Kindergarten grenzte. Ich hatte es damals irgendwie als pietätlos empfunden, den Senioren den ständigen Anblick beginnenden Lebens vor die alten Nasen zu halten. Aber meine Oma hat es geliebt, den Kindern beim Spielen zuzuschauen, auch von ihrem Sterbebett aus.

Ich glaube, mich würde es verstimmen, zu sehen, wie das Leben ohne mich weitergeht, wie draußen die Müllabfuhr den Restmüll entsorgt, während ich selbst gerade das Zeitliche segne. Anne war da womöglich weniger eitel. Ich schickte ihr das Bild und schrieb dazu:

**Grüße in die Röhre! Draußen scheint die Sonne, wir**
**warten auf dich!**

Aber die Nachricht erreichte sie nicht mehr.

«Und, gibt es schon was Neues?»

«Nein, noch nicht. Das kann auch dauern. Ich melde mich, sobald sie raus ist.» Erdal seufzte in sein Handy. Er hasst es zu warten. Und er ist es auch nicht gewohnt zu warten. Man kann nicht sagen, dass Erdal Starallüren entwickelt hätte, seit er berühmt ist. Für sich selbst war Erdal immer schon berühmt, und die Allüren hatte er längst, bevor er zum Star wurde. Erdal hat immer so fraglos das Beste vom Leben erwartet, dass es das Leben nicht gewagt hatte, ihm Widerworte zu geben oder sich über seine Wünsche hinwegzusetzen. Bis jetzt.

Seine letzte Sendung läuft in drei Wochen. Und ich glaube, Erdal hat immer noch den Eindruck, das Schicksal hätte sich in der Tür vertan, sei aus Versehen im falschen Leben gelandet und würde sich, wenn es den Irrtum erst bemerkt hätte, Entschuldigungen murmelnd wieder daraus zurückziehen.

«Wie geht es dir?», fragte ich ihn. Joe Cocker kaute an Petras Ohr, sie ließ ihn gnädig gewähren.

«Ich mag jetzt nicht über mich sprechen», sagte Erdal und das glaubte ich ihm sogar. Er war in tiefster Sorge. Es gab keinen einzigen Punkt, in dem sich Anne und Erdal ähnlich gewesen wären. Sie zankten sich ständig, sei es über Politik, das Fernsehprogramm, gesunde Ernährung oder Neuerscheinungen auf dem Buchmarkt. Die beiden hatten nichts gemeinsam, außer einer ebenso unerklärlichen wie sehr großen Zuneigung füreinander. Sie hatten sich nicht gesucht und trotzdem gefunden. Sie waren einander begegnet und innerhalb kürzester Zeit zu einem alten, zänkischen Ehepaar geworden, das immer noch Händchen hält. «Sobald Anne da raus und wieder gesund ist, können wir uns sehr gerne wieder meinen Problemen widmen», sagte er.

Gesund? Das Wort tat mir im Herzen weh. Anne würde nicht wieder gesund werden. Wusste Erdal das nicht? Wollte er das nicht wissen? So einen Krebs überlebt keiner. Es ging hier nicht darum, gesund zu werden, sondern so lange wie irgend möglich nicht daran zu sterben. Aber das sagte ich nicht.

«Wie war denn eigentlich euer Ausflug nach Wedel? Du musstest doch euren Dackel abholen. Hast du deinen schockgefrosteten Ehemann getroffen?»

«Joe ist ein Cocker, und ich habe Joachim bei der Hunde-
übergabe gesehen. Es war nett. Er hatte extra Mittagessen gemacht. Nach einer Stunde musste er zum Kongress.»

«Kennen die beiden sich von früher?»

«Flüchtig. Ich hatte schon damals nicht das Gefühl, dass sie
sich so irre gut verstehen.»

«Sie sind sich zu ähnlich. Zwei rationale, ehrgeizige Menschen, die ungern Schwächen zeigen. Die loyal sind, aber nicht
leidenschaftlich. Zuverlässig, aber nicht spontan. Zwei sichere
Banken. Kein Wunder, dass es nicht zu einem Feuerwerk der
Sinne kommt, wenn sie aufeinandertreffen.»

«Ich dachte, du magst Anne?»

«Mögen? Nein, sie ist unmöglich, aber ich liebe diese Frau.
Ich schäme mich fast, es zu sagen, aber ich weiß nicht, ob ich
mich für die gesunde Anne genauso begeistern könnte. Dein
Mann ist mir ja auch immer fremd geblieben. Ich komme
einfach nicht gut klar mit Leuten, die keine Probleme haben.
Oder so tun, als hätten sie keine. Oder zu diskret sind, um ihre
Sorgen mit mir zu teilen. Bei mir erlischt sofort jegliches In-
teresse, wenn mir einer auf die Frage ‹Wie geht's?› antwortet:
‹Danke, alles bestens.› Worüber soll man denn dann noch re-
den? Glückliche Menschen sind langweilige Menschen. Deswegen unterhalte ich mich mit Frauen grundsätzlich lieber als mit
Männern. Ihr seid interessant, weil ihr nie zufrieden seid.»

«Aber man wünscht jemandem keinen Krebs an den Hals,
bloß damit er was zu erzählen hat.»

«Natürlich nicht! Aber unter Beschuss bröckelt die Fassade.
Und bei einigen kommt eine ungeahnt schöne Substanz zum
Vorschein. Ein Schicksalsschlag macht aber nicht aus jedem
einen tiefgründigen Denker. Viele Leute sind sehr krank und
trotzdem sehr langweilig.»

Ich musste lachen. Erdal hatte eine Art, die Dinge auf den Punkt zu bringen, brutal und ehrlich, die ich sehr schätzte. Gerade bei Gesellschaften, in denen es Platzteller, gefaltete Stoffservietten, gepflegte Gespräche und Sorbet zum Nachtisch gab, war er manches Mal auffällig geworden. Joachim hatte Erdal immer für respektlos, egozentrisch und indiskret gehalten. Und damit hatte er natürlich völlig recht.

«Konvention ist der Kitt unserer Zivilisation», hatte er nach einem Abendessen in unserem Haus gesagt, bei dem Erdal ein feuriges Pamphlet gegen die eheliche Treue gehalten und damit etliche Gäste vor den Kopf gestoßen hatte. Untreue, so Erdal, habe doch nichts mit fehlender Liebe zu tun. Nur innerlich unbewegliche Charaktere würden Ehebruch noch für einen Grund halten, den Partner zu verlassen. Er selbst sei nur aus zwei Gründen treu: Hygiene und Faulheit.

«Partnerschaft bedeutet, dass man sich an bewährte Regeln hält», hatte Joachim beherrscht entgegnet. «Und damit meine ich nicht nur Treue. Man ist sich ja auch einig, dass man sich nicht schlägt. Leute, die es normal finden, sich zu betrügen, müssten es auch normal finden, wenn man sich ab und zu mal eine scheuert. Man muss sich in einer Beziehung aufeinander verlassen können. Auch darauf, dass der Partner nicht dem erstbesten Außenreiz nachgibt. Fremdgehen ist eine Impulskontrollstörung.»

«Und Treueschwüre und Gewissensbisse sind was für junge Leute», hatte Erdal erwidert. «Wer sich in unserem Alter noch über Untreue aufregt, macht sich lächerlich. Wer bist du denn, Joachim, dass man dich nicht betrügen darf? Ein Sechser im Lotto? Der ultimative Traumtyp, der alle Bedürfnisse stillt und jede Sehnsucht befriedigt?»

«Sind jetzt auf einmal die Moralischen die Bösen? Das ist

doch so, als würde man angehupt, weil man an einer roten Ampel hält. Es geht in einer Ehe und im Leben nicht darum, jedem Bedürfnis nachzugehen. Das ist natürlich ein dir völlig fremder Ansatz, Erdal.»

«Allerdings», hatte der gerufen und gefragt, ob es noch was zu trinken gäbe, denn er hätte große Sehnsucht nach einem weiteren Glas Sauvignon.

Joachim war schmallippig in den Weinkeller verschwunden, während ich mich mühte, das Thema auf das niedersächsische Schulsystem im Vergleich zu dem in NRW in zu lenken.

Einige Anwesende hatten sich über Erdals Auftritt echauffiert. Joachim war noch Wochen später in seiner Praxis darauf angesprochen worden und hatte mich gebeten, Erdal in Zukunft von unserem Bekanntenkreis fernzuhalten.

«Ist dein Mann zu seinem Kongress gefahren?», fragte Erdal. Petra knurrte Joe Cocker kurz an, und er ließ sich sofort demütig auf den Rücken fallen, alle viere von sich gestreckt. Viel zu devot, um attraktiv zu sein, dachte ich.

«Ja, vier Tage. Zahnbelag in Rostock.»

«Und das glaubst du ihm?»

«Natürlich. Du kennst doch Joachim.»

«Treu bis zum bitteren Ende, meinst du? Wer weiß das schon mit Sicherheit? Der Mann ist deutlich über fünfzig – wenn er noch mal von vorne anfangen will, muss er sich beeilen.»

«Warum sollte Joachim denn von vorne anfangen wollen? Er hat doch alles, was er braucht. Seine Praxis, seine Segeltouren, sein verglastes Haus, mich.»

«Dich? Vielleicht hätte er lieber eine Frau, die ihn liebt? Man könnte es ihm nicht verübeln.»

«Aber ich liebe ihn doch. Also, irgendwie und auf meine Weise. Was soll das denn jetzt?»

«Seit ich dich kenne, reden wir darüber, was dir in deiner Ehe und in deinem Leben alles fehlt. Das Haus ist zu ungemütlich, Wedel zu klein, das Wetter und der Mann sind beide zu kühl. Vor der Schule parken SUVs in zweiter Reihe, die anderen Mütter sind zu dünn, zu konservativ, zu lustfeindlich und zu blond. Du tust so, als seist du ein Hippie, den man zum Beitritt in die CDU gezwungen hat und den man seit zwanzig Jahren nicht austreten lässt.»

«Der Vergleich gefällt mir.»

«Du bist aber kein Hippie. Ich sehe eine Frau, die einen riesigen X5 fährt, obwohl sie längst keine Kinder mehr darin herumchauffieren muss. Ich sehe eine Frau, die Abendessen für 30 Leute ausrichtet, von denen sie 25 nicht ausstehen kann, die aber Implantate von ihrem Mann im Kleinstadtkiefer haben. Ich sehe eine Frau, die sich ihre Pediküre-, Frisör- und Kosmetiktermine auf morgens um acht legt, damit sie einen Grund hat aufzustehen und nicht schmerzlich daran erinnert wird, dass sie keine Schulbrote mehr schmieren muss. Ich sehe eine Frau, die alle Zeit der Welt hätte, etwas ganz Neues und ganz Eigenes anzufangen. Und was tut dieses angebliche Blumenkind? Sie sitzt frierend auf einem eierschalfarbenen Ledersofa in einem grässlichen Bungalow, der wie ein Produkt von Apple aussieht, guckt Serien, wird immer dicker und giftet ihren Mann an, weil der so geblieben ist, wie er von Anfang an war. Du musst dich langsam mal entscheiden: Entweder du bleibst für immer Zahnarztgattin, genießt die Vorzüge, die so ein Leben hat, und nimmst die Nachteile in Kauf, oder du verschrottest deinen SUV und wirst genau die Hippie-Braut, die angeblich in dir steckt.»

Ich war sprachlos. Und zu Tode beleidigt. Und wenn ich meinem ersten Impuls gefolgt wäre, hätte ich aufgelegt und losgeheult. Aber ich hatte nicht fünfzig Jahre des Auflegens und Losheulens hinter mich gebracht, ohne ein paar Reaktionsalternativen in Erwägung zu ziehen. Ich atmete also dreimal tief ein und aus und versuchte, mir vorzustellen, Erdal könne recht haben. Und Erdal war natürlich niemand, der eine Gesprächspause hätte tatenlos verstreichen lassen können.

«Es tut mir leid», sagte er. «Ich weiß nicht, was in mich gefahren ist.»

«Schon gut. Vielleicht hast du recht, zumindest ein kleines bisschen.»

«Natürlich habe ich recht, aber das meinte ich nicht. Heute geht es ausschließlich um Anne, um Leben und Tod. Wenn es bloß schon eine Nachricht gäbe. Dieses Warten macht mich fertig. Hast du auch das Gefühl, dass es jetzt nicht mehr so weitergehen kann wie bisher? Ich will nicht erst Krebs kriegen müssen, um mich zu fragen, was ich falsch gemacht habe. Es muss doch möglich sein, sein Leben zu ändern und sein Wunschgewicht zu erreichen, bevor man im Sterben liegt, oder?»

«Da kommt sie!»

«Was?»

«Anne. Über die Wiese.»

«Wie sieht sie aus?»

«Kann ich nicht genau sagen. Scheiß-Bifokallinsen. Aber ich glaube, sie weint.»

«Oh nein, bitte nicht! Stell mich auf laut!»

Petra hatte ihr Frauchen entdeckt und galoppierte elegant auf sie zu. Joe Cocker rannte tollpatschig hinter ihr her wie ein Opossum hinter einer Antilope.

Annes Gesicht war vom Weinen verzerrt, ihre Augen rot. Wimperntusche hatte sie am Morgen extra keine aufgetragen. «Heute wird geheult, so oder so.»

Sie warf sich in meine Arme, am ganzen Körper zitternd, als stünde sie unter Strom. Mir setzte das Herz aus. Ich atmete nicht, ich dachte nicht, ich sprach nicht. Petra bellte. Joe jaulte. Und Erdal rief aus meinem Handy: «Was ist los?? Anne? Judith? Bitte sagt doch was!!»

Mein Hals war nass von Annes Tränen.

Dann drückte jemand die Pausentaste. Die Welt um uns herum versank und mit ihr alle Geräusche, alle Farben, alles, was sie bis eben noch schön und lebendig gemacht hatte. Zwei, drei, vier Sekunden.

Anne löste sich von mir, griff nach meinem Handgelenk und schrie so laut in mein Telefon, dass ein paar Enten in unserer Nähe empört das Weite suchten: «Ich bin gesund! Kannst du mich hören, Erdal, hörst du mich? Ich bin gesund!!!»

## MAN KANN SICH NICHT ZU FRÜH FREUEN, BLOSS ZU SPÄT

Du hast Angst vor Pickeln, ich vor Metastasen.»

Annes Stimme drang aus den bauschigen Untiefen einer gigantischen Daunendecke zu mir hervor. Ich saß an einem grazilen Schminktischchen vor einem riesenhaften Himmelbett und befand mich auf der Suche nach Hautunreinheiten.

«Unter jedem Dach ein Ach», sagte ich zu Anne, um mich dann wieder grimmig meinem Kinn zu widmen, auf dem ich just einen hässlichen Zeitzeugen des vergangenen Abends entdeckt hatte.

«Ich hätte die Chips nicht essen dürfen. Die setzen sich bei mir immer sofort in die Poren. Am nächsten Morgen sehe ich aus wie Jürgen Prochnow mit sechzehn.» Resigniert schüttelte ich den Kopf. «Falten und Pickel. Die schlechtesten Begleiterscheinungen zweier gegensätzlicher Lebensphasen. Das ist, als würde ich zu meinem Date heute Abend in Stützstrumpfhosen und mit Schulterpolstern gehen.»

«Bloß nicht dran rumdrücken», warnte Anne, doch es war bereits zu spät. Noch nie in meinem ganzen Leben ist es mir gelungen, einen Pickel unangetastet ausheilen zu lassen. Jeder weiß, dass man Pusteln, Furunkel und Mitesser genauso wie Shitstorms im Internet und Männer, die einem an der Ampel die Windschutzscheibe reinigen wollen, konsequent ignorieren muss, um sie möglichst schnell loszuwerden. Reizt man sie, reagieren sie gereizt.

Aber wäre ich ein Mensch, der Pickel in Ruhe lassen könnte, wäre ich auch ein Mensch, der Knabbergebäck, Weinflaschen und Zigarettenpackungen in Ruhe lassen könnte. Dann hätte ich gestern Abend nicht die Tüte *funny-frisch Chipsfrisch ungarisch* fast ganz alleine aufgegessen, mindestens drei Gläser Wein getrunken und etliche Zigaretten zu viel geraucht. Wo immer sich mir die Gelegenheit bietet, mein Suchtpotenzial zu entfalten, nehme ich diese auch in vollem Umfang wahr. Ohne einen Gedanken an die Konsequenzen zu verschwenden. Die in diesem Falle waren, dass ich am Abend verkatert, verpickelt, noch dazu zerbeult und mit grünstichiger Hüfte und dementsprechend verunsichert bei meiner sündhaften Verabredung mit Heiko Schmidt in Münster erscheinen würde.

«Ich glaube, ich sage ab.»

«Gute Idee», antwortete Anne ungerührt und trat auf den Balkon hinaus.

Wir hatten uns für die Tage in Potsdam ein Zimmer über *Airbnb* gemietet. Es lag in einer jener Stadtvillen, vor der die Dampfer bei ihren Sightseeing-Touren über den Jungfernsee langsamer werden, damit die Touristen Fotos von den Gärten machen und sich vorstellen können, wie ihr Leben wäre, wenn es dort stattfände.

Unser Apartment bestand aus zwei ineinander übergehenden Räumen im ersten Stock der Villa, die breiten Fußbodendielen waren weiß gekälkt, die Wände in pudrigem Rosa gestrichen. Das Himmelbett stand vor der Tür zu dem großen Balkon und nahm fast den gesamten hinteren Raum ein. In den hellen Baldachin des Bettes hatte jemand Lichterketten eingenäht, der Hocker vor dem Schminktisch war mit hellgrüner Seide bezogen. Ein Märchen-Mädchen-Zimmer.

Im zweiten Raum standen ein kleiner weißer Schreibtisch

und ein tiefes hellgraues Sofa. Eine Wand war von der Fußleiste bis zum Stuck mit gerahmten Fotografien und ungerahmten Leinwänden dekoriert, dazwischen Postkarten, Wandteller und Kerzenhalter. Ein herrliches Gewimmel, in dem nichts zueinander passte. Perfekt, ohne perfekt sein zu wollen. Genau so hätte ich mich eingerichtet, hätte ich ein Mädchen bekommen oder einen Mann, neben dem ich meine romantische Ader hätte ausleben können.

«Es ist das Zimmer meiner Tochter», hatte die Vermieterin Frau Vogel gesagt, eine hochgewachsene, schlanke Frau um die sechzig, zu der mir auf Anhieb das Adjektiv «gepflegt» eingefallen war. «Das Bad liegt gegenüber. Sie teilen es sich mit einem anderen Gast. Ich wohne im zweiten Stock. In der Gartenwohnung lebt zurzeit eine Syrerin mit ihren drei kleinen Kindern. Küche, Garten, Steg und Kanu sind für alle da. Sie können auch gerne auf Ihrem Balkon frühstücken, er hat Morgensonne. Wenn Sie möchten, bringe ich Ihnen frische Brötchen.»

«Darf ich fragen, wie viele Kinder Sie haben?»

«Vier. Aber die gehen schon lange ihre eigenen Wege. Das Haus ist zu groß für mich, deshalb vermiete ich.»

Ich tapste barfuß und im Nachthemd zu Anne auf den Balkon und deutete vorwurfsvoll auf den Pickel an meinem Kinn, der nach meiner Behandlung zu voller Pracht erblüht war. «Alles deine Schuld. Wenn du ungezügelter wärst und die Chips mitgegessen hättest, sähe ich jetzt nicht so aus. Du musst dich unbedingt mehr gehenlassen.»

«Ich arbeite daran. Aber das Beste, was dir passieren kann, ist, dass Heiko Schmidt bei deinem Anblick die Flucht ergreift und jegliches Interesse an dir und deinem Haus verliert. Dann würde ich deinem Pickel ein Denkmal setzen.»

«Was hast du nur gegen Heiko?»

«Der Mann kommt mir zwielichtig vor. Und seine Frau ist eine Schlange.»

«Du bist gemein.»

«Nur ehrlich.»

«Das kommt in diesem Fall aufs selbe raus.»

«Ich hab Krebs, ich darf das.»

«Damit kommst du nicht mehr durch. Du bist gesund, vergiss das nicht.»

«Ich bin nicht wirklich gesund. Das weißt du, oder?»

«Ja, ich weiß», sagte ich ernst. Die heitere Morgenstimmung war schlagartig dahin. Ich hatte mich daran gewöhnt, dass Annes Gemütslagen sich manchmal innerhalb von Sekunden veränderten: Glück, Angst, Lachen, Weinen, Zorn, Spott, schwarzer Humor, dunkelster Kummer. In Annes Seele herrschte Aprilwetter, und ich stand immer bereit, ihr bei Bedarf einen Regenschirm aufzuspannen, um sie so gut wie möglich zu schützen.

«Ich muss die nächsten zwei Jahre alle drei Monate ins Krankenhaus zum Komplettcheck: Blut, Tumormarker, CT, Ultraschall, Magen- und Darmspiegelung. Das volle Programm. Danach alle sechs Monate. Erst nach fünf Jahren bin ich offiziell geheilt. Und selbst dann können jederzeit wieder Metastasen auftreten.»

«Leute mit deiner Diagnose sterben eigentlich nach viereinhalb Monaten. Du lebst seit fast einem Jahr, und die Wahrscheinlichkeit, dass du überlebst, steigt mit jedem Tag.»

«Ich weiß. Aber ich will mich nicht zu früh freuen.»

«Wann willst du dich denn freuen, wenn nicht jetzt? Man kann sich nicht zu früh freuen, bloß zu spät. Wenn du in drei Monaten stirbst, dann warst du in diesen drei Monaten wenigstens glücklich. Und wenn du nicht stirbst, würdest du dich ärgern, dass du dir fünf Jahre deines Lebens vermiest hast, nur weil du dich nicht zu früh freuen wolltest.»

Anne legte den Arm um mich. «Wann bist du bloß so erwachsen geworden, Judith Monheim? Gestern haben wir noch warmen *Baileys* mit Sprühsahne getrunken und uns gefragt, wie wir am Türsteher im *Checkers* in Düsseldorf vorbeikommen. Und heute? Chemo statt Disco.»

Die Stimmungswolken hatten sich genauso schnell verzogen, wie sie gekommen waren.

«Ich werde mir einen Abdeckstift kaufen, um mit Heiko Schmidt und einem Pickel im Gesicht meinen zweiten Frühling einzuläuten. Es hat sich also gar nicht so viel geändert. Erwachsen kann man nicht rund um die Uhr sein. Lass uns frühstücken. Ich wäre für *Nutella*-Brötchen.»


Wir verbrachten den Vormittag auf dem Steg, ließen uns von der Spätsommersonne bescheinen und von freundlich winkenden Touristen besichtigen, die in Ausflugsdampfern an uns vorbeifuhren.

Was sahen die Leute? Zwei mittelalte Damen auf Liegestühlen, eine mit einem altmodischen Sonnenhut auf dem Kopf, die andere mit *Nutella*-Brötchen in der Hand. Zwei Hunde, ein der Adresslage entsprechender feiner Pudel und ein struppiger Cocker, vermutlich ein Geschöpf aus dem Tierheim, das der Besitzerin zur Nachbesserung des Karmas dienen sollte. Hinter den beiden Frauen eine weiße, weinumrankte Jugendstilvilla, von der aus eine breite Freitreppe, wie man sie aus Kostümfilmen kennt, in den parkartigen Garten führt. Ein Rasensprenger versprüht mit diesem feinen, typischen Geräusch vom Sommer in Adresslagen sein Wasser über den Blumenbeeten. Die beiden Frauen sitzen einträchtig schweigend nebeneinander und halten ihre Gesichter in die Sonne. Freundinnen wahrscheinlich, sicher reich verheiratet und mit Sorgen, die normale Leute Luxus nennen würden. Aus der Ferne betrachtet sahen wir aus wie Menschen, mit denen man gerne tauschen würde.

Als ich nach dem Mittagessen – Salat ohne Dressing, ich hatte die Schmetterlinge in meinem Bauch nicht mit schwerer Kost erschlagen wollen – meinen Koffer holte, warf ich einen letzten, langen Blick in das zauberhafte Zimmer.

Ein Foto auf dem Schreibtisch mit zwei jungen Mädchen, vielleicht vierzehn Jahre alt, aufgenommen unten im Garten auf dem Steg. *Julia und Lena: beste Freundinnen!* stand in kindlicher Schrift darunter.

Wie lange war das wohl her? Zehn Jahre, zwanzig? Welches der Mädchen mochte hier gewohnt haben? Die Blonde, Strahlende mit den langen, leicht gewellten Haaren und den riesengroßen blauen Augen? Oder das Mädchen mit den dunklen, glatten Haaren und dem verträumten Blick, das sich lächelnd an seine Freundin lehnte? Julia oder Lena? Wer von euch hat in dem Himmelbett geschlafen, die vielen Bilder aufgehängt und auf dem Sofa vom Leben geträumt? Hast du an diesem Schreibtisch Vokabeln gelernt, Briefe geschrieben, Herzchen gemalt und stundenlang mit deiner besten Freundin telefoniert, obwohl sie gleich gegenüber wohnte? Hast du an dem Schminktischchen gesessen und dich, so wie ich heute, für einen Abend mit deiner ersten großen Liebe zurechtgemacht? Hattest du auch Herzklopfen und Angst, alles falsch zu machen? Hast du dich getraut, ihm die Wahrheit zu sagen über all das, was dir fehlt und was du fühlst, was du fürchtest und wovon du träumst?

Und wo bist du jetzt? Welche deiner Sehnsüchte haben sich

erfüllt und welche Ängste? Seid ihr immer noch beste Freundinnen? Trefft ihr euch manchmal im Sommer auf diesem Balkon und erinnert euch an damals? Bist du glücklich geworden, Julia oder Lena?

Als ich die Tür zuzog, hatte ich das Gefühl, ein Zuhause zu verlassen.

«Grüßen Sie Ihre Tochter», sagte ich zu unserer Vermieterin.

«Julia war schon lange nicht mehr hier», antwortete sie. «Auf Wiedersehen.»

## GEHÖRT NICHT AUCH MUT DAZU, EINE ZUMUTUNG ZU SEIN?

Wo bleibt bloß mein schlechtes Gewissen? Ich rechne jede Minute mit seiner Ankunft, aber entweder hat es sich verspätet, oder es ist womöglich gänzlich verhindert. Heiko wird in einer halben Stunde da sein.

«Das nennt man sexuelle Angstblüte», hatte Anne gesagt, als ich vor dem Hotel versucht hatte, in meinem relativ engen Kleid leidlich geschmeidig aus ihrem Auto zu steigen. Die schmerzenden blauschwarzen Blutergüsse vom Vortag, jedes Frauenhaus hätte mich mit Kusshand genommen, erleichterten diesen Vorgang nicht.

Angstblüte? Frechheit. Ich erinnere mich dunkel an einen Roman, der so hieß, ich hatte ihn nur widerstrebend zu Ende gelesen. Ein siebzigjähriger Mann, der auf den letzten Metern seine Lebensbilanz versaut, indem er sich den Reizen einer jungen Frau mit ausgewachsenen Brüsten hingibt, und große Mühen darauf verwendet, beim Sex seine Krampfadern zu verbergen. Ein «Sommerfieber» nennt der tolle Greis seine arthritischen Eskapaden und sucht am Ende Trost bei seiner Ehefrau.

Nun gibt es bei mir keine Krampfadern zu verbergen, und ich bin noch nicht siebzig, aber ich habe durchaus Körperteile, die das Licht der Öffentlichkeit zu Recht scheuen, und ich frage mich, worauf ich mich hier einlasse. Leide ich auch an einem Sommerfieber? Bin ich dabei, mich lächerlich zu machen? Bin ich ein Senioren-Vamp mit Rückenbeschwerden und Hammerzeh, der vor dem Verdorren noch ein letztes Mal einen jungen Mann verführen will?

«Junger Mann? Heiko ist fünfzig», hatte Anne mich korrigiert, als ich ihr meine Bedenken dargelegt hatte.

«Sag ich doch. Eine fünfzigjährige Frau ist alt, ein fünfzigjähriger Mann ist jung. Ungerecht, aber wahr.»

«Mach das Licht aus, sei ganz du selbst und vergiss nicht, dass Heiko genauso nervös sein wird wie du.»

«Du meinst, er isst auch seit Tagen nur Salat und hat jetzt Bauchweh von den ganzen Gärgasen? Ich komme mir vor wie ein Silo.»

«Hör auf, dich schlechtzumachen und schon vor dem Kuss zu überlegen, was du danach sagen sollst. Lass dich fallen oder lass es bleiben.»

«Sagt die berühmte Sexologin Dr. Anne Bertram.»

«Glaub mir, ich weiß, wovon ich spreche. Mein bisheriges Sexualleben war eine eher dürftige Performance. Wenn eine weiß, wie man es falsch macht, dann bin ich das.»


Ich betrachte mich im Spiegel. Was ich da sehe, ist auch eine Performance. Die miserable Laienvorstellung einer unterbegabten Grundschülerin, bei der selbst die geladenen Eltern nur sehr verhalten klatschen würden. Soll ich das sein? Möchte ich das sein? Will ich einen Mann, der will, dass ich so bin?

Mein Magen knurrt mich vorwurfsvoll an, als würde er mich nicht wiedererkennen. Das Kleid passt. Aber nicht zu mir. Die hohen Sandalen gehören eher nach Saint-Tropez als in die westfälische Tiefebene. Ich habe noch fünfzehn Minuten Zeit, um mir etwas Neues einfallen zu lassen. Ich schäle mich ächzend und panisch aus meinem bescheuerten Milf-Kostüm und wische mir das etwas zu aufdringliche Gloss von den Lippen.

Den Pickel lasse ich abgedeckt, man muss es auch nicht gleich übertreiben mit der Authentizität.

Vor einem Vierteljahrhundert, als ich mich zuletzt auf dem Markt der großen Gefühle behaupten musste, hieß es, Verliebtsein sei Marketing. «Wenn du geliebt wirst, kannst du so sein, wie du bist. Aber bis dahin musst du bestimmte Spielregeln einhalten, um dich für die zweite Runde zu qualifizieren», hatte mir Anne damals geraten und meine mit Kirschen bedruckten Unterhosen in den Müll geworfen.

Ist das immer noch so? Oder bin ich endlich alt genug, um die Phase der aufwendigen Selbstvermarktung zu überspringen? Darf ich mit der Tür ins Haus fallen, in der Hoffnung, dass mich jemand auffängt? Gehört nicht auch Mut dazu, eine Zumutung zu sein?

Ich ziehe Jeans und ein weißes, etwas zerknittertes Hemd an, das ich zu dem bevorstehenden Anlass einen Knopf weiter offenstehen lasse als sonst. Besser. Ich erinnere mich wieder an mich selbst. Jetzt kann mir keiner mehr vorwerfen, ich sähe verzweifelt aus.

Angstblüte. Unverschämtheit. Noch zehn Minuten.

Ich denke an das Zimmer mit Blick auf den Jungfernsee und an die beiden Mädchen auf dem Foto. Beste Freundinnen. Was ist aus euch geworden?

Ich gebe bei Google die Suchbegriffe *Julia Vogel, Potsdam* und *Jungfernsee* ein. Vielleicht lebt Julia im Ausland und kommt deswegen so selten nach Hause? Vermisst sie ihr Himmelbett und den Blick aufs Wasser?

Ich wünschte, ich hätte so ein Zuhause wie du, mit einer Mutter, die noch auf mich wartet und mein Bett frisch bezieht, wenn ich zu Besuch komme. Ich habe Heimweh nach dem Kindsein, Julia.

Ich finde sie sofort. Langes dunkles Haar, der verträumte Blick. Mai. Vor zehn Jahren. Die Schlagzeile trifft mich ohne Vorwarnung. An Gegenwehr ist nicht zu denken. Treffer. Ich gehe auf der Stelle zu Boden.

Das Kreuz am Seeufer.

JV.

**Traurige Gewissheit am Jungfernsee:**
**14-Jährige tot geborgen**

Segler entdeckten gestern die Leiche von Julia V., sieben Tage nach ihrem Verschwinden. Am Freitagabend war das Mädchen gegen 22 Uhr von ihrem Elternhaus am Jungfernsee zu einer Kanutour gestartet.

Aus ungeklärter Ursache kenterte das Boot mitten auf dem See. Während sich die Freundin ans Ufer retten konnte, fehlte von Julia V. bislang jede Spur.

Gestern Nachmittag gegen 16 Uhr wurde ihre Leiche im Ufergestrüpp entdeckt. Wenig später stellten Schulfreunde von Julia V. ein Kreuz am Ufer auf.

Als ich ein paar Minuten später Heiko die Tür öffne, bin ich nur noch ich selbst beziehungsweise das, was von mir übrig ist.

Zusammengekocht wie ein Fond. Reduziert auf all das Wesentliche, was mich ausmacht in diesem Moment, in dem der Tod eines Kindes, das ich nicht gekannt habe, für mich mehr ist, als ich noch ertragen kann.

Schmerz öffnet das Visier. Schmerz macht wehrlos. Er reißt dir alle Masken vom Gesicht. Er macht den Schutzschild aus Ironie, Schlagfertigkeit und schlauen Bemerkungen durchlässig, der Verletzungen verglühen lassen soll wie Meteoriten beim Eintritt in die Erdatmosphäre.

Seit 45 Jahren auf den Kacheln.

Strategien, die dich unschlagbar machen. Und unnahbar.

Zweimal hatte ich mich fallen lassen, als ich nicht mehr konnte. Vor zwanzig Jahren, als ich am 22. August um 19 Uhr 20 am Hauptbahnhof in Wedel aus dem Zug stieg, er hatte eine knappe halbe Stunde Verspätung gehabt, und mich an Joachims Hals warf, eher wie eine Ertrinkende als wie eine Liebende. Joachim hatte mich aufgefangen, ohne Fragen zu stellen, und mein Leben in die Hand genommen, nachdem es mir entglitten war. Hochzeit, ein neuer Name, drei Kinder, ein Eigenheim, Wohlstand und wohltuende Routinen. Das alles hatte mich gerettet.

Jetzt konnte ich bloß hoffen, dass Heiko ebenfalls ein Retter sein und behutsam umgehen würde mit diesem lädierten, etwas müden Muskel, der mein Herz war und den ich ihm zu Füßen gelegt hatte.

Ich schiebe vorsichtig Heikos Arm beiseite, der schwer und auf schmeichelhafte Weise besitzergreifend auf meiner Hüfte liegt. Es ist fünf Uhr, die Dämmerung hat eingesetzt. Ein paar Fetzen unentschlossenen Morgennebels hängen zwischen den Obstbäumen im Garten, als hätten sie abends den richtigen Zeitpunkt verpasst, nach Hause zu gehen.

Unser Hotel liegt außerhalb von Münster bei Hohenholte, inmitten von Wiesen und Obstbäumen. Die Luft riecht schon ein wenig nach den Äpfeln, die bald reif sein werden. Die Vögel begrüßen den neuen Tag mit engagiertem Gesang. Klingt wie die Zwitscherbox fürs Badezimmer, die mir Anne geschenkt hat, ein Bewegungsmelder mit Vogelstimmen. Wann immer ich das Bad betrete, werde ich von ausgelassenem Tirili begrüßt, als herrsche ewiger Frühling und als beginne gerade ein herrlicher Tag. Jedes Mal freue ich mich und denke gleichzeitig, dass diese digitalen Vögel immer noch Anne zu Ehren singen werden, wenn sie längst tot ist. So wie die Prilblumen, die seit 45 Jahren auf den Kacheln über der Badewanne kleben und einfach immer weiterblühen und uns vermutlich alle überleben werden.

Ich setze mich in den Korbstuhl auf dem Balkon, lege die Füße aufs Geländer und rauche eine verrucht frühe Zigarette. Meine Güte, bin das wirklich ich? Das kommt davon, wenn man ohne Rüstung mit jemandem einschläft: Dann ist man am Morgen bereits unterwegs in ein neues Leben.

Erdal hat recht gehabt, es kann nicht so weitergehen wie bisher. Und es wird auch nicht so weitergehen.

«Du willst deinen Mann nach einer einzigen Nacht mit Heiko Schmidt verlassen?», höre ich Martinas entgeisterte Frage in meinem Innenohr.

Ich sehe mich nicken.

«Judith, das endet in einer Katastrophe! Warte wenigstens noch ab. Es ist zu früh, um so eine Entscheidung zu treffen.»

«Als könnte in meinem Leben irgendwas zu früh sein. Ich bin froh, wenn es nicht schon zu spät ist. Vielleicht stürze ich mich nicht ins Unglück, sondern ins Glück.»

Das schlechte Gewissen kommt mit Macht, aber es kommt zu spät.

## WER PASST NOCH AUF MICH AUF?
## WER LIEBT MICH NOCH MEHR
## ALS SICH SELBST?

Was meinst du damit?»

«Ich hatte einfach kein gutes Gefühl bei der Sache. Es schien mir noch zu früh zu sein.»

«Zu früh? Wie kann irgendwas im Leben einer Fünfzigjährigen zu früh sein?» Erdal lehnt sich mit theatralischem Schwung in den anthrazitfarbenen Ledersitz der Limousine und schüttelt bestürzt den Kopf. «Lass mich rekapitulieren: Judith Rogge trifft ihre Jugendliebe wieder, einen Mann, der sie vor vierunddreißig Jahren verlassen und nie wieder angerufen hat. Die beiden verlieben sich erneut ineinander und verabreden sich in einem romantischen Landhotel, um dort die Nacht zu verbringen. Und was geschieht? Nichts. Und warum geschieht nichts? Weil das Fräulein Judith unpässlich ist. Weil sie sich irgendwie nicht fühlt und nach mehr als dreißig Jahren der Ansicht ist, der Moment der Wiedervereinigung komme zu plötzlich. Habe ich das einigermaßen korrekt wiedergegeben?»

«Du hast doch immer gesagt, ich solle mehr auf meinen Bauch hören. Genau das hab ich getan.»

«Aber doch nicht, wenn dein Bauch dir so einen Unsinn erzählt! Hast du vorher vielleicht nicht genug gegessen? Auf keinen Bauch der Welt ist Verlass, wenn er leer ist. Die Autobahnen in Richtung Kopf bestehen aus Fetten und Kohlenhydraten. Wenn der Magen knurrt, kann das Hirn nichts hören.»

«Es tut mir leid, dass du mit dem Verlauf der Nacht unzufrieden bist. Ich weiß, du hattest auf ‹Shades of Grey›-Szenarien gehofft.»

«Allerdings. Und was höre ich stattdessen? Tiefe Blicke. Vertrautes Schweigen. Arm in Arm eingeschlafen. Meine Güte, so fangen doch keine leidenschaftlichen Liebesgeschichten an.»

«Du wirst dich gedulden müssen. Man muss eine Gelegenheit nicht nutzen, bloß weil sie sich ergibt. Ich hab vierunddreißig Jahre gewartet, da kommt es auf ein paar Wochen nicht an.»

«Wochen? Wieso denn Wochen? Das ist doch nicht normal, Judith. Auf jede Packung Mozartkugeln stürzt du dich wie auf eine Henkersmahlzeit, du kannst keine halbvolle Flasche Wein zurück in den Kühlschrank stellen, und ausgerechnet jetzt fängst du an, dich in Verzicht und Geduld zu üben? Ich mache mir Sorgen um dich, so kenne ich dich gar nicht. Was steckt dahinter? Feigheit? Selbstzweifel? Womöglich Anstand?»

«Ich möchte alles richtig machen und nichts überstürzen. Ich habe Joachim nie betrogen und werde es auch jetzt nicht tun. Ich werde bald mit ihm sprechen, denn das Wichtigste weißt du noch nicht: Ich werde Joachim verlassen.»

Erdal stößt einen tiefen Seufzer aus. «Du hast es also doch herausgefunden.»

«Wie bitte?»

«Das angebliche Seminar in Rostock.»

«Welches angebliche Seminar? Wovon sprichst du?»

«Du willst deinen Mann verlassen, weil du herausgefunden hast, dass er dich betrügt. Ich war von Anfang an der Meinung, dass wir es dir sagen sollten.»

«Herr Küppers, wir wären jetzt am roten Teppich angelangt», sagt unser Fahrer.

«Geben Sie uns bitte noch eine Minute», sage ich. Ich verstehe die Welt nicht mehr, habe aber das beklemmende Gefühl, dass sie dabei ist, wieder mal fundamental aus den Fugen zu geraten.

«Es tut mir leid, aber das geht nicht. Hinter uns warten bereits die nächsten Limousinen. Ich muss Sie bitten, jetzt auszusteigen.»

Ein Security-Mann im dunklen Anzug öffnet die Autotür und hilft mir beim Aussteigen. Der Boden schwankt unter meinen Füßen, und meine Schuhe, neun Zentimeter hohe Jimmy-Choo-Pumps aus der vorvorletzten Saison, vermitteln mir auch nicht das Gefühl, mit beiden Beinen fest im Leben zu stehen.

Erdal greift nach meinem Arm. Er trägt einen minzfarbenen Smoking und eine kanariengelbe Fliege. «Lass uns nach der Preisverleihung darüber reden», murmelt er.

«Wer ist sie?», flüstere ich hysterisch und womöglich einen Hauch zu laut. Wir bewegen uns jetzt auf das Spalier von Fotografen und Fernsehteams zu. Sylvie Meis wirft Kusshände in Richtung der Kameras und dreht sich schimmernd auf der Stelle wie eine Prinzessin in einer Schneekugel.

Mir wird übel. «Sag es mir, Erdal, bitte. Wer ist sie?»

«Ich weiß es nicht. Karsten hat die beiden vor sechs Wochen zufällig an einer Hotelbar in Travemünde gesehen. Sie scheint etwas älter als Joachim zu sein.»

«Etwas älter?», hauche ich erbleichend. Kreislauf, verlass mich nicht.

«Bestimmt Anfang sechzig, aber laut Karsten für ihr Alter sehr gut aussehend. Judith, ich weiß, es ist hart, aber würdest du jetzt bitte lächeln?»

Eine dünne Frau mit dünnem Haar und dünnem Kleid, offenbar die Roter-Teppich-Beauftragte der Veranstaltung, gibt uns eindringlich Zeichen, wir möchten doch bitte vor den Fotografen Aufstellung nehmen. Und so gerät mein erster und einziger Auftritt auf dem Laufsteg der Stars zu einem unvergesslichen Fiasko.

Erdal wird später vergeblich versuchen, die schlimmsten Fotos vom Markt zu kaufen, und in der *Gala* wird zu lesen sein: «Erdal Küppers, Moderator der abgesetzten Show ‹Erdal kocht nicht›, besuchte die Verleihung des Deutschen Fernsehpreises in Begleitung einer in Tränen aufgelösten Unbekannten.»

Ich weiß nicht mehr, wie ich es zu den Toiletten geschafft habe. Erdal hatte mir nahegelegt, mich vor Beginn der Veranstaltung in die Waschräume zurückzuziehen. Es war ihm sehr daran gelegen, mich so schnell wie möglich aus dem Rampenlicht zu entfernen. Ein live vom roten Teppich sendendes RTL-Team hatte mich trotzdem offenbar in Großaufnahme erwischt, denn jetzt, zwei Minuten später, während ich heulend auf dem Promiklo sitze, gehen bereits erste besorgte Nachrichten meiner Freundinnen ein.

Judith, was sind das für Horrorfotos von dir auf Facebook? Bitte melde dich, ich mache mir Sorgen!, schreibt Anne.

Was sind das für Sachen in deinem Gesicht? Entferne sie umgehend und schreib mir, was los ist!, textet Martina.

Schatz, du hast nie besser ausgesehen! Hab einen schönen Abend!, schreibt Agnes, die Schriftführerin des Wedeler Rotary-Clubs, eine falsche Schlange, die mich mal für meinen frischen Teint gelobt hat, als mein Gesicht aufgrund einer allergischen Reaktion über und über mit rosa Pusteln übersät gewesen war. Agnes hat die Gabe, Komplimente wie kleine tödliche Giftdosen zu verteilen. Ein Lob aus ihrem Mund ist das Schlimmste, was dir passieren kann.

Ein hastiger Blick in den Taschenspiegel bestätigt meine übelsten Befürchtungen: Die künstlichen Wimpern, die mir

Erdals Maskenbildnerin in liebevoller Kleinstarbeit zwischen meine eigenen Stummel geklebt hat, sind von der Tränenflut mitgerissen und wie ein Haufen abgerissener Spinnenbeine über mein fleckiges Gesicht verteilt worden. Durch mein Make-up ziehen sich tiefe Spuren der Verwüstung, Teile der Foundation sind bis zum Hals hinabgespült worden, während sich die Wimperntusche rund um die Augen verteilt hat und mir das Aussehen einer misslungenen Kreuzung zwischen Alice Cooper und einem depressiven Panda verleiht. Ich gleiche einem mittelalterlichen Schlachtfeld.

So kann ich unmöglich in den Saal gehen. Erdal hat Plätze in der zweiten Reihe. Ich werde zum Gespött der ganzen Nation werden, und Joachim wird mit seiner gut erhaltenen Liebhaberin vor dem Fernseher sitzen und sich sorgen, ob ich eine Trennung womöglich mental nicht verkrafte.

«Gut, dass du einen Ehevertrag hast, Schatz», wird die Seniorin, die meinem Mann den Kopf verdreht hatte, erschauernd seufzen. Und Joachim wird nicken, betroffen auf ein anderes Programm umschalten und sagen: «Ich kann das nicht mitansehen, schließlich ist sie immer noch die Mutter meiner Kinder.»

SMS von Erdal.

Liebchen, ich warte auf dich vorm Damenklo. Wir müssen in fünf Minuten unsere Plätze einnehmen.
Ich kann nicht!
Du musst! Ein freier Platz in der zweiten Reihe ist eine Katastrophe! Bitte!
Ich sehe schrecklich aus.
Egal. Kaltes Wasser ins Gesicht, Puder drüber, Augen zu und durch.

„Meine Damen, ohne Ihre Hilfe bin ich verloren."

Ich schaue in meine winzige Handtasche. Es ist eine üble Unsitte, dass man zu Abendkleidern keine Taschen von ernstzunehmender Größe tragen darf. Was soll man denn bitte schön in diesen briefmarkengroßen Dingern transportieren? In meiner befinden sich lediglich ein Lippenstift, eine EC-Karte und ein Taschenspiegel, der mir immer wieder aufs Neue bestätigt, dass ich exakt so entsetzlich aussehe, wie ich mich fühle.

Ich trete verzweifelt und zu allem bereit aus meiner Klokabine und sage: «Meine Damen, ohne Ihre Hilfe bin ich verloren.»

Viereinhalb Minuten später nehme ich perfekt geschminkt neben Erdal in der zweiten Reihe des Kölner Palladiums Platz.

Wer je die Solidarität erleben durfte, die auf Frauentoiletten herrscht, der wird nie wieder einen Zweifel daran haben, dass die Zukunft weiblich ist.

«Du siehst großartig aus», sagt Erdal. «Und eines noch: Dafür, dass du Joachim sowieso nicht mehr liebst, regst du dich etwas zu sehr darüber auf, dass er dich auch nicht mehr liebt.»

Ich lehne mich zurück. Die Show kann beginnen.

Ich kann ja später weiterweinen.


Während Barbara Schöneberger die funkelnde Showtreppe herunterkommt und ihre Moderation beginnt, bemühe ich mich um Rationalität. Es schadet ja manchmal nicht, sich an den verfügbaren Fakten zu orientieren und womöglich Besonnenheit walten zu lassen – besonders, da ich mein Make-up ungern zum zweiten Mal ruinieren möchte. Es ist also den äußeren Umständen zu verdanken, dass ich tief durchatme und meine Gedanken sortiere. Also: Warum genau rege ich mich so auf?

Ist es gekränkte Eitelkeit oder echter Kummer? Liebe ich Joachim noch, oder will ich bloß nicht, dass er aufhört, mich zu lieben? Da ich mich entschlossen habe, ein neues Leben ohne ihn zu beginnen, könnte es mir doch egal sein, dass er offenbar auch vorhat, ein neues Leben ohne mich zu beginnen. Ich könnte mich sogar für ihn freuen. Das Timing scheint perfekt zu sein. Beide Partner haben zur selben Zeit genug voneinander, finden gleichzeitig jemand Neues und können ohne Rosenkrieg auseinandergehen. Ich sehe uns schon zu viert Weihnachten feiern.

Vorausgesetzt natürlich, dass auch Heiko dazu bereit wäre. Und wichtig wäre, auch diese Kleinigkeit gilt es zu berücksichtigen, dass er sich von Jess trennt. Aber warum sollte er bei ihr bleiben? Er liebt sie nicht, das hat er mehrfach gesagt. Ich könnte das Haus meiner Mutter behalten und mit Heiko wieder da anfangen, wo wir aufgehört haben.

All das hatte ich mir während der Nacht in Heikos Armen ausgemalt. Und er hatte mich in wortlosem Einvernehmen bis zum Morgengrauen gehalten.

Ich stelle mir Joachim vor, wie er in den Armen einer fremden Frau einschläft. Das tut weh, trotz allem. Was hat ihm gefehlt, was hat er gesucht, was hat er gefunden? Warum ist mir nie der Gedanke gekommen, dass er an meiner Seite genauso unzufrieden sein könnte wie ich an seiner?

Wie selbstverständlich hatte ich angenommen, dass sich an dem anfänglichen Stand unserer Beziehung über all die Jahre nichts geändert hatte: Joachim war meine Notlösung, ich war sein Hauptgewinn. Manchmal hatte ich ihn sogar beneidet um sein Leben mit mir, in dem es ihm an nichts mangelte: Er hatte einen Beruf, in dem er erfolgreich war, er hatte drei wohlgeratene Söhne, von denen er annahm, dass sie alle von ihm sind, und er hatte eine Frau, die er liebte. Seine Eltern wohnten in fußläufiger Entfernung, mit zweien seiner besten und ältesten Freunde ging er dreimal die Woche joggen, alle zwei Jahre auf eine Segeltour und jeden ersten Mittwoch im Montag zum Italiener «Don Giovanni».

Aus meiner Sicht führte Joachim ein hinreichend gelungenes Leben. Meines hingegen war Flickwerk, funktional, aber in etwa so schön wie der notdürftig zusammengenähte Fesselballon, mit dem zwei Familien Ende der siebziger Jahre aus der DDR geflohen sind. Mein Fluchtversuch war ebenfalls gelungen, und ich war erstaunlich sanft mit meinem Patchwork-Ballon in einem Wellnessstadtteil von Wedel gelandet, da, wo die Schülerlotsen- und Messdienerkinder wohnen, die Straßen verkehrsberuhigt sind, wo mich die Bäckereiverkäuferin mit

Namen begrüßt und mir der Fleischer seit achtzehn Jahren bei jedem Einkauf drei Bockwürstchen für meine Kinder mitgibt.

Er weiß natürlich, dass meine Söhne nicht mehr bei uns zu Hause leben. Aber womöglich ahnt der sensible Mann, dass meinem Leben und meiner Ehe ohne die Kinder der Kitt abhandengekommen ist, der das Gefüge zusammengehalten hat; und da möchte er meine Lage durch die Einbehaltung der drei Würstchen nicht noch schlimmer machen.

Es spricht nicht für meine Charakterstärke, dass meine Entscheidung, Joachim zu verlassen, in dem Moment ins Wanken gerät, in dem ich befürchten muss, dass er das Gleiche vorhat. Denn eines ist mir völlig klar: Joachim würde sich nicht auf eine harmlose Affäre einlassen. Nichts in seinem Leben ist harmlos. Ihm fehlen die Leichtigkeit, die moralische Flexibilität, der Spaß am Spiel und der Wille zur Lüge – alles Eigenschaften, die man für den professionellen Ehebruch und das Betreiben einer außerehelichen Beziehung braucht. Wir haben uns nie betrogen. Joachim ist anständig, und ich wollte es ihm zuliebe auch sein. Bis jetzt. Wenn Joachim sich heimlich mit einer Frau trifft, dann ist es ernst und unsere Ehe bald vorbei. Er ist nicht der Typ für halbe Sachen.

Ich google möglichst unauffällig nach den Begriffen Zahnstein, Kongress und Rostock. Keine Einträge. Mir steigen schon wieder die Tränen in die Augen.

«Warum hast du mir nichts gesagt?», zische ich Erdal an.

«Karsten war dagegen. Du weißt doch, wie er ist. Er findet, man muss sich aus den Beziehungen anderer Leute raushalten.»

«Aber du bist mein Freund!»

«Ich war in einer schlimmen moralischen Zwickmühle.»

«Es geht ausnahmsweise mal nicht um dich, Erdal!»

«Psssst!» Ein Zeigefinger tippt mir mit hausmeisterlicher Strenge auf die Schulter. Das hasse ich. Kommt gleich hinter altväterlichem In-die-Wange-Kneifen und neckischem Haare-Zerstrubbeln. Da werde ich auf der Stelle zum Tier.

«Fassen Sie mich nicht an!», keife ich ungehalten, wische mir den fiesen Finger vom Leib und drehe mich nach der übergriffigen Person um.

Verona Pooth starrt mich an, als sei ich eine Spinne mit haarigen Beinen, die auf ihrem veilchenfarbenen Satinkopfkissen sitzt. Ich weiß zufälligerweise ganz genau, dass Leute wie Frau Pooth sich tagaus, tagein in nahezu durchsichtigen Negligés auf veilchenfarbenen Satinlaken rekeln, vorausgesetzt, sie rutschen nicht gerade im knappen Höschen ein Treppengeländer runter oder sonnen sich mit einem schillernden Drink und einem Strohhalm zwischen den prallen, feuchten Lippen in Gegenden der Welt, die vom Pauschaltourismus nicht erschlossen sind. Seit ich Kunde bei *Instagram* bin, kenne ich mich aus mit den Lebensgewohnheiten der Reichen und der Schönen.

Zwei, drei Sekunden halte ich Veronas Blick stand und versuche, gefährlich zu gucken. Immerhin besitze ich als eine der wenigen Frauen im Saal noch eine voll funktionsfähige Zornesfalte, die ich nach Belieben einsetzen kann. Jetzt zum Beispiel. Ich lege all die natürliche Abneigung in meinen Gesichtsausdruck, die Frauen mit handelsüblichen Alterserscheinungen Frauen gegenüber empfinden, die aussehen wie ein frisch gestärktes Bettlaken.

*Wir war'n zwei Detektive*
*Die Hüte tief im Gesicht*
*Alle Straßen endlos*
*Barrikaden gab's für uns doch nicht.*

Auf der Bühne steht Udo Lindenberg und singt. Ausgerechnet das Lied, auf das mich Heiko entjungferte und mit dem ich wenig später versuchte, meinen Liebeskummer zu verarbeiten. Zusätzlich waren etliche Flaschen Weißwein für 1,99 Mark pro Liter involviert gewesen, schachtelweise rote Marlboro, die damals noch drei Mark kosteten und an Automaten zu bekommen waren, denen jede Frage nach der Volljährigkeit ihres Gegenübers völlig fremd gewesen wäre.

Sylvie Meis, der ohne ein amtliches Dokument kein moderner Zigarettenautomat glauben würde, dass sie bereits über achtzehn ist, wiegt sich schräg vor mir im Takt.

*Du und ich, das war*
*einfach unschlagbar*
*ein Paar wie Blitz und Donner*
*und immer nur auf brennend heißer Spur*

Frau Meis sieht leider genauso aus wie auf den Fotos von ihr. Ihre Oberarme glänzen, als wären sie frisch mit Tiroler Nussöl eingeschmiert, und die langen blonden Haare sind alle genau da, wo sie sein sollen, genau wie ihre Brüste, die anscheinend völlig ohne Halt auskommen. Ihr feuerrotes Seidenkleid verhüllt den perfekten, schimmernden Körper nur an wenigen, entscheidenden Stellen, und ich frage mich, wie es wohl ist, wenn man als Frau Meis in einer Umkleidekabine steht und die Verkäuferin Sätze sagen hört wie: «Ich schau mal nach, ob wir das noch kleiner dahaben.»

An mir ist noch nie irgendwas zu groß ausgefallen. Ich fand mich zum ersten Mal vor fünfundzwanzig Jahren und etwa fünfzehn Kilos zu dick. Gemessen an den Mädchen, die heute mit sieben ihre erste Diät beginnen und sich bereits mit fünf weigern, uncoole Turnschuhe zu tragen, waren wir damals erfreulich spät dran mit der Erkenntnis, dass unser Aussehen, unser Gewicht und die Marke unseres Sweatshirts in direktem Zusammenhang mit unserer Beliebtheit standen. Unser Schulhof war ein in sich geschlossenes System, auf dem eigene Gesetze und Schönheitsideale herrschten. Wir wussten natürlich, was in Aachen, Köln und Düsseldorf getragen wurde, und versuchten, unseren Eltern klarzumachen, dass es kein menschenwürdiges Leben ohne *Benetton*-Pullover und Robin-Hood-Stiefeletten gäbe. Aber wir mussten unsere harmlosen, übersichtlichen Kleinstadtleben nicht mit den atemberaubenden Existenzen der Starkinder in Hollywood oder London messen. Wir konnten uns nicht täglich, stündlich, minütlich mit dem Rest der Welt vergleichen, und wir wurden nicht mit jedem neu geladenen Feed damit konfrontiert, dass genau jetzt in diesem Moment eine Vielzahl von Menschen den strafferen Arsch, den schöneren Partner und die bessere Laune hat.

Seit ich über einen *Instagram*-Account verfüge, bekomme ich eine Vorstellung davon, wie hart es ist, als heranwachsender Mensch in diesen Zeiten ein gesundes Selbstbewusstsein zu entwickeln, und ich weiß, wie schwer es ist, es als alternder Mensch beim Anblick all der Perfektion nicht wieder zu verlieren. Früher war es lediglich der allmorgendliche Anblick von Steffi aus der Parallelklasse, der mir und meinem Selbstwert zu schaffen machte. Steffi mit der wilden Mähne und den blitzenden Augen. Groß und schlank war sie, lachte lauter als alle anderen. Ich sah, wie sich Jungs und Mädchen nach ihr umdrehten, wenn sie die Stufen unseres altehrwürdigen Gymnasiums hochstieg, in Robin-Hood-Stiefeletten aus Düsseldorf selbstverständlich. Und ich rang mit Neid und Bewunderung und versuchte, ihr zu gefallen, was sie nicht bemerkte.

Hinterm Horizont geht's weiter Ein neuer Tag.

Heute wische ich mich, während ich im Supermarkt in der Schlange stehe, durch Dutzende von glamourösen Leben. Von Julianne Moore zu Heidi Klum, von Kim Kardashian zu Kai Pflaume, von Frauke Ludowig über Verona Pooth, Lady Gaga, Veronica Ferres bis zu Dieter Bohlen. Und wenn ich schließlich an der Kasse stehe und schmallippig Möhren, Stangensellerie, Kohlrabi und Fenchel auf das Band lege, weil ich mir mal wieder eine Suppenwoche verordnet habe, da selbst die Stretchhosen zu spannen anfangen, ist mir bewusst, dass Kim Kardashian im selben Moment auf der Motorhaube eines goldenen Ferrari, Heidi Klum in den Armen ihres fünfzehn Jahre jüngeren Geliebten und Dieter Bohlen mit seiner putzigen Freundin in der Badewanne auf Phuket liegt.

Als aufgeklärte Frau weiß ich natürlich, dass all die schönen

Körper Menschen gehören, die auch älter werden, von rohen Zwiebeln pupsen müssen und Angst vorm Zahnarzt haben. Aber trotzdem verfalle ich regelmäßig, wie schon damals, wenn Steffi über den Flur schwebte, in eine ungute Gemütsmischung aus Abneigung, Neid und Minderwertigkeitsgefühl.

«Es zwingt dich doch keiner, dir diesen Scheiß anzuschauen», schrieb mir Martina, als ich ihr in der Weihnachtszeit, ich war gerade neu bei *Instagram*, sechs Fotos weiblicher Models weitergeleitet hatte, die sich allesamt festlich, aber unzureichend bekleidet unter üppig geschmückten Tannenbäumen rekelten, wodurch mir nicht nur die Unvollkommenheit meines Körpers, sondern auch die meines Tannenbaumes einmal mehr zu Bewusstsein gekommen war.

Aufhören, abschalten, einfach sein lassen – das lässt sich leicht sagen, wenn man eine Frau wie Martina ist, die den *Bachelor* für einen schlechten Rotwein und Carmen Geiss für die Putzfrau aus der «Lindenstraße» hält. Martina beschäftigt sich nicht mit dem Leben fremder Menschen. Sie liest noch nicht mal beim Frisör die *Bunte*, hat weder einen *Facebook*- noch einen *Instagram*-Account, und wenn ich mich mit ihr über die neuesten Entgleisungen im Gesicht von Mickey Rourke echauffieren möchte, fragt sie, wann ich endlich aufhören werde, mich über Dinge und Leute aufzuregen, die mir doch eigentlich völlig egal sein könnten. Selbst wenn ich ihr mit der entlastenden Information komme, dass der Po von Kim Kardashian strenggenommen bloß dick und dellig ist und nur durch professionelle Bildbearbeitung zu einem Markenzeichen wurde, erregt das kaum ihr Interesse.

Unlängst sind Paparazzi-Fotos veröffentlicht worden, die Kim unretuschiert am Strand von Mexiko zeigen. Hunderttausend ihrer Zigmillionen *Instagram*-Follower sagten sich daraufhin empört los, weil sie sich von ihr im wahrsten Sinne des Wortes verarscht fühlten.

«Warum in die Ferne schweifen?», hatte Martina achselzuckend erwidert. «So sehe ich auch aus, wenn ich in Grömitz aus der Ostsee steige. Es interessiert sich nur zum Glück keiner dafür. Bei 98 Prozent der Frauen neigt das Gewebe zu Cellulite. Früher galt das mal als normal. Die hunderttausend Leute, die der armen Frau übelnehmen, dass sie genauso aussieht wie die meisten anderen Frauen, sind Volltrottel. Kein Gesicht, das wir zu sehen bekommen, ist echt. Warum sollte es ausgerechnet ein Arsch sein? Hör auf, dir mit solchen Bildern die Laune zu verderben. Entweder du ärgerst dich, weil die Leute besser aussehen als du. Oder du freust dich, wenn sie mal genauso scheiße aussehen wie wir. Lass es. Schlechtes Karma.»

Da hat Martina natürlich mal wieder völlig recht. Und so ist innerhalb kürzester Zeit ein neuer Punkt auf meiner To-do-Liste entstanden, die ich in Stein meißeln sollte, weil sie den Frauen kommender Millennien Trost und Mahnung sein könnte. Tag für Tag nehme ich mir aufs Neue vor, meine Bildschirmzeit und meine Kalorienzufuhr zu reduzieren, mich mehr zu bewegen und dafür meine Aktivitäten in den sozialen Medien einzuschränken. Und jeden Abend schlafe ich mit einem schlechten Gewissen ein, weil ich wieder viel zu viel getan habe von dem, was ich eigentlich lassen wollte, und viel zu wenig von dem, was ich eigentlich tun wollte.

Selbstverständlich versuche ich, mir und anderen regelmäßig einzureden, dass ich viel zu tiefgründig bin, um mich über Äußerlichkeiten wie Mode und Gewicht zu definieren. Dass ich mir *Instagram* nur zugelegt habe, um auf dem Laufenden zu bleiben. Mir sind selbstverständlich ein klarer Verstand, gute Gespräche, kluge Bücher und analoge Lebensfreude wichtiger.

Aber wenn ich auf meinen Nachttisch schaue, dann liegt da auch nichts Altes von Dostojewski oder Neues von Peter Sloterdijk rum. Für gute Gespräche bin ich abends zu müde und generell zu lange verheiratet, und Lebensfreude artet bei mir meist in Völlerei aus, die ich am nächsten Morgen bereue. Wenn ich ehrlich bin, lehne ich körperbetonte Etui-Kleider nur deshalb ab, weil ich sie nicht tragen kann, und ich verspotte den Trend zum jüngeren Mann nur, weil sich noch nicht mal ältere Männer nach mir umdrehen.

Ausgerechnet Carmen Geiss postete neulich den Satz: «Das, was du über mich denkst, bin nicht ich. Das bist du.» Und da habe ich mich geschämt und ertappt gefühlt bei meinem Bedürfnis, mich über andere zu erheben, bloß um mich selbst etwas weniger klein zu fühlen.

*Wir war'n so richtig Freunde*
*Für die Ewigkeit, das war doch klar*

Erdal packt ergriffen meine Hand. Er ist ein großer Udo-Fan und fiebert dem Refrain entgegen, bei dem er vermutlich aufspringen und voller Inbrunst mitsingen wird. An Erdals Seite muss man sich das Fremdschämen abgewöhnen, sonst kommt man zu nichts anderem.

*Haben die Wolken nicht gesehen*
*Am Horizont, bis es dunkel war*
*Und dann war's passiert*
*Habe es nicht kapiert*
*Ging alles viel zu schnell*
*Doch zwei wie wir*
*Die können sich nie verlier'n*

Und wenn doch? Wolken am Horizont. Ich denke an die drei Tannen im Garten meines Elternhauses und an meine kindliche Sorge, ich könnte jenseits der schützenden Bäume über das Ende der Welt kippen. Vor meinen Augen braut sich ein Gewitter zusammen, der Horizont wird schwarz, und plötzlich springt mich die Vorstellung an, dass das hier kein neuer Anfang ist, sondern der Anfang vom Ende.

Mehr als die Hälfte meines Lebens ist vorbei. Was, wenn es die bessere Hälfte war? Was, wenn es meine Berufung war, drei Kinder zu bekommen, sie großzuziehen und schweren Herzens in die Welt zu entlassen? Was, wenn das Schicksal keine weiteren Aufgaben für mich vorgesehen hat, als am zweiten Weihnachtsfeiertag ein oder mit Glück zwei Söhne zu bekochen, die ihrer alleinstehenden Mutter einen Pflichtbesuch aus Mitleid abstatten? An Heiligabend wären sie selbstverständlich bei den Familien ihrer Freundinnen und am ersten Feiertag bei ihrem Vater und seiner neuen Frau, die in meinem Haus, in meiner Küche und in meinem Backofen einen butterweichen Truthahn mit krosser Haut zaubern würde, so wie er mir kein einziges Mal in zwanzig Jahren gelungen ist.

Ich würde in der tristen Zeit über Silvester einen Cluburlaub in Ägypten buchen und hoffen, dort am für Alleinreisende reservierten Tisch eine Bekanntschaft zu machen, statt einem terroristischen Anschlag zum Opfer zu fallen. Und ich würde beim Abendessen mit müden Augen hinüberschauen zu den bekleckerten Tischen, an denen komplette Familien sitzen. Wo Kinder mit Schnitzel, Pommes, Schokosauce und Sahnetorte auf einem einzigen Teller vom Buffet zurückkehren, wo junge Mütter keine Ahnung haben, wie sehr sie das pubertäre Gemaule ihres Sohnes einmal vermissen werden, und wo Väter sich nach einem Singleurlaub und Sex am Strand sehnen, nicht bedenkend, dass sie nach dem Singleurlaub und dem Sex am Strand möglicherweise in ein leeres Haus zurückkehren und sich dort nach jemandem sehnen würden, der einem vertraut ist und auf die Nerven fällt. Und ich würde selbst zu den gestressten Alleinerziehenden neidvoll rüberschauen, die in der Nahrungskette immer noch weit vor den Alleinreisenden kommen. Einfach, weil sie nicht allein sind. Weil sie sich um jemanden kümmern und weil sie jemanden lieben, der ihnen mehr bedeutet als alles andere.

An Silvester würde ich um Mitternacht mit einer korpulenten Singlefrau aus Witten-Herdecke den Neujahrswalzer tanzen, weil die einzige Alternative ein schmerbäuchiger, greiser Schwabe namens Traugott wäre, der das All-inclusive-Konzept voll auskostet und immer schon mittags betrunken ist.

Joachim würde mit seiner Frau und meinen Kindern den alljährlichen Skiurlaub in Leogang machen, den ich mir nicht mehr leisten können würde, und Heiko Schmidt würde der Mann bleiben, den ich nie habe bekommen können. Ich würde alles verlieren. Und zwar innerhalb der nächsten Tage.

Wie konnte ich auch nur eine Sekunde lang glauben, für mich und Heiko würde es eine gemeinsame Zukunft geben? Ich hatte mich in der Nacht in Münster hinreißen lassen von dem Gefühl, dass eine uralte Vertrautheit uns für immer verbände, und ich hatte mir die romantische Vorstellung erlaubt, dass unsere Liebe nur ein paar Jahrzehnte auf Eis gelegen hätte und jetzt stark und unverwüstlich wiedererblühen würde.

Ich war in Heikos Armen eingeschlafen, nachdem ich ihm mein ganzes Leid geklagt hatte, vom Tod meiner Mutter über Annes Krebserkrankung bis hin zu dem ertrunkenen Mädchen, in dessen Bett ich geschlafen hatte. Heiko hatte nicht viel gesagt. Ich hatte das als wunderbar stilles Einverständnis empfunden. Aber jetzt, hier, mit Verona Pooth im Nacken und Sylvie Meis vor Augen komme ich mir vor wie ein schrottreifes Auto, das von einem Formel-1-Rennen geträumt hat.

Rührend. Peinlich. Lächerlich. Ich verblasse vor meinen eigenen Augen. Wie konnte ich annehmen, ich, Judith Rogge aus Wedel, hätte so was wie einen goldenen Herbst vor mir? Ich war mal eine ziemlich zufriedene Zahnarztgattin, ehe ich meinen anständigen Mann vergraulte, weil ich glaubte, ich hätte was Besseres verdient.

*Hinterm Horizont geht's weiter*
*Ein neuer Tag*
*Hinterm Horizont immer weiter*
*Zusammen sind wir stark*
*Das mit uns ging so tief rein*
*Das kann nie zu Ende sein*
*So was Großes geht nicht einfach so vorbei*

Erdal singt ohrenbetäubend laut und Udo vermutlich auch. Doch, auch so was Großes geht vorbei. Immer wieder geht Großes vorbei, Freundschaft und Liebe und, wenn es irgendwann ganz hart kommt, das Leben. Ich schließe die Augen.

Drei Tannen. Dahinter das Ende der Welt. Wer passt noch auf mich auf? Wer liebt mich noch mehr als sich selbst?

Und dann lässt mich etwas los. Irgendwas oder irgendjemand hört auf, mich zu beschützen. Die Hand, die mich gehalten hat, entgleitet mir. Unvermittelt stürzen sie sich mit geballter Wucht auf mich, all die Untoten der Vergangenheit, all die Chimären der Zukunft, all die Abschiede, die ich in meinem Leben nehmen musste und noch werde nehmen müssen.

Die Trauer um die Verlorenen: Heiko, der grußlos und fast

für immer ging. Mein Vater, dem ich nicht beim Sterben helfen konnte. Michael und mein Lebenstraum, die in einer Schlammlawine erstickten. Meine wunderbaren Kinder, die ich loslassen musste. Die Freundin, die gegen die Statistik kämpft. Und meine Mutter, die sich eines Morgens einfach nicht mehr wecken ließ.

Ihr Körper war kalt gewesen und ihre Haut gelb. Ihr geliebtes Gesicht war eingefallen, die Augen versunken, als seien sie in den Tiefen ihres Kopfes verlorengegangen. Ihre Zähne hatten grotesk hervorgestanden, als wollten sie mich auslachen, weil ich zu spät gekommen war. Ich hatte meine Mutter kaum wiedererkannt. Sie hatte sich auf den Weg gemacht, ohne mir Bescheid zu sagen. Und sie war nicht zurückgekehrt, obwohl ich minutenlang nach ihr gerufen hatte.

Mama!

Ich bin hinter den Tannen.

Hinterm Horizont.

Und es geht nicht weiter.

Da ist niemand mehr.

Ich falle ins Nichts.

Es ist vorbei. Jetzt.

## ZURÜCKKOMMEN IST
## NICHT DASSELBE WIE BLEIBEN

Du hast uns einen riesigen Schrecken eingejagt. Ich wäre fast gestorben.»

«Ich weiß. Tut mir leid.»

«Immerhin wissen wir jetzt, dass wir kerngesund sind.»

Erdals gelbe Fliege hängt um seinen Hals wie ein totes Tier.

Ich liege in einer Sofalandschaft mit Blick auf den nächtlichen Rhein. Karsten und Anne sitzen mir in tiefen Sesseln gegenüber. Erdal hatte die beiden aus dem Notarztwagen angerufen, nachdem ich live und zur besten Sendezeit aus dem Kölner Palladium geflohen war und mich vor dem Gebäude mein Kreislauf verlassen hatte. Noch bevor wir das Krankenhaus erreicht hatten, war ich wieder zu mir gekommen und wurde Zeuge, wie der Arzt Erdal eine Beruhigungsspritze gab.

Im Spital hatte man uns etlichen Tests unterzogen, bis der diensthabende Internist befand, es liege bei uns kein somatischer Befund vor, wir hätten eine klassische Panikattacke gehabt und könnten jetzt nach Hause gehen. Beim Abschied empfahl er uns dringend, eine Paartherapie zu machen.

«Ich bin bereits in Therapie», hatte ich gesagt.

«Wir sind kein Paar», hatte Erdal gesagt. Dann hatte uns Karsten nach Hause gefahren.

«Was ist denn bloß passiert?», fragt Anne.

«Verona Pooth ist schuld», sage ich, und Karsten schaut mich an, als wolle er mir dringend raten, die Therapeutin zu wechseln. «Ich habe mich umgedreht, in ihr perfektes Gesicht gesehen und wahnsinnig Angst bekommen.»

«Eine völlig normale Reaktion aus meiner Sicht», lallt Erdal, in dessen Venen wohl noch immer das Valium sein Unwesen treibt.

«Ich habe an meine Zukunft denken müssen. Ich werde fünfzig und sehe auch so aus. Mein Mann will mich verlassen, meine Kinder sind aus dem Haus, Heiko ist und bleibt verheiratet, meine Mutter ist tot, und plötzlich hatte ich das Gefühl, dass mein Leben vorbei ist und ich einfach nicht mehr mitspielen kann in der Liga der Frauen, die sich auf eine zweite Chance Hoffnung machen dürfen. Ich werde einsam und faltig sterben.»

«Gegen die Einsamkeit hast du mich, und gegen die Falten kann ich dir einen guten Arzt empfehlen», nuschelt Erdal. Dann nickt er kurz ein.

«Wie kommst du darauf, dass Joachim dich verlassen will?», fragt Anne.

«Joachim hat eine Affäre. Er hier kann dir mehr darüber sagen.» Ich schaue Karsten vorwurfsvoll an, und der windet sich in seinem Sessel wie ein Grundschüler, der dabei erwischt worden ist, wie er Popel durch den Raum flitscht.

«Ich habe Joachim in Travemünde an einer Hotelbar mit einer Frau gesehen. Es war das Wochenende, an dem er angeblich auf einem Kongress war.»

«Joachim? Das hätte ich ihm nie zugetraut», sagt Anne, einen Hauch beeindruckt.

«Nachdem selbst Lady Di, Uma Thurman und Sylvie Meis betrogen worden sind, darf sich keine von uns mehr sicher fühlen», murmelt Erdal verschlafen. «Du siehst übrigens phantastisch aus, Anne. Der Krebs steht dir ausgezeichnet.»

Ich werfe Erdal einen strafenden und Anne einen kontrollierenden Blick zu. Sie sieht wirklich wie verwandelt aus. Ihre Haltung ist aufrechter als noch vor ein paar Tagen, ihre Haut und ihre Augen glänzen, und selbst die Perücke scheint bester Laune zu sein.

«Der Kongress am vergangenen Wochenende in Rostock, der hat jedenfalls gar nicht stattgefunden», sage ich.

«Vielleicht gibt es eine harmlose Erklärung», sagt Karsten und klingt weder überzeugt noch überzeugend.

«Das können wir ihn gleich selber fragen», gähnt Erdal. «Wenn ich mich recht erinnere, habe ich ihn vor vier, fünf Stunden auch aus dem Notarztwagen angerufen. Ich hatte schließlich meinen und deinen Tod vor Augen. Er müsste jeden Moment hier sein.»

Ich schalte mein Handy ein, das ich vor Beginn der Preisverleihung ausgeschaltet hatte. Zweiundzwanzig Anrufe in Abwesenheit. Elf von Martina, drei von meinen Söhnen, acht von Joachim. Meine Güte, der arme Mann denkt vielleicht, er wäre bereits Witwer.

Dann fällt mir ein, dass er diese Vorstellung womöglich gar nicht mal so unangenehm findet. Es klingelt an der Tür.


«Komm, lass uns nach Hause fahren.»

Joachim nimmt meinen Arm. Wir stehen am Rhein und schauen auf die beleuchtete, wunderschöne Südbrücke. Joachim und ich sind die wenigen Meter von Erdals Villa aus über die Wiesen ans Ufer spaziert, nachdem ich ihm von meinem Angstanfall erzählt und versichert hatte, dass ich wieder völlig in Ordnung sei, aber etwas frische Luft gebrauchen könne.

«Nach Wedel? Was soll ich da?»

«Was soll die Frage, Judith? Ich weiß, dass der Tod deiner

Mutter dir zu schaffen macht, und Annes Krankheit kommt sicherlich noch erschwerend hinzu. Aber du führst dich auf, als würdest du vor deinem bisherigen Leben davonlaufen wollen. Was ist denn eigentlich los?»

«Dasselbe wollte ich dich fragen.»

«Was soll das denn jetzt?»

Ich möchte mich gerne erwachsen benehmen. Das hier soll keine Szene werden. Ich möchte nicht rumschreien wie ein hysterischer Teenager, ich möchte nicht mit Dingen um mich werfen oder mit meinen Fäusten kindisch gegen Joachims Brust trommeln. Ich will, dass mir diese Situation nicht entgleitet, nicht zu einer nachträglich immer wieder gern erzählten Anekdote verkommt.

Mir fällt Emma Thompson ein, die in dem besten Weihnachtsfilm der Welt, «Tatsächlich Liebe», die betrogene Ehefrau Karen spielt. Ein paar Tage vor Weihnachten entdeckt sie durch Zufall, dass ihr Mann Harry eine wunderschöne Halskette gekauft hat, aber sie behält dieses Wissen für sich. Unter dem Tannenbaum wickelt Karen ihr Geschenk aus: eine Joni-Mitchell-CD. Die Kette war offensichtlich für eine andere Frau bestimmt. Den Kindern zuliebe nimmt sich Karen zusammen und zieht sich kurz ins Schlafzimmer zurück, um zu weinen und ihre Fassung wiederzugewinnen.

Später am Abend spricht sie Harry auf die Kette an. Ohne Vorwürfe, ohne Gekreische, ohne das blockbusterübliche Drama. Sie ist einfach nur ernst und traurig, gefasst, verletzt und ehrlich zu ihm und zu sich selbst. Und auch wenn sie die Betrogene ist, die gestresste Mutter ohne Frisur und im unförmigen Kleid, verliert sie in keinem Moment ihre Würde.

Ich atme tief durch. Ich liebe den Rhein. Ich war hier zu Hause und bin es bis heute.

«Hast du eine Affäre?»

«Was? Wie kommst du denn auf so einen Blödsinn?»

«Bitte, Joachim, mach mir nichts vor. Lass mich nicht um die Wahrheit betteln. Karsten hat dich in Travemünde mit einer Frau gesehen. Und das Seminar in Rostock hat nie stattgefunden. Bitte lüg mich nicht an, das habe ich nicht verdient.»

Joachim öffnet den Mund, besinnt sich dann aber eines Besseren und macht ihn wieder zu. Ich merke, wie er mit sich ringt, und weiß nicht, worauf ich mehr hoffe: auf eine gutgemachte, liebevolle Lüge, mit der wir beide so weiterleben könnten wie bisher. Oder auf die Wahrheit, die innerhalb der nächsten Sekunden alles, was wir gemeinsam hatten, in Frage stellen, durcheinanderwirbeln und in großen Teilen zerstören würde.

Mir wird auf einmal klar, was ich da von ihm verlangt habe, und es tut mir leid. Innerhalb weniger Augenblicke soll er sich entscheiden: Wahrheit oder Lüge? Frau oder Geliebte? Weitermachen oder neu anfangen? Vielleicht kennt er die andere Frau noch nicht lange genug, um sich sicher zu sein, dass sie es wert ist, mich für sie zu verlassen? Vielleicht wollte er sich, pragmatisch, wie er ist, die Zeit nehmen, sich und sie gründlich zu prüfen? Ich weiß ja, wie lange er gebraucht hat, als er von seinem BMW auf Mercedes umsteigen wollte. Ein halbes Jahr lang hat er Modelle, Kosten und Unfallstatistiken verglichen, mindestens ein Dutzend Probefahrten unternommen und etliche Experten befragt. Nur um schließlich weiter BMW zu fahren. Zwinge ich Joachim gerade zu einer Entscheidung, zu der ihm noch die nötige Sachkenntnis fehlt? Ist der Zeitpunkt zu früh?

«Brauchst du mehr Zeit?», frage ich.

Er schüttelt den Kopf. «Nein, ist schon in Ordnung. Ich wollte es dir eigentlich erst sagen, wenn du nach Hause kommst. Du hast gerade zu viel am Hals. Ich dachte, wenn etwas mehr Ruhe eingekehrt ist, würdest du es vielleicht besser ...»

«Verkraften?»

«Nein, besser verstehen. Die Frau in Travemünde war Sandra Schepping. Ich habe sie sogar mehrmals getroffen, weil ich mir ganz sicher sein wollte. Ihr gehörte das Boot, das ich letztes Wochenende gekauft habe.»

«Was'n für 'n Boot?» Ich bin zu perplex, um deutlich zu artikulieren.

«Ein Segelboot, ein sogenannter holländischer Platbodem Schokker mit fünfzehn Meter Länge und einem Vier-Zylinder-Innenbordermotor. Das Boot hat vier Kabinen mit insgesamt acht Schlafplätzen. Es ist hochseetauglich, bestens in Schuss und ...»

«Aber ...»

«Judith, es war eine einmalige Gelegenheit. Ich konnte die Frau sogar noch runterhandeln. Alles in allem habe ich nur sechzigtausend Euro zahlen müssen.»

«Du hast sechzigtausend Euro für einen Plattschocker ausgegeben?»

«Platbodem Schokker. Den Liegeplatz in Travemünde kann ich auch übernehmen.»

«Aber warum?»

«Wie warum? Ich sage doch, die Gelegenheit war günstig und ...»

«Du kaufst ja auch keine Betonmischmaschine, nur weil sich die Gelegenheit ergibt. Was willst du mit dem Boot?»

Joachim atmet tief durch, und ich ahne, dass das eigentliche Geständnis erst jetzt folgen wird. Ich mache mich gerade und spanne meine wenigen verbliebenen Bauchmuskeln an. Ich rechne mit einem Tiefschlag. Zu Recht.

«Ich werde mit Annemieke im nächsten Frühjahr zwei Monate in der Ägäis segeln», sagt Joachim und schaut auf seine Schuhe.

Mir wird wieder ein wenig schwindelig, aber an meinem Mann mag ich mich nicht mehr festhalten. Annemieke. Schon der Name ist wie ein Schlag in das Gesicht für eine Frau mit Orangenhaut an den Oberarmen. Annemieke klingt blond und unbeschwert und unkompliziert. Nichts davon war ich je. Ich hasse Annemieke schon jetzt und halte es für ausgeschlossen, dass ich jemals mit ihr Weihnachten feiern werde.

«Ich weiß nicht, was ich dazu sagen soll», sage ich wahrheitsgemäß, jetzt allerdings doch langsam am Rande des Nervenzusammenbruchs. Mein Joachim, den ich für rundum anständig und für meinen Fels in der Brandung gehalten habe, hat sich tatsächlich gegen mich entschieden. Ohne Vorwarnung, ohne Verhandlungsspielraum. Von wegen Risikovermeidung und Reizarmut. Das ist definitiv nicht mehr der Mann, den ich geheiratet habe.

«Ich hätte nicht gedacht, dass du so ein Riesenarschloch bist!», bricht es dann aus mir heraus. Meiner Erinnerung nach hat Emma Thompson die Situation souveräner gemeistert.

«Judith, bitte, lass uns das doch wie zwei Erwachsene besprechen», sagt Joachim in dem Ton, in dem er Patienten erklärt, warum ein Zahn gezogen werden muss.

«Du meinst, ich soll es nicht *persönlich* nehmen?» Meine Stimme kippt jetzt leider ins Xanthippige. Fare well, Emma Thompson. «Mein Mann schippert mit seiner Neuen durch die Ägäis? Hast du sie nicht mehr alle? Sag deiner Annemieke schöne Grüße, ich wünsche euch viel Spaß. Leinen los!»

«Judith, bitte ...»

«Es *reicht*, Joachim!», schreie ich, jetzt verständlicherweise völlig von Sinnen. «Schlimm genug, dass du sechzigtausend Euro für ein Boot ausgibst, ohne mich zu fragen. Aber dass du mich dann auch noch mit irgendeiner Gouda-Else hintergehst, ist das Letzte! Ich dachte immer, ich könnte mich auf dich verlassen!»

«Erstens bin ich nicht der Meinung, dass ich dich fragen müsste, wofür ich mein Geld ausgebe», sagt Joachim jetzt ausgesprochen frostig. «Und zweitens ist Annemieke keine Gouda-Else, sondern der Name des Schiffes.»

«Was?», kreische ich verblüfft.

«Annemieke wurde 1989 auf einer Werft in Amsterdam gebaut.»

Meine Empörung bricht zusammen, als sei sie von einem Scharfschützen auf offener Straße niedergestreckt worden. Die nachfolgenden Gedanken stolpern über die Leiche und verheddern sich in einem Knäuel aus Gedankenfetzen und Assoziationen.

Amsterdam.

Wir waren mal in Amsterdam. Wir haben eine Grachtentour gemacht. Karl wurde schlecht, und er kotzte die Kroketten wieder aus, die wir kurz zuvor gegessen hatten. Unter einer Brücke stand ein Satz an der Mauer, der mich berührte, ohne dass ich genau gewusst hätte, warum: Terugkomen is niet hetzelfde als blijven.

Zurückkommen ist nicht dasselbe wie bleiben.

Ich bin nicht freiwillig von zu Hause weggegangen. Ich wäre gern geblieben. Kann ich zurück? Nach Hause? Wohin?

Mein Mann hat mich mit einem Boot betrogen. Er hat seinen Lebensplan ohne mich gemacht. Ich habe keinen Plan, kein Boot, gar nichts. Die Eifersucht steigt in mir hoch. Annemieke. Kotze. Kroketten.

Und dann muss ich daran denken, wie ich mit Anne im fahlen Licht einer Raststätte Kroketten und Krautsalat gegessen habe. Wir sprachen an dem Tag darüber, dass Anne Michael nicht geliebt und sich schon vor seinem Tod gegen ihn entschieden hatte.

Was genau hatte sie gesagt? Es ging um ihre Pläne, erst Karriere, dann Familie. *All das wäre mit Michael nicht gegangen.* Und es sei eine besondere Ironie des Schicksals gewesen, dass sie trotzdem keine Kinder bekommen habe. Und dann fällt es mir plötzlich ein, und der Boden unter meinen Füßen beginnt zu schwanken. Ich bekomme den Satz zu packen und ziehe ihn wie einen Ertrinkenden zurück ans Ufer meines Bewusstseins. Seine Bedeutung wird mir schlagartig klar.

Hatte ich Anne richtig verstanden? Dann bestand die Möglichkeit, dass sich in diesem Satz eine Ungeheuerlichkeit verbarg.

«Lass uns reingehen, Joachim, ich hab kalt.»

## ICH DACHTE ZWANZIG JAHRE LANG, ICH WÜRDE MIT EINER LÜGE LEBEN. DABEI WAR ES DIE WAHRHEIT

Ich würde jetzt gerne bügeln.

Nichts beruhigt die Nerven so zuverlässig wie das rhythmische Schmatzen eines Dampfbügeleisens in Verbindung mit der Genugtuung, die es meinem hausfraulichen Gemüt bereitet, ein knitteriges Textil nach und nach in eine faltenfreie Schönheit zu verwandeln. Ich denke, es ist nicht übertrieben zu sagen, dass Joachims Oberhemden mehrfach unsere Ehe gerettet haben, und die Tatsache, dass ich phasenweise sogar Baby-Bodys gebügelt habe, belegt, wie zerrüttet die Nerven einer jungen Mutter sein können.

Leider gibt es hier nichts zu bügeln. Die wenigen Kleidungsstücke, die ich aus Wedel mitgebracht habe – ich hatte ja ursprünglich nur ein paar Tage bleiben wollen –, sind einwandfrei glatt und hängen im Kleiderschrank in meinem Kinderzimmer. Im Wäschekorb im Keller liegen zwar ein paar frisch gewaschene Schürzen meiner Mutter, aber die Kleidung einer Toten zu bügeln erscheint mir in meinem erregten Zustand kontraproduktiv.

Wahllos öffne ich ein paar Kellerschränke, stoße auf Weihnachtsdeko aus den frühen Siebzigern, das Akkordeon meines Opas und einen Karton mit angebrochenen Farbdosen, die augenscheinlich aus dem letzten Jahrhundert stammen. Die traurige Dosengesellschaft dokumentiert eindrucksvoll den schlechten Geschmack meiner Eltern und wie er sich über die Jahre wacker und gegen jeglichen Zeitgeist behauptet hat. Da ist noch ein Rest des nacktschneckenfarbenen Ockers, in dem ihr Schlafzimmer seit vierzig Jahren gestrichen ist, und auch von dem Säuglingsdurchfallbraun des Flurs ist noch was übrig. Zwischen den vielen, schmeichelhaft würde man sagen, «Naturtönen» sticht eine Dose mit der Farbbezeichnung «Flieder» heraus wie ein Veilchen zwischen Kartoffeln.

Ich erinnere mich gut an meine Fliederphase. Ich war vierzehn und durchlebte zwei Monate als engagierte Frauenrechtlerin. Lila in allen Varianten galt als die Farbe der emanzipierten Frau, und ich hatte beschlossen, meiner Gesinnung auch nach außen hin Ausdruck zu verleihen. Ich entschied mich für die feministische Light-Version und strich mein Fahrrad fliederfarben.

Das ist wohl auch der Grund, warum mein Fahrrad das einzige im weiteren Umkreis war, das nie geklaut wurde. Es blieb quasi die Jungfrau unter den Fahrrädern der Nachbarschaft, obschon ich es oft genug nicht mal abgeschlossen hatte. Mit fünfzehn bekam ich ein Mofa, und die Sache der Emanzipation legte ich in dem Augenblick bis auf weiteres auf Eis, als Heiko mich zum ersten Mal küsste, statt mir Nachhilfe in Mathe zu geben.

Der Topf mit der Fliederfarbe wurde damals sorgfältig verschlossen, vermutlich von meinem Vater, der in unserer Familie auch für das Wiederverschließen von Zahnpastatuben, Flaschen, Cremes und Marmeladengläsern zuständig war. Meine Mutter und ich ließen die Dinge gern offen. Selbst unsere Haustür war tagsüber, wenn mein Vater nicht da war, die meiste Zeit unverschlossen.

«Wenn ich im Garten oder im Keller bin oder Zwiebeln anbrate, höre ich die Klingel nicht», sagte meine Mutter immer, und die Vorstellung, jemand könne mit Hunger, Kummer oder einfach nur mit Gesprächsbedarf vor der verschlossenen Tür stehen und unverrichteter Dinge wieder von dannen ziehen, war ihr unerträglich. Die Tür stand also weit offen, und es kam vor, dass der Postbote die Pakete direkt auf den Küchentisch legte und noch auf einen schnellen Kaffee blieb oder eine Nachbarin sich zum Mittagessen einlud. Bei uns war jeder willkommen, und es gab immer genug zu essen.

In Wedel haben wir Bewegungsmelder an jedem Fenster, eine Direktschaltung zur Polizei, eine Überfalltaste neben dem Ehebett und Lichtsensoren im Garten, die bei jedem arglosen Eichhörnchen aufflammen wie die Stadionbeleuchtung in der Allianz Arena. Ich habe mich nie an das Gefühl gewöhnen können, bewacht werden zu müssen. Beim Betreten des Hauses habe ich so oft vergessen, die Alarmanlage zu entschärfen, dass ich mich inzwischen mit den Leuten vom Sicherheitsdienst duze. Es waren über die Jahre wohl ein Dutzend Polizeieinsätze, die wir bezahlen mussten, weil ein Kleinkind die Notfalltaste gedrückt oder die Putzfrau mit dem Staubsauger dagegengekommen war. Dabei vermute ich bis heute, dass der beste Schutz gegen Einbruch eine offen stehende Tür ist – oder die Farbe Flieder.

Ob ich den Emanzipationsgedanken jetzt, fünfunddreißig Jahre später, wiederaufleben lassen soll? Warum nicht? In Ermangelung von Bügelwäsche und zu versorgenden Kindern könnte ich durchaus noch mal in die Thematik einsteigen. Außerdem wirkt Anstreichen sicherlich ähnlich beruhigend wie Bügeln, hat aber gleichzeitig etwas Zupackendes, Feministisches und Selbstbestimmtes. Dann nehme ich halt mein Leben selber in die Hand, wenn sich kein anderer findet.

Ich werde meine Gedanken bei einer redlichen handwerklichen Tätigkeit ordnen. Ich werde das Gartentor streichen und die Haustür in Zukunft wieder offen stehen lassen. Da fühle ich mich einfach sicherer.

«Warum hast du nie Kinder bekommen?», hatte ich Anne heute Morgen bemüht beiläufig gefragt.

Joachim war nach Wedel zurückgefahren. Ich hatte ihn gebeten, mich die Information mit Annemieke erst mal verdauen zu lassen.

«Es sind nur zwei Monate, das ist ja kein Weltuntergang», hatte Joachim milde lächelnd gesagt. «Und ein Boot ist definitiv keine Bedrohung für unsere Ehe.»

Meine Szene wegen Annemieke hatte mich natürlich in einem unguten Licht dastehen lassen.

Ich hatte mich wie eine hysterische Vierzehnjährige benommen und dadurch viel von meiner Glaubwürdigkeit und meiner besonnenen Ausstrahlung eingebüßt. Trotzdem, und ich glaube, das war auch Joachim klar, ging es hier um viel mehr als um einen Segeltörn auf einem niederländischen Plattfisch. Es ging um unsere Zukunft. Und wenn sich einer ein Boot kauft, obwohl er weiß, dass die andere schon bei einer Alsterrundfahrt seekrank wird, kann man das nicht gerade als die Schaffung gemeinsamer Perspektiven bezeichnen.

Ich würde darüber nachdenken müssen. Aber ehe ich mir über die Zukunft würde Gedanken machen können, musste ich etwas Wichtigeres klären. Meine Vergangenheit.

«Tja, warum habe ich keine Kinder?», hatte Anne gesagt. «Es hat sich, wie man so sagt, nicht ergeben. Mal stimmte der Zeitpunkt nicht, mal war der Mann der falsche. Vielleicht wollte ich auch nicht wirklich Kinder, obwohl ich mir das immer eingeredet habe. Hat halt irgendwie zu meiner Vorstellung eines gelungenen Lebens dazugehört. Aber meine eigene Kindheit war schrecklich, meine Mutter nicht mütterlich und mein Vater ein einziger Horror. Kann gut sein, dass mir mein Unbewusstes einen Strich durch die Rechnung gemacht hat.»

«Und Michael wollte definitiv keine Kinder?»

«Darüber musste der sich ja keine Gedanken machen. Das war doch mit ein Grund, warum ich ihn verlassen wollte. Damals konnte ich mir ein Leben ohne Kinder noch nicht vorstellen.»

«Was meinst du damit, er musste sich darüber keine Gedanken machen?» Das Blut hatte mir in den Ohren gerauscht.

«Weißt du das nicht?»

«Was?»

«Michael hatte mit Anfang zwanzig Mumps. Er war zeugungsunfähig.»

«Oh.» Ich hatte gehofft, nicht schon wieder ohnmächtig zu werden. Ein paar Minuten später warf ich mich im Gästezimmer aufs Bett und wusste nicht, ob ich lachen oder weinen sollte. Also tat ich nichts von beidem, sondern starrte die Decke an, auf der sich freskenhaft mein Leben abzuzeichnen begann.

Mein Sohn Jonathan ist Joachims Sohn. Ich habe zwanzig Jahre lang ein Geheimnis bewahrt, das keines war. Meine Familie ist exakt so normal, wie ich es allen vorgemacht habe. Ich habe in betrügerischer Absicht versehentlich die Realität simuliert. Immer wieder habe ich mich mit schlechtem Gewissen gefragt, ob ich meinem Sohn seine biologische Herkunft vorenthalten darf. Ich habe gelitten, mich geschämt, mich gequält und stattliche Summen in eine Psychotherapie gesteckt, außerdem ein Seminar «Reise zum inneren Kind» besucht und einen

Aufarbeitungskurs «Leben ohne Zurückschauen». Wenn ich ganz ehrlich bin, war ich heimlich auch stolz auf mein Geheimnis, auf dieses dramatische und lesenswerte Kapitel in meiner Biographie, die ansonsten in etwa so fesselnd ist wie der Katalog «Die moderne Hausfrau».

Ich habe mein Kind angeschaut und bin mir vorgekommen wie eine Frau mit einer erzählenswerten Geschichte. Auch wenn ich sie leider niemandem erzählen durfte.

Ich dachte zwanzig Jahre lang, ich würde mit einer Lüge leben. Dabei war es die Wahrheit. Also, das muss mir erst mal jemand nachmachen.


«Hallo, Judith, lang her», sagt eine Stimme direkt hinter mir, und weil ich so in Gedanken versunken bin, lasse ich vor Schreck den Pinsel in den Farbtopf gleiten, wo er mit einem leisen Blubb verschwindet.

«So eine Scheiße», schimpfe ich und drehe mich um.

«Ich freu mich auch, dich zu sehen», sagt Würg, der, so kommt es mir vor, in den letzten zwanzig Jahren noch unansehnlicher geworden ist. Jörg Murphys rotes, lockiges Haar ist nun von grauen Strähnen durchzogen, die seine Frisur leicht verschimmelt wirken lassen. Zu den Sommersprossen haben sich ein paar tiefe Falten und Altersflecken gesellt. Und er hat die Figur eines Mannes, der gerne Bier trinkt und seinen Fernsehsessel liebt.

Wohlwollend könnte man sagen, Würg sieht gesellig aus und könnte in jedem Werbespot für *Guinness* glaubhaft den Wirt eines irischen Pubs verkörpern.

Jörg Murphys Gesicht leuchtet rot auf mich herunter, und mit Schrecken bemerke ich, dass auch mir das Blut in den Kopf schießt. Es gibt nichts Unangenehmeres, als wenn sich zwei

Leute gegenüberstehen, die beide vor Scham rot werden. Sie verstärken ihr Unwohlsein gegenseitig ins Unermessliche und hassen sich dafür, dass der andere seine Schwäche genauso wenig im Griff hat wie man selbst. Wäre ich zehn Jahre jünger, würde ich jetzt die Augen niederschlagen, irgendeine Floskel nuscheln und das Weite suchen. Aber ich bin nicht umsonst älter geworden und habe gelernt, dass es stets der Schadensbegrenzung dient, wenn man sagt, was man sich eigentlich nicht zu sagen traut: die Wahrheit.

«Hallo, Murphy. Ich habe gehofft, dich in meinem Leben nie wiedersehen zu müssen. Ich schäme mich für alles, was ich dir angetan habe. Ganz besonders für die Sache mit dem Brief. Dafür gibt es keine Entschuldigung. Wenn du mir jetzt eine reinhaust und grußlos weitergehst, würde ich das verstehen und dich nicht anzeigen.»

Murphys Gesichtsfarbe vertieft sich zu einem dunklen Rot, das an eingetrockneten Ketchup erinnert. Aber er wendet den Blick nicht ab, ebenso wenig wie ich. Ich glühe wie ein Warnsignal. Wir halten einander aus, wir ringen unsere Schwächen nieder, zwei Tomaten geben nicht auf.

«Danke, Judith. Entschuldigung angenommen», sagt er schließlich. «Wie geht es dir? Ich hab gehört, du wirst das Haus verkaufen?» Unsere Gesichtsfarben normalisieren sich langsam.

«Ja, Heiko hat mir ein gutes Angebot gemacht. Keine Ahnung, was er mit dem alten Ding will.»

«Er braucht dein Grundstück für sein neues Großprojekt, das hat mir gerade heute Morgen Bauer Zimmermann erzählt. Mit dem verhandelt Heiko gleichzeitig über die Wiesen. Die Pläne für die Neubausiedlung sind schon von der Stadt genehmigt.»

*Zwei Tomaten geben nicht auf.*

«Die Wiesen hinter den Tannen? Das wusste ich nicht. Da ist doch deine Werkstatt, oder?» Murphy nickt. Ich fühle mich hintergangen, aber was hatte ich erwartet? Dass Heiko mein Haus aus sentimentalen Gründen kaufen und für dreihundert Euro im Monat an eine Familie mit wenig Einkommen und vielen Kindern vermieten würde? Heiko ist Geschäftsmann und will Geld verdienen. Dagegen ist nichts einzuwenden. Trotzdem behagt mir der Gedanke nicht, Platz zu machen für Häuser mit Panoramafenstern und elektrischen Garagentoren.

Murphy scheint mein Unwohlsein zu spüren und wechselt freundlicherweise das Thema. «Interessante Farbe. Warum streichst du das Gartentor, wenn du das Haus verkaufen willst?»

«Eine Art der Vergangenheitsbewältigung vermutlich. Glaubst du, ein fliederfarbenes Gartentor schwächt meine Verhandlungsposition?»

«Die Farbe hält nicht mal bis zum Notartermin. Ich würde das Tor vorher gründlich anschleifen. Ich habe Schleifpapier in meiner Werkstatt. Wenn du möchtest, hole ich es dir.»

«Darf ich mitkommen? Ich würde gerne mal deine Werkstatt sehen.»

«Klar. Dann können wir den direkten Weg durch euren Garten nehmen.»

Wir gehen an meinem kleinen Häuschen vorbei, das ich plötzlich mit ganz neuem Besitzerstolz ansehe. Der Magnolienbaum im Vorgarten hat bereits ein paar gelbe Blätter. Er ist, zusammen mit den Linden hinten beim Komposthaufen, stets der Erste, der im Herbst das Laub verliert. Im Frühling, wenn er blüht, ist seine Pracht unvergleichlich. Im Gemüsegarten meiner Mutter hangeln sich die Bohnen an Holzstangen empor, ein paar späte Tomaten leuchten zwischen grünen Blättern hervor und der Pflaumenbaum steht da, überladen mit reifen Früchten, wie ein gebückter alter Mann.

«Stand hier nicht mal ein Quittenbaum?», fragt Murphy. Ich schüttele den Kopf.

«Nein, der steht da drüben beziehungsweise das, was noch von ihm übrig ist.»

Ich habe den Quittenbaum geliebt. Er war das Herz des Gartens. Mein Held. Dreißig Jahre später ist mein Held ein Krüppel. Nur noch ein nahezu kahler Stamm ist übrig, der wie ein gespenstischer verknöcherter Finger vorwurfsvoll, aber kraftlos aus dem Rasen ragt.

«Die alte Quitte lässt sich einfach nicht unterkriegen», hatte meine Mutter Jahr für Jahr gesagt. «Jeden Winter denke ich, sie ist tot. Und im Frühling kommen wieder ein paar Triebe aus dem Holz. Ich bringe es nicht übers Herz, sie fällen zu lassen.»

Ich betrachte den versehrten Baum. Wäre er ein Mensch, würde man sagen, er liege im Sterben. Seine Haut ist rissig, und sein Stamm hat sich gesenkt wie ein müdes Haupt zum Schlafen. Er trägt schon lange keine Früchte mehr, und nur wer ihn sehr gut kennt und liebt, so wie ich, erahnt, wie stolz und schön er war.

Das ist ewig her. Alle waren noch am Leben, Papa, Mama, Michael, Herr Kallensee und die Fußpflegerin. Die Dinge geschahen noch zum ersten Mal, und im November roch es im ganzen Haus nach Quittenmarmelade. Mein tapferer Baum, ein Lesezeichen in einem ausgelesenen Buch.

«Du könntest einen neuen pflanzen», sagt Murphy. Joe Cocker kommt auf uns zugerannt, schnuppert an Murphys Hosenbein und beschließt, ihn zu mögen.

Wir steigen hinter den Tannen über den Zaun. Ich tue mich etwas schwer, das Klettern über Zäune gehört nicht zu den Tätigkeiten, die ich noch regelmäßig ausübe, und meine Lendenwirbel jaulen erschrocken auf. Murphy reicht mir die Hand, dann hebt er Joe über den Zaun.

Ich war seit ewigen Zeiten nicht mehr hier. Hinter den Tannen, jenseits des Zaunes, steht ein Fichtenwäldchen. Noch weiter dahinter liegen die nach dem langen Sommer vertrockneten Wiesen. Der Pferdebach, der unser Grundstück unterirdisch durchquert, kommt hier wieder zum Vorschein. Zimmermanns Kühe weiden links von uns, ein paar hundert Meter hinter ihnen steht auf einem Hügel der Bauernhof.

«War das nicht mal ein Stall?», frage ich verblüfft. Wir haben den Bach mit einem für mich ungewöhnlich beherzten Sprung überquert und gehen jetzt auf ein kleines Haus aus Feldsteinen zu. «Das sieht hübsch aus.»

«Danke», sagt Murphy und öffnet die Tür, die abzuschließen er offenbar auch nicht für nötig hält. «Du hast recht, das hier war mal ein Stall. Ich habe ihn von Bauer Zimmermann gemietet und umgebaut. Jetzt ist meine Werkstatt darin, eine Küche, ein Bad und zwei Zimmer. Der Holzboden kommt aus einem Herrenhaus in Holland. Die Türen habe ich auf einem Flohmarkt in Brüssel gefunden, die Lampen auch.»

Der Werkstattraum ist groß und hell, riesige, bis an die Decke reichende Metallschränke stehen darin, außerdem mehrere Arbeitstische und eine Vielzahl von Werkzeugen und Maschinen.

«Was machst du denn eigentlich genau?»

«Och, so ziemlich alles. Von Haus aus bin ich ja Elektriker. Aber ich kenne mich auch ganz gut mit Holz, Metall und Mauern aus. Und gärtnern tue ich schon, seit ich ein Kind bin.»

Als Zahnarztgattin hat man es nicht oft mit Männern zu tun, die keine Fachkraft herbeirufen müssen, sobald es gilt, ein Weinregal aufzubauen, die dimmbaren Downlights im Flur auszuwechseln, einen verstopften Abfluss zu reinigen oder einen begehbaren Kleiderschrank zu streichen.

«Toll», sage ich. Murphy strahlt geschmeichelt. Wenn er lächelt, könnte man fast vergessen, wie hässlich er ist.

«Hier ist Annes Zimmer, und hier wohne ich.» Auf Annes gemachtem Bett liegen Kleider in wüstem Durcheinander. Das Bett in Murphys Zimmer wird ganz offensichtlich von zwei Personen benutzt und sieht auf geradezu liederliche Weise zerwühlt aus.

Ich schaue Murphy überrascht an, und sein Gesicht flammt auf wie das eines Pubertierenden, der von seiner Mutter beim Pornogucken überrascht wird. Im selben Moment geht die Haustür auf. «Murphy-Schatz, ich bin wieder zu Hause!»

Wir sitzen zu dritt vor Murphys Haus, schauen über die Wiesen im Abendlicht, lassen uns von den wiederkäuenden Kühen beglotzen und trinken die zweite Flasche Wein.

«Es ist so schön hier», sage ich zum wiederholten Mal. «Wer hätte gedacht, dass hinter den Tannen das Paradies liegt?»

Unser eigenes Haus ist von hier aus kaum zu sehen. Es liegt in einer Talsenke, und nur ein paar der dunkelroten Dachziegel schimmern zwischen den Zweigen der Bäume hindurch. Es ist eine befremdliche Erfahrung, wenn man das Urvertraute plötzlich aus einer anderen Perspektive sieht. Meine drei wackeren Tannen wirken von hier aus klein und zierlich, eher wie Elfen als wie Bodyguards.

«Es wird langsam kühl. Ich hole euch Decken.»

Murphy geht ins Haus, und ich flüstere Anne zu: «Dieser Mann ist das Beste, was dir passieren konnte.»

«Ich weiß», flüstert sie zurück und schaut wie ein Backfisch. Statt ihrer Perücke trägt sie ein Tuch, das sie sich kunstvoll um den Kopf gebunden hat und das ihr das Aussehen einer indischen Prinzessin verleiht.

Murphy kommt mit Decken und Kerzen heraus. «Ich muss leider noch mal los. Bei den Schlautmanns ist die Hauptsicherung defekt.»

Als wir sein Auto über den unbefestigten Weg rumpeln hören, müssen wir gleichzeitig lachen.

«Jetzt, wo ich keine Kinder mehr kriegen will, kann ich auch mit einem Rothaarigen schlafen», sagt Anne. «Wie befreiend, wenn man genetische Bedenken außer Acht lassen kann!» Sie prostet mir zu und sieht aus wie ein junges Mädchen.

«Auf dein Glück, Anne. Du hast es dir verdient. Wann ging das denn los mit euch beiden? Und warum hast du mir nichts erzählt?»

«Weil es noch nichts zu erzählen gab. Ich habe mich anfangs nur so unglaublich wohl gefühlt mit Murphy, aber vor einer Woche hat sich die Stimmung zwischen uns plötzlich verändert. Ich habe noch nie einen Mann erlebt, der so unglaublich konzentriert ist auf das, was er tut, und so genau weiß, was er will. Ich hatte immer nur Typen, die nach dem Koitus auf die Uhr oder schlimmstenfalls auf die Aktienkurse geschaut haben. Immer das Handy auf dem Nachttisch, immer den nächsten Termin im Kopf, nie genug Zeit, egal wofür. Murphy hat immer genug Zeit. Ich fühle mich hier wie zu Hause.»

«Murphy hat mir erzählt, dass Heiko hier eine Neubausiedlung bauen will.»

«Sie haben vor ein paar Jahren schon ein ähnliches Projekt realisiert. Ein Reiche-Leute-Ghetto der Extraklasse, da vergeht dir alles. Hat Murphy dir auch erzählt, dass er das Vorkaufsrecht für Zimmermanns Wiesen hat?»

«Nein. Und, kauft er sie?»

«Das kann er nicht. Er hat keine großen Ersparnisse. Mit Ach und Krach bekommt er von der Bank einen Kredit über hunderttausend Euro. Das ist gerade mal ein Drittel von dem, was Zimmermann für sein Land haben will.»

«Dreihunderttausend? Warum so viel?»

«Die Wiesen sind bestes Bauland. Die Lage ist perfekt für Leute, die in Köln, Aachen oder Düsseldorf arbeiten. Du wohnst ländlich und bist trotzdem schnell in den Großstädten und an den Flughäfen. Heiko ist ja nicht blöd, der weiß sehr genau, wo es sich lohnt zu investieren.»

«Deshalb bietet er so einen hohen Preis für mein Haus.»

«Ich möchte etwas mit dir besprechen, Judith. Ich überlege, Murphy das Geld zu geben, das ihm fehlt, um die Wiesen zu kaufen. Ich habe am Freitag einen Termin bei der Sparkasse. Christoph Fuchs ist da jetzt Filialleiter.»

«Christoph? Der hat doch mit vierzehn Autos geknackt und ist von der Schule geflogen, oder?»

«Genau der. Hat dann irgendwann die Kurve in eine bürgerliche Existenz gekriegt. Wir haben uns immer gemocht, und mit sehr viel Glück und aus alter Freundschaft gibt er mir vielleicht Kredit.»

Ich schweige. Ich bin angetrunken und habe viel zu verdauen.

«Bist du sauer?»

«Warum sollte ich? Das ist deine Entscheidung.»

«Aber sie hat direkte Auswirkungen auf dich. Wenn Murphy das Land kauft, wird Heiko kein Interesse mehr an deinem Haus haben. Sein Projekt rentiert sich nur, wenn er die Wiesen und dein Grundstück zusammen bekommt. Kein anderer würde einen Preis wie Heiko zahlen.»

«Das klingt fast so, als würdest du glauben, dass dann nicht nur sein Interesse an meinem Haus, sondern auch sein Interesse an mir vorbei wäre.»

«Das habe ich nicht gesagt.»

«Hast du es gemeint?»

«Ich will nicht, dass du dir falsche Hoffnungen machst. Du weißt, was ich von Heiko halte. Ich glaube, er ist eine Marionette seiner Frau. Jessica hat das Geld und einen echt miesen Charakter. Heiko steht ohne alles da, wenn er sie verlässt. Er müsste noch mal ganz von vorne anfangen.»

«Und du glaubst, das würde er nicht tun? Du kannst dir nicht vorstellen, dass mich jemand so sehr liebt?»

«Jemand schon. Aber Heiko nicht. Du hast dich in diese romantische Vorstellung von eurer Wiedervereinigung verrannt.

Dabei war Heiko schon vor dreißig Jahren der Falsche, und er ist es immer noch.»

«Ach ja? Lass mich das doch bitte selbst herausfinden.»

«Sei nicht sauer. Ich will dir bloß Kummer ersparen.»

«Bist du entschlossen, Murphy das Geld für die Wiesen zu geben?»

«Es ist für mich eine saublöde Zwickmühle. Wenn ich ihm helfe, wirst du eine Menge Geld verlieren. Andererseits habe ich mich in diesen hässlichen, rothaarigen, phantastischen Mann verliebt. Ich finde ihn sexy, ich fühle mich bei ihm geborgen. Meine Güte, dieser Typ kann nicht nur Ikea-Schränke zusammenbauen, sondern ganze Häuser! Murphy weiß, dass ich friere, bevor ich es selber weiß. Er findet mich sogar ohne Perücke erotisch, er hat Hände wie ein Schaufelbagger. Wenn er mich anfasst, komme ich mir vor wie eine Fee. Murphy kümmert sich um mich. Um mich hat sich noch nie ein Mann gekümmert. Ich hatte immer Männer, bei meinem Vater angefangen, die wollten, dass ich stark bin, dass ich keine Schwächen zeige, dass ich meinen inneren Schweinehund überwinde und niemals aufgebe. Du und Murphy, ihr habt mir klargemacht, dass man auch liebenswert ist, wenn man keine Haare mehr hat und von Todesangst gebeutelt wird. Und Murphy hat so viel Energie und so viele Pläne. Er liebt dieses Land, und nun fehlen ihm verdammte zweihunderttausend Euro, um seinen Traum zu verwirklichen.»

«Weiß er, dass du ihm das Geld geben willst?»

«Noch nicht. Ich wollte erst mit dir darüber sprechen.»

«Was für Pläne hat er denn?»

«Ihm schwebt eine Art Kreativhof vor. Mit Seminaren, handwerklichen Sommercamps für Jugendliche, Gemüse- und Obstanbau. Seine Schwester ist Klavierlehrerein, sie würde unterrichten. Ein Freund von ihm ist Imker, ein anderer züchtet Pferde. Die wollen auch mitmachen. Vielleicht ist der Plan irre, aber na und? Ich hab ja sonst nichts vor. Und zu verlieren habe ich auch nichts.»

«Und was wäre deine Aufgabe bei diesem Projekt?»

«Ich bin bis vor kurzem eine sehr erfolgreiche Bankerin gewesen und weiß, wie man Geld verdient. Das kann, bei aller Kreativität und Träumerei, auch nicht schaden. Ich würde zusehen, dass der Laden läuft.»

Wir schweigen ein bisschen. Dann sage ich: «Entschuldige, aber ich würde jetzt gern nach Hause gehen. Es war heute alles ziemlich viel für mich. Joachim und Annemieke, du und Würg, Heiko und die Neubausiedlung, mein Haus, der Kreativhof. Mir schwirrt der Kopf.»

Anne legt den Arm um mich. «Lass dir Zeit, noch ist nichts entschieden. Ich muss den Kredit erst mal bekommen. Und die Chancen sind nicht gerade gut. Wenn ich nicht kerngesund rüberkomme, leihen die mir keinen Cent. Als Frau über fünfzig ist man sowieso nicht gerade eine Person, in die eine Bank gerne Geld investiert. Aber eine Arbeitslose mit meiner Lebenserwartung ist nicht kreditwürdig. Da kenne ich mich leider aus. Wenn Christoph auch nur den Hauch eines Verdachts hat, dass mit mir etwas nicht stimmt, gehe ich da mit nichts als einem mitleidigen Händedruck raus.»

«Warum wartest du nicht einfach auf deine Abfindung?»

«Die Zeit haben wir nicht. Heiko macht Druck bei Zimmermann. Er soll sich in den nächsten sieben Tagen entscheiden, sonst zieht Heiko sein Angebot zurück. Und Zimmermann, so gern ich den Zausel mag, muss natürlich auch aufs Geld schauen. Dem sitzen seine zwei Töchter im Nacken. Die möchten am liebsten, dass er seinen Hof gleich mitverkauft und ihnen ihr Erbe vorzeitig ausbezahlt. Und damit die beiden Ruhe geben und er hier wohnen bleiben kann, muss er sein Land schnell und teuer loswerden.»

«Und dann hockt der alte Zimmermann hier in seinem antiken Gemäuer inmitten einer Neubausiedlung? Du kennst ihn doch. Das würde der keinen Monat lang aushalten.»

«Darauf spekulieren wohl auch Heiko und Jessica. Die verhandeln bereits mit ihm um das Vorkaufsrecht für seinen Hof. Ich habe die Pläne bei der Stadt gestern sofort eingesehen. Da, wo jetzt der Hof steht, ist unter ‹Bauphase 2› ein kleiner Supermarkt mit integrierter Schnellreinigung und Schlüsseldienst vorgesehen. Das Linden-Carré ist klug durchdacht, das muss ich zugeben. Wäre ich noch bei der Bank, würde ich investieren.»

«Linden-Carré?»

«Der Arbeitstitel des Projekts. So soll später auch die Siedlung heißen. Wahrscheinlich wegen der Linden auf deinem Grundstück. Die müssen wohl aus Naturschutzgründen stehen bleiben.»

In mir steigt eine Verbitterung hoch, vor der ich mich selber ekle. Was habe ich mit alledem zu schaffen? Ich bin hierhergekommen, um meine Mutter zu beerdigen und das Haus zu verkaufen. Ich wollte so schnell wie möglich wieder weg. Und jetzt gerate ich in einen Streit um Grundstücke, Vorkaufsrechte und Kredite. Mein ehemaliges Zuhause wird plötzlich zum Dreh- und Angelpunkt, an dem sich entscheidet, wer auf diesem Land seine Träume verwirklichen darf und wer leer ausgeht.

Und was ist mit meinen Träumen? Wer interessiert sich für die? Ich habe nichts, was mir gehört. Wenn ich meinen Mann verlasse, dann lediglich mit meinem Ehering und dem Anspruch auf monatlichen Mindestunterhalt. Natürlich hatte ich vor zwanzig Jahren einen Ehevertrag unterzeichnet. Ich war ja froh gewesen, dass Joachim mich überhaupt geheiratet hatte. Schwanger und unglücklich, wie ich war, hätte ich damals alles unterschrieben.

Und jetzt sind die 240 000 Euro, die Heiko mir bietet, meine einzige Chance auf einen Neuanfang.

Darf man sauer sein auf jemanden, der Krebs hat? Darf man jemandem vorwerfen, sich seinen womöglich letzten Wunsch zu erfüllen, wenn andere mit den Konsequenzen leben müssen?

Ein Kreativhof. Das ist doch lächerlich. Eine Pippi-Langstrumpf-Phantasie. Anne hat vielleicht nichts mehr zu verlieren. Aber ich schon. Es geht um meine Zukunft. Und ich habe wenigstens eine. Anne tut nur so, als ob.

Ich hasse mich für meine schäbigen Gedanken und für meinen Zorn. Ich kann mein schlechtes Gewissen kaum aushalten und merke, wie ich immer tiefer in einem Morast aus Verzweiflung, Zukunftsangst und Neid versinke. Ich sollte mich freistrampeln und gehen, aber es ist zu spät, ich habe den Mund schon voller Gülle.

«Und du würdest hier leben wollen?» Ich spucke die Worte aus. «Hier, wo dir immer alles zu klein, zu eng, zu spießig war? Du wolltest doch so weit wie möglich weg von zu Hause. Schon in der siebten Klasse hast du davon geträumt, in Amerika zu leben und deinen Eltern zu Weihnachten nur noch eine Postkarte zu schreiben. Und ausgerechnet du willst jetzt freiwillig wieder zurückkommen und auf einem Gnadenhof für altgewordene Hippies hausen? Tut mir leid, das kann ich einfach nicht ernst nehmen.»

«Was ist los mit dir, Judith?»

«Du machst Zukunftspläne. Schön für dich. Schön für euch. Aber eure Pläne gehen auf meine Kosten.»

Anne schaut jetzt sehr traurig. «Ich weiß, es ist eine beschissene Situation, deshalb sprechen wir ja darüber. Aber was stellst du dir denn für die Zukunft vor? Ich habe keine Ahnung, was du vorhast.»

«Das ist es ja gerade!» Fast schreie ich Anne an. «Ich habe auch keine Ahnung! Ich weiß nicht, wie mein Leben weitergehen soll. Alle machen Pläne. Heiko träumt von seinem Linden-Carré, Murphy von seinem Kreativhof. Dein Traum ist es, zurückzukommen und endlich ein Zuhause zu haben. Sogar mein Mann kauft sich hinter meinem Rücken ein Scheiß-Boot. Und ich? Ich werfe mich verzweifelt, wie du ja ach so klug analysiert hast, einer Jugendliebe an den Hals, die schon vor dreißig Jahren nichts von mir wissen wollte. Alle um mich herum erfüllen sich ihren Traum. Und ich? Ich hab noch nicht mal einen!»

«Ach, Judith.» Anne greift nach meinem Arm. Ich springe auf und schüttele ihre Hand ab.

«Hör auf mit deinem ‹Ach, Judith›. Ich kann diesen mitleidigen Ton nicht ausstehen. Ich bin sauer auf dich. Aber ich darf nicht sauer auf dich sein, weil du ja Krebs hast. Das macht mich noch wütender. Weißt du was? Ich beneide dich. Ist das nicht absurd und lächerlich? Ich beneide eine todkranke Frau um ihre Zukunft. So weit ist es mit mir gekommen!»

Grußlos laufe ich in die Dunkelheit hinein, zurück zu unserem Haus. Über den Bach, durch das kleine Wäldchen. Ich klettere über den Zaun, haste vorbei an den Linden, die als einzige überleben dürften, würde ich an Heiko verkaufen. Vorbei an den Tannen, diesen lächerlichen, alten Baumgreisen, die nicht einmal sich selber beschützen können.

Vor dem Gartentor, das jetzt zur Hälfte fliederfarben ist, knie ich nieder, um den Topf, samt darin versunkenem Pinsel, zu verschließen. Die Haustür steht offen. So wie früher, als das hier noch mein Zuhause war.

Meine Heimat ist kein Ort. Sie ist nur eine Erinnerung.

Zurückkommen ist nicht dasselbe wie bleiben.

Ich wäre so gern geblieben. Damals.

Ich hatte niemals Fernweh. Immer nur Heimweh.

Mein ganzes Leben lang.

Ich wollte nicht weg von zu Hause.

Und jetzt fehlt mir der Mut zurückzukommen.

Ich schließe die Tür, und über Nacht wird es draußen Herbst.

## SCHÖN, DASS WIR NICHT
## DARÜBER GEREDET HABEN

Hallo, Mama! Ich dachte, ich melde mich mal kurz, um zu hören, wie es dir geht. Bist du im Auto?»

«Ja, ich fahre für ein paar Tage ans Meer.»

«Ist morgen denn nicht Omis Beerdigung?»

«Die Urnenbeisetzung, Aber die habe ich um zehn Tage verschoben.»

«Echt jetzt? Um ans Meer zu fahren? Mama, ist bei dir alles in Ordnung?»

«Aber natürlich, Liebchen. Ich dachte bloß, wo ich in der Gegend bin, mache ich mal einen Abstecher nach Belgien. Da wollte ich schon immer mal hin.»

Das war natürlich komplett gelogen. Mir ist kein Mensch bekannt, der unbedingt mal nach Belgien will. Ich hatte nach einer unruhigen Nacht kopflos ein paar Sachen zusammengepackt, den Beisetzungstermin wegen eines angeblichen Infektes abgesagt und mich ins Auto gesetzt.

In meinem Elternhaus hatte ich mich auf einmal so fremd gefühlt, dass ich es keine Minute länger aushalten konnte. Ich hatte nur weggewollt, irgendwohin, wo ich noch nie war, wo mich keine Erinnerungen, keine närrischen Sehnsüchte oder falsche Hoffnungen erwarteten. Irgendwohin, wo ich mich völlig zu Recht fremd und einsam fühlen durfte. Belgien war mir da als das ideale Reiseziel erschienen.

«Wie ist deine Klausur gelaufen? Und wollte Meike nicht mit ihrer Mutter ein paar Tage nach Rügen?», frage ich meinen ältesten Sohn, um ihn von weiteren Fragen an mich abzuhalten. Ich bin zu aufgewühlt und zu mitgenommen, um glaubwürdig zu sein, und es wäre absurd, wenn mein Geheimnis, das keines war, nach zwanzig Jahren einem Moment der Schwäche zum Opfer fallen würde.

Ich lasse Jonathan reden, ohne ihm wirklich zuzuhören. Schon als kleiner Junge hatte er eine tiefe, etwas raue und meist etwas zu laute Stimme. «Er klingt wie eine Puffmutter», habe ich immer gerne gesagt; außer mir fand das aber niemand lustig.

Jonathan war immer ein Kind, das viel und gern redete und jedes Detail seiner Befindlichkeit mitteilte, manchmal ohne sich darum zu kümmern, ob sein Gegenüber das notwendige Interesse mitbrachte. Darin hat er mich stets an Michael erinnert, mit dem ich stundenlang in unserer Kölner Küche sitzen konnte, er redend, ich zuhörend oder so tuend, als hörte ich zu. Ob es nur Wunsch und Einbildung war, wenn mich irgendetwas an meinem Sohn an Michael erinnert hat? Ich komme mir irgendwie betrogen und bloßgestellt vor.

«Du weißt ja, dass Meike ein krasses Verhältnis zu ihrer Mutter hat. Das ist wie eine Art Hassliebe», sagt Jonathan gerade, und ich brumme zustimmend, um seinen Redefluss nicht zu unterbrechen, der mich beruhigt wie ein Ayurveda-Stirnguss mit warmem Öl.

Es fällt mir schwer, das merke ich, während ich mit ihm spreche, mir meinen ältesten Jungen als einen Sohn von Joachim vorzustellen. Wie selbstverständlich war er ein Teil von Michael gewesen, meine heimliche, meine große, meine geliebte Lebenslüge, mein ganz besonderes Kind. Vielleicht weigere ich mich auch nur, mir einzugestehen, dass mein Leben auf einem einzigen riesigen Missverständnis beruht.

Was hätte ich anders gemacht, wenn ich damals gewusst hätte, dass ich ein Kind von Joachim erwarte und nicht von Michael? Hätte ich abgetrieben? Ich darf gar nicht dran denken.

Nichts hätte sich geändert. Gar nichts. Äußerlich zumindest wäre mein Leben exakt gleich verlaufen. Aus mir wäre genau das geworden, was ich heute bin. Aber ich hätte weniger Schuldgefühle gehabt. Und ich wäre womöglich für immer unglücklich gewesen. Jonathan war für mich eine lebenslange Verbindung zu Michael. Unser gemeinsamer Sohn war meine lebendige Erinnerung und mein einziger Trost. Michaels Tod ist für mich nur zu ertragen gewesen, weil ich etwas von ihm mit hinübergerettet habe in die Gegenwart. Es gab zwar keine Leiche, aber es gab ein Kind. Wir hatten eine Zukunft. Das hat mir geholfen. Bis gestern.

«Mama, ich muss Schluss machen, es hat geklingelt. Ich ruf dich später noch mal an!», sagt Jonathan und legt auf.

Und mir wird langsam klar, was ich verloren habe. Zum zweiten Mal und dieses Mal endgültig. Und reflexartig tue ich das, was ich immer getan habe, sobald ich in Schwierigkeiten war: Ich verlasse mich auf jemand anderen.

«Heiko? Hier ist Judith. Ruf mich bitte zurück. Ich möchte mit dir über das Haus und über deine und über meine Pläne sprechen.»

Ich fahre im strömenden Regen durch die vertrocknete Landschaft. Die gelben Blätter, die sich in der sengenden Hitze noch mühsam an den Bäumen gehalten hatten, fallen jetzt herab wie nasse, fadenscheinige Lumpen. Die Temperatur ist über Nacht um zehn Grad gefallen, ich habe kalte Füße und kann gar nicht glauben, dass gerade Sommer war. Gestern noch hatte ich mir nicht vorstellen können, jemals wieder eine Heizung aufdrehen, Socken tragen oder Scheibenwischer einsetzen zu müssen. Dementsprechend habe ich nur ein paar Sommerklamotten und meine Joggingsachen dabei.

Es ist ja nicht so, dass ich besonders gerne oder besonders oft jogge. Und es ist auch nicht so, dass ich mir ein Leben ohne Joggen nicht vorstellen kann. Im Gegenteil. Joggen gehört zu den Dingen, die ich aus Vernunftgründen erledige, so wie Äpfel essen, zwei Liter stilles Wasser pro Tag trinken und nicht ein und denselben Code, womöglich auch noch einen besonders ausgeklügelten wie «12345», für sämtliche Internetzugänge, Alarmanlagen und Kreditkarten verwenden.

Nach Michaels Tod bin ich schlagartig vernünftig geworden. Mir blieb ja nichts anderes übrig, als die Fassung zu wahren und mich bestmöglich zu organisieren, nüchtern zu bleiben und stets wachsam. Ich musste immer fürchten aufzufliegen, hatte Angst vor einem unbedachten Wort im Liebes- oder Alkoholrausch, einem vertraulichen Gespräch mit einer nicht vertrauenswürdigen Person oder einem heimlichen Vaterschaftstest, durchgeführt von einem misstrauisch gewordenen Ehemann. Mit Angst im Nacken kann man kein unbeschwertes Leben leben. Ich war immer auf der Hut, und Unvernunft war für mich keine Option.

Also jogge ich seit Jahrzehnten schwerfällig und unwillig und warte vergeblich auf den vielgerühmten Flow, der das Laufen nach einer gewissen Zeit zu einer leichten, schwebenden, ja fast übersinnlichen Angelegenheit machen soll. Ich schnaufe polternd durch die Gegend, von leichtfüßiger Übersinnlichkeit kann keine Rede sein, und meine Herzfrequenz übersteigt ständig die zulässige Höchstgeschwindigkeit. Manchmal frage ich mich, ob der Stress, den sowohl das Joggen als auch das schlechte Gewissen, wenn ich nicht gejoggt habe, bei mir auslöst, die gesundheitlichen Vorteile nicht überwiegt.

«Das Stresshormon Cortisol wird durch Bewegung abgebaut», hat mir Karsten erklärt, der früher Personaltrainer war und bis heute eine Figur vorweisen kann, die Erdal als Zumutung bezeichnet für einen Menschen wie ihn selbst, dessen Stoffwechsel mit der Geschwindigkeit und Energie einer Weinbergschnecke arbeite.

«Dein Stoffwechsel ist nicht verlangsamt, er hat nur einfach sehr, sehr viel zu tun», hat Karsten seinem Lebensgefährten schon öfter klarzumachen versucht, aber der bleibt bei seiner Version und verkauft sich weiterhin überall überzeugt als «guter Futterverwerter».

Es scheint mir, um auf mein getrübtes Verhältnis zum Laufen zurückzukommen, jedenfalls einigermaßen ineffektiv, durch Joggen Stresshormone abzubauen, die ich ohne das Joggen gar nicht hätte. Trotzdem höre ich nicht auf, mich und meine Umwelt damit zu quälen. Denn mein joggender Anblick ist kein angenehmer. Ich bin damit natürlich kein Einzelfall. Jeder Mensch verliert seine Anmut und seine Würde in Jogginghosen, die nichts anderes sind als sackartig sich nach unten hin verjüngende Stoffgebilde mit Tunnelzug. Selbst hochbezahlte, untergewichtige Supermodels sehen darin aus wie Litfaßsäulen; zahllose Paparazzifotos aus Hollywood belegen das.

Die Jogginghose ist eine Bösartigkeit in der Geschichte der Sportbekleidung. Sie ist ein Skandal – und die Tatsache, dass ich trotzdem fünf Stück besitze, ist meinem für Lifestyle-Prophezeiungen anfälligen Charakter geschuldet.

Ich habe alles geglaubt: dass man im Schlaf schlank werden kann, dass man abnimmt, wenn man sich in Frischhaltefolie wickelt, dass man den Körper in Buttermilch baden, sich Bier

über die Haare gießen und morgens dreißig bis vierzig Minuten mit Sonnenblumenöl gurgeln soll. Bei diesem sogenannten «Ölziehen» sammeln sich angeblich die Giftstoffe aus der Mundschleimhaut im Öl, das man deshalb auch nachher nicht ins Waschbecken spucken darf, um die Umwelt nicht unnötig zu belasten. Ich hatte also jeden Morgen quasi Sondermüll im Mund und war für den Rest der Familie schwer ansprechbar. Monatelang kommunizierte ich morgens mit Händen und Füßen und fühlte mich auf der Höhe der Zeit, nahm jedoch augenblicklich Abschied von dem ungeliebten Ritual, nachdem ich einmal mit dem Mund voller Öl vor dem Kleiderschrank gestanden hatte und niesen musste.

Seit ich denken kann, hinke ich dem Zeitgeist hinterher. Ich habe sie fast alle geglaubt, die tosenden Versprechungen, die einen immer nur exakt so lange erfüllen, bis der eifrige Herr Zeitgeist mit einer neuen Glücksverheißung um die Ecke kommt. Er ist mein flatterhafter Lebensbegleiter, ein Gigolo ohne ernste Absichten, der mich lockt, verführt oder abstößt, aber niemals unberührt lässt. Ich bin ein wirbelloses Wesen, das irgendwie bis heute glaubt, dass Prinzessin Diana umgebracht worden und Butter das personifizierte Böse ist.

Ich war Yuppie und beim Aerobic, ich habe Klamotten von *Fruit of the Loom* und *Benetton* getragen. Ich habe die Zeitalter der Leggins, der Röhrenjeans, der 7/8-, Bundfalten-, Karotten-, Cargo- und Schlaghosen mitgemacht. Ich bin in *Adidas*-Turnschuhen aufgewachsen, hatte Disko-Rollerskates, eine Vespa Ciao und einen Golf Diesel, den man damals noch für eine umweltbewusste Anschaffung hielt.

Ich kenne Low-Fat, Low-Carb, No-Carb und Slow-Carb, die Mayr-Kur und das Intervallfasten. Ich bin mit der Anwendung von Gojibeeren und Chiasamen bestens vertraut, besitze einen

Entsafter, eine etagerenförmige Zuchtanlage für Sprossen und zwei Spiralschneider für Gemüsespaghetti. Es gab das Jahr der Kohlsuppendiät, das muss Mitte der Neunziger gewesen sein, als der Gestank von Weißkohl über Wochen wie der Nebel des Grauens unser Haus durchzog und meine Kinder in der Schule auf den üblen Geruch ihrer Kleidung angesprochen wurden.

In den achtziger Jahren galt der Verzehr von Eiern als nahezu tödlich, Bananen waren verdächtig, und Kartoffeln und Nudeln wurden zu kohlehydratreichen Lebensmitteln, die nur nach Absprache mit dem behandelnden Arzt verzehrt werden sollten. Es folgte die Phase des Müslieinweichens, der Light-Produkte und der Margarine, dann die Einführung des Crosstrainers, auf dem ich Monate meines Lebens zugebracht habe, die Entdeckung von Superfood, die Rehabilitation gesunder Fette sowie der Vormarsch von Tageslichtweckern, Zahnzwischenraumbürstchen, Chinesisch für Säuglinge und der Zucchettipasta.

Was sagt es über mich aus, dass ich Spaghetti aus Gemüse herstelle? Oder dass ich Pasta aus roten Linsen benutze und die Lebensmittelpunkte der *Weight Watchers* tiefer verinnerlicht habe als das kleine Einmaleins oder meine PIN-Nummer? Wann habe ich aufgehört zu essen und angefangen, mich zu ernähren? Wann hielt das schlechte Gewissen Einzug in meinen Kühlschrank und machte aus jeder Mahlzeit eine Frage der Moral?

Und wo ich bei der Moral bin und dem schlechten Gewissen, das zu mir gehört wie mein Ruhepuls: Muss ich meinem Mann eigentlich sagen, dass Jonathan von ihm ist? Aber ist Joachim nicht sowieso immer davon ausgegangen? Würde ich ihm durch die Wahrheit gleichzeitig meine Lüge offenbaren?

Es ist knifflig, und mir kommt ein Satz in den Sinn, der an

verborgener Weisheit kaum zu überbieten ist: «Schön, dass wir nicht darüber geredet haben.»

Heikos Rückruf ereilt mich kurz vor der belgischen Küste. Immer noch attackieren massige Tropfen mein Autodach.

«Wo bist du, Süße?», tönt seine Stimme aus der Freisprechanlage, und ich beginne augenblicklich, innerlich aufzuweichen wie Haferflocken in warmer Milch. Für eine Frau, die sich eher wie ein trampeliges Mutterschaf in Stretchklamotten vorkommt, ist die Anrede «Süße» ein Traum. Ich habe mich stets nach jeder Form der Verniedlichung gesehnt, aber weder mein Name noch mein Wesen hatten sich dazu angeboten. Joachim und ich sagen «Schatz» zueinander, was in etwa so viel Zärtlichkeit beinhaltet, als würden wir uns «Teppichfliese» nennen.

«Ich fahre nach Belgien!»

«Ist alles in Ordnung, Süße?»

«Nichts ist in Ordnung. Warum hast du mir nicht gesagt, dass du auf meinem Grundstück eine Luxussiedlung bauen willst?»

«Weil du mich nicht gefragt hast. Und weil wir genug andere Themen haben, die mich viel mehr interessieren. Woher weißt du von dem Projekt?»

«Egal. Ich hätte mir gewünscht, dass du offener zu mir bist.»

«Süße, jetzt reg dich erst mal ab. Wir hatten doch eine wunderbare Nacht, oder? Du hast mir so viel von deinem Leben und deinen Sorgen um Anne erzählt. Hättest du es da passend gefunden, wenn ich mit Bauplänen um die Ecke gekommen wäre? Ich will das Geschäftliche und das Private trennen. Lass uns endlich den Verkauf über die Bühne bringen, dann können wir uns ganz auf uns konzentrieren.»

«Und wenn es keinen Verkauf gibt? Was dann?»

«Judith, das ist nicht dein Ernst, oder?» Heikos Stimme klingt alarmiert und eisig. «Willst du wirklich unsere persönliche Beziehung ausnutzen, um den Preis in die Höhe zu treiben? Die 240 000 sind bereits ein Freundschaftsangebot. Ich muss sagen, ich bin ein bisschen enttäuscht. Ich dachte, du empfindest etwas für mich. Ich tue das jedenfalls.»

«So meinte ich das doch gar nicht!», rufe ich hastig. Heiko hat mich völlig missverstanden. Gleichzeitig fühle ich mich geschmeichelt, dass er an meinen Gefühlen für ihn zweifelt. Das heißt ja zumindest schon mal, dass er welche für mich hat. Ich könnte ihn nicht verletzen, wenn ich ihm nichts bedeuten würde. «Aber wenn Murphy das Land von Bauer Zimmermann kauft, ist mein Haus für dich nutzlos. Und ich bin's vielleicht auch.»

«Jörg Murphy hat überhaupt nicht das Geld, um die Wiesen zu kaufen. Das ist längst geklärt.»

«Murphy nicht, aber Anne.»

«Was hat das mit Anne zu tun? Warum sollte sie Murphy auf einmal so viel Geld geben?»

«Weil sie sich in ihn verliebt hat. Weil sie nichts mehr zu verlieren hat. Weil sie sich einen Traum erfüllen möchte. Alles sehr, sehr gute Gründe, finde ich.»

«Anne hat sich in Murphy verliebt? Ach du meine Güte. Und woher will sie das ganze Geld nehmen?»

«Sie will Christoph Fuchs um einen Kredit bitten. Und wenn sie den bekommt, verlier ich eine Menge Geld. Vielleicht ja auch dich.»

Heiko schweigt einen Moment. «Süße, du wirst mich nicht verlieren. Mach dir darüber keine Sorgen. Warten wir mal ab, ob Anne den Kredit bekommt. Mir geht es nicht um dein Haus.

Mir geht es um dich. Und jetzt lass uns zum Wichtigen kommen: Wann kommst du zurück? Du fehlst mir.»

«Du fehlst mir auch», rufe ich ergriffen gegen den Regen an, und einen Moment lang habe ich das Gefühl, dass alles gut werden könnte.

Die belgische Nordsee tobt sich zu meinen Füßen aus. Ich sitze auf einer mit Kissen ausgelegten Fensterbank, habe mich in eine kuschelige Decke gewickelt, trinke Tee und schaue aufs Meer hinaus. Ich fühle mich wie in einem Werbespot für ein pflanzliches Nervenbalance-Mittel.

Das Hotel «Zonnebloem» in De Haan ist ein Glückstreffer. Es ist genau so eingerichtet, wie ich es aus den zahlreichen Wohnzeitschriften kenne, die bei mir in Wedel auf dem Nachttisch liegen.

Ich kaufe alles, wo «Die neue Gemütlichkeit», «Der neue Landhauslook» oder «Behaglich einrichten mit Shabby Chic» draufsteht. In mir tobt ein leidenschaftliches und ungestilltes Verlangen nach Flauschigkeit, Blumenmustern, Kerzenlicht, alten Holzdielen, tiefen Teppichen, tiefen Sesseln und tiefen Fensterbänken, auf denen man sitzen und in den prasselnden Regen hinausschauen kann.

Warum ist es mir nie gelungen, unserem Haus in Wedel Wärme zu verleihen, trotz Kamin und Fußbodenheizung? Warum habe ich mich nicht durchgesetzt und auf Vorhängen, Teppichen, Tapeten und gemusterten Kissen bestanden? Stattdessen: Designklassiker aus Leder und Chrom, ein schwarzer Küchenblock, gespachtelte weiße Wände und riesige Fensterfronten, deren schwarze Mäuler nachts mit Rollläden geschlossen werden. Das ganze Haus zeigt, wie sehr ich mich angepasst habe.

Mein ganzes Leben zeigt, wenn ich ehrlich bin, wie sehr ich mich angepasst habe. Und das Saublöde ist: Ich kann niemandem dafür die Schuld in die Schuhe schieben. Mag sein, dass mein schlechtes Gewissen Joachim gegenüber dazu beigetragen hat, aber letztlich war es meine Entscheidung, die Vorstellungen, die ich ursprünglich mal von meinem Leben hatte, an den Nagel zu hängen.

«Ich habe das Beste aus dem gemacht, was ich hatte», versuche ich mich gegen mich selbst zu verteidigen. Die Wahrheit ist, dass ich hinter der hehren Mutterrolle in Deckung gegangen war wie römische Legionäre hinter ihren Schilden. Ich hatte mich für meine Söhne aufgeopfert, dabei hatte mich niemand darum gebeten. Und jetzt stehe ich da, ohne Kinder, ohne Plan, mit kalten Füßen und ganz ohne Shabby Chic. Mit einem Mann, der sich fröhlich selbst verwirklicht, ohne mich dabeihaben zu wollen. Warum auch? Was bleibt denn übrig von einer Mutter ohne Kinder?

Ein Häuflein Elend, eine Frau, die sich selbst leidtut, allen anderen die Schuld dafür gibt und verzweifelt auf Enkel oder einen Pflegefall in der Familie hofft, damit sich eine neue Daseinsberechtigung für sie ergibt.

Meine Güte, hätte ich mich doch bloß früh genug um ein Ferienhaus an der Schlei, eine Reitbeteiligung oder ein tragfähiges Hobby bemüht. Jetzt hocke ich hier, ratlos wie mit fünfzehn, dabei fast fünfzig, immerhin auf einer tiefen Fensterbank, dafür aber in Belgien, und setze schon wieder all meine Hoffnungen auf jemand anderen.

Wäre es nicht wunderbar, wenn mich am späten Nachmittag meines Lebens der Märchenprinz doch noch aufspüren würde? Er hat sich ja wirklich lange genug Zeit gelassen. Eine neue Liebe statt eines Zweitstudiums. Ein neuer Mann statt

Botox und E-Bike. Schmetterlinge im Bauch statt Arthrose in den Knochen. Sex statt Funktionsgymnastik und Flitterwochen statt Busreisen für Senioren. Immerhin bin ich alt und therapieerfahren genug, um wenigstens von ganz allein darauf zu kommen, dass ich mich gerade einmal wieder der Verantwortung für meine Zukunft entziehe. Aber Einsicht ist das eine, konsequentes Handeln das andere.

Der Regen trommelt gegen die Fensterscheibe. Gerade will ich mich ein paar ungelenken, eingerosteten Sexualphantasien hingeben, als mir einfällt, dass ich das Wichtigste nicht länger aufschieben darf. Ich muss mich bei Anne entschuldigen.

Am besten in einer Mail. In Zeiten von WhatsApp und Emojis ist eine Mail ja fast schon so persönlich wie ein handschriftlicher Brief. Bücher sind heutzutage Superfood, ein Spaziergang ohne Handy ist Reha und ein analoges Gespräch am Küchentisch ist das hochwirksame, natürliche Antibiotikum gegen sämtliche Art digitaler Krankheitserreger. Selbst fernsehen kommt mir inzwischen so naturbelassen vor wie Obst essen. Wann immer sich unsere Familie gemeinsam vor dem Apparat versammelte, hatte ich das Gefühl, eine Tradition zu bewahren, dem Kirchgang nicht unähnlich, und das Richtige zu tun in einer Zeit, in der sonst jeder vor seinem eigenen Bildschirm sitzt und die Kommunikation lediglich aus gutturalen Grunzlauten besteht. Als jemand, der sich noch dunkel daran erinnern kann, wie es war, nicht ständig erreichbar zu sein, sehne ich mich zunehmend nach analogen Zeiten und WLAN-freien Orten.

Auf jeden Gassigang mit Joe Cocker nehme ich mein Handy mit, checke meine Mails an roten Ampeln und schiele selbst beim Weihnachtsgottesdienst auf eingehende Nachrichten. Ich kann nicht mehr ohne Reue und inneren Taschenrechner essen, und nur beim Schreiben merke ich, wie sich mein hektischer Geist nur widerwillig auf das gemäßigte Tempo einlässt.

Ich schalte mein Handy aus und komme mir schon im selben Moment vor, als hätte ich eine Heldentat vollbracht. Ich werde einen Brief an Anne schreiben, einen richtigen Brief. Angesichts meines wirklich katastrophalen und fast unentschuldbaren Verhaltens ihr gegenüber ist das nur angemessen. Oft wird mir erst beim Schreiben bewusst, was ich eigentlich gedacht habe. Und manchmal zerren mich meine eigenen Worte hinter sich her wie ein Spürhund, der eine Fährte aufgenommen hat, dann eine ganz andere Richtung einschlägt und an ein Ziel gelangt, das ich nie vor Augen hatte. Also los.

*Liebe Anne!*

*Ich bin nach Belgien geflohen. Wovor, weiß ich noch nicht so genau. Aber ich habe mein Handy ausgeschaltet und so die besten Voraussetzungen geschaffen, es herauszufinden.*

*Ich möchte mich nicht bei Dir entschuldigen.*

*Ich habe gestern Abend alles ganz genau so gemeint, wie ich es gesagt habe.*

*Was ich nicht wollte, war, Dich zu verletzen.*

*Es ist nicht leicht, mit einer Kranken wie mit einem gesunden Menschen umzugehen. Man schämt sich augenblicklich, wenn man mal eine eigene Sorge hat, weil jedes Problem angesichts Deiner Krankheit verblasst. Das ist eine Tatsache. Kein Vorwurf. Ich habe Liebeskummer, Du hast Krebs. Ich habe Zukunftsängste, Du kaum Chancen zu überleben. Ich hab keine Mutter mehr, Du keine Haare, keine Bauchspeicheldrüse und keine Galle.*

*Das Außergewöhnliche ist, dass Du Dir und mir nie etwas vormachst. Dass Du die Wahrheit kennst, ohne die Hoff-*

*nung zu verlieren, und dass man mit Dir wie mit einem
normalen Menschen reden kann, auch wenn Du, das
wissen wir beide, kein normaler Mensch mehr bist.*

*Ich weiß, liebste Anne, dass ich Dir all das so schonungs-
los und klar sagen darf. Weil Du mir, und dafür bin ich
dankbar, gewährt hast, diesen Weg mit Dir zu gehen und
diesen Kampf mit Dir zu kämpfen. Aber jetzt habe ich
auch das Recht, mich einzumischen und zu klagen und
Dich nicht zu schonen.*

*Dein Krebs ist auch meiner. Und deshalb darf ich wie Du
über ihn lachen, ihn verspotten, ihn fürchten und seinet-
wegen nachts schlaflos wachliegen. Und solltest Du, was
Gott verhüten möge, an Deinem Krebs sterben müssen,
hast nicht nur Du den Kampf verloren, sondern ich auch.
Dein Grab, da kannst Du Dir todsicher sein, wird unter
meinen Blumen versinken. Denn Du wirst Dich nicht
mehr wehren können, und ich werde ohne Dich weiterleben müssen.*

*So, Du kannst Dein Taschentuch nun wegstecken. Jetzt
geht es weiter mit Zahlen und Verträgen.*

*Ich hoffe, und das meine ich ernst, sie geben Dir den
Kredit. Murphy ist ein Geschenk des Himmels. Von ihm
bekommst Du genau das, was Du brauchst und was Dir
schon ein Leben lang gefehlt hat. Du hattest wirklich kein
glückliches Händchen für Männer. Sie waren fordernd
und kalt, beginnend mit Deinem Vater und endend bei
Günther Wolf. Hartherzige Männer.*

*Michael war die Ausnahme. Aber aus ihm hast Du dann
eine Kopie Deines Vaters gemacht – angetrieben von
Deinem Ehrgeiz, nicht von seinem. Dir ging es immer um
Erfolg, nie um Glück.*

*Du sagst selbst, dass der Krebs Deinen Blick für das We-
sentliche geschärft hat, dass Du Krafträuber und Kraft-
quellen erkennst.*

*Mehr als fünfzig Jahre und eine katastrophale Diagnose
waren nötig, um Dich aus dem Schatten Deines Vaters zu
befreien. Und ich finde, Dich in Jörg Murphy zu verlieben
war das Vernünftigste und Verrückteste, was Du je getan
hast.*

*Okay, ich weiß selbst, dass ich wie eine übertherapierte
Hausfrau klinge. Aber ich bin eine übertherapierte Haus-
frau. Und mit vielen Worten will ich eigentlich nur sagen:
Kauf die Wiesen! Pflanz Bäume, züchte Schafe, spann eine
Hängematte zwischen zwei Bäume, mach ein Feuer und
lade Freunde ein. Werde eine Hippiebraut und steinalt!*

*Es war kleinlich von mir, ans Geld zu denken. Es ist nur
Geld. Es hat mich bisher nicht glücklich gemacht, warum
sollte es das in Zukunft tun?*

*Plan bitte ein Gästezimmer für mich ein. Ich bevorzuge
eine Matratze mit mittlerem Härtegrad und, wenn es
nicht zu viele Umstände macht, gerne mit elektrisch ver-
stellbarem Kopfteil.*

*Ich umarme Dich!*

*Deine*

*Judith*

## ICH WEISS, WER DU BIST

Ich war noch nie in Neuseeland. Wirklich schön hier. Das Wetter ist phantastisch und die Natur auf eine Weise natürlich, dass sie mir ein wenig Angst macht. Die Bäume, die tiefen Schluchten, die dicken, fleischigen Blätter der Büsche und das undurchdringliche Unterholz vermitteln einem als Menschen nicht gerade den Eindruck, man sei die Krone der Schöpfung. Im Gegenteil. Während ich mich einen engen, steinigen Pfad hochquäle, kommen mir die Pflanzen unangenehm nah, und ich habe das Gefühl, dass sie es nicht ungern sähen, sollte ich mir hier einen Knöchel brechen, hilflos am Wegesrand liegen bleiben, qualvoll verdursten und ganz allmählich zu reichhaltigem Kompost werden.

Ich befinde mich auf einer dreitausend Kilometer langen Nord-Süd-Wanderroute, dem «Te Araroa Trail», der einmal von oben nach unten durch Neuseeland führt. Die Steigung beträgt aktuell 19 Prozent, ich verbrauche 503 Kalorien in der Stunde und habe eine Pulsfrequenz von 146 Schlägen pro Minute.

Das Laufband im Fitnessraum des Hotels «Zonnebloem» hat dieses wunderbare «Escape»-Programm, «virtuelle Streckenprofile durch die schönsten Gegenden der Welt», bei dem ich mich stets so fühle, als würde ich mich an der frischen Luft durch ferne Länder bewegen. Während man auf dem Laufband trabt, macht man auf dem Bildschirm des Gerätes eine interaktive Wanderung, wofür verschiedene Naturparks in den USA, Australien oder eben Neuseeland zur Verfügung stehen.

Die Laufbänder in meinem Fitnessstudio in Wedel sind auch

mit solchen Fernreise-Module ausgestattet, ich war schon mehrfach in den Rocky Mountains und in Nevada. Am Ayers Rock und im Death Valley kenne ich mich mittlerweile besser aus als im Wedeler Stadtwald, und der Grand Canyon ist quasi mein zweites Zuhause. Man schlüpft während dieser Touren sozusagen in die Haut des Wanderers, der vermutlich mit einer kleinen Kamera auf dem Kopf den Weg abmarschiert ist, dabei ab und zu in der Einsamkeit ein paar Menschen begegnet, die ihm auf steilen Pfaden oder holperigen Wegen entgegenkommen oder an Aussichtspunkten die Weite der Wüste, der Berge, der Wälder oder dessen, was auch immer ihnen gerade zu Füßen liegt, fotografieren.

Ich könnte natürlich während des Trainings auch fernsehen – aber meistens lande ich dann aus Bequemlichkeit im Nachmittagsprogramm von RTL, das einen mit Zuschauerfragen folgenden Kalibers belästigt: «Wie hieß der Erfinder von *Facebook*? Marc Zuckerberg oder Ralf Süßstoffhügel?» Oder ich gerate in eine der regelmäßigen Wiederholungen von «Deutschland sucht den Superstar» oder «The Bachelor». Sendungen, bei denen ich immer wieder aufs Neue das Gefühl habe, sehenden Auges dem Untergang des Abendlandes beizuwohnen. Das Gift, das mir eine Stunde RTL in den Organismus spült, kann ich in vier Stunden hochintensiven Ausdauertrainings und drei Runden um den Grand Canyon nicht wieder ausschwitzen.

Also walke ich in Belgien durch Neuseeland, habe dabei das wunderbare Gefühl, meinem Sohn Anton ganz besonders nah zu sein, meinen randvollen Kopf freizupusten und Platz zu schaffen für die Zuführung brandneuer Gedanken und frischer Kalorien.

Momentan befinde ich mich auf einer wackeligen Hängebrücke, wie man sie aus «Indiana Jones und der Tempel des

Todes» kennt. Die Brücke spannt sich in etwa dreihundert oder dreißig Metern Höhe – ich bin sehr schlecht im Schätzen von Entfernungen – über einen Fluss und ist nicht das, was man ein Vertrauen einflößendes Bauwerk nennt. Sie ist geschätzte hundertfünfzig Meter oder zwei Kilometer lang und mündet am anderen Ufer in einen dichten Dschungel.

Ich beschleunige automatisch mein Lauftempo. Das liegt an meinem Hang, unangenehme Situationen entweder möglichst ganz zu vermeiden oder aber zügig hinter mich zu bringen. Die Hängebrücke kommt mir in diesem Moment vor wie der einsamste Ort der Welt. Bloß schnell weg hier.

Mitten auf der Brücke steht ein Mann. Ich sehe nur seinen Rücken, während ich mich ihm langsam nähere. Er scheint gerade ein Foto zu machen. Er trägt einen Rucksack, Wanderschuhe, olivgrüne Hosen, ein dunkelbraunes Hemd und einen ledernen Schlapphut. Der Mann geht weiter. Groß und schlank ist er, aber seine Bewegungen verraten ein Alter, in dem Vorsicht schon nicht mehr als uncool gilt.

Eine Minute, in der ich exakt sieben Kilokalorien verbrenne, gehe ich hinter dem Mann her, weil die Brücke zu schmal ist, um ihn zu überholen. Jetzt hat er das Ende der Brücke erreicht. Er macht einen Schritt zur Seite, um mich vorbeizulassen. Nur noch ein paar Meter trennen uns. Die Kamera streift kurz sein Gesicht, ehe sie sich wieder auf den schmalen Weg richtet, der jetzt direkt ins Dickicht führt.

Die zufällige Begegnung zweier Fremder in der Wildnis. Ich schaue für Sekundenbruchteile in seine Augen. Er lächelt. Freundliche Falten. Nicht viel älter als ich.

Woher kommst du? Warum bist du allein unterwegs? Bist du glücklich? Hast du eine Frau, hast du Kinder, kegelst du in deiner Freizeit, oder fährst du Rennrad? Du hast einen Namen.

Bloß schnell weg hier.

Du hast Menschen, die dich lieben. Du hast Freunde und ein Zuhause, du hast Sorgen und Pläne. Du hast ein Leben. So wie ich. Der Mann nickt mir kurz zu, und ich lasse ihn hinter mir.

Dann versagen meine Beine, und ich gerate ins Taumeln. Ich will mich nach ihm umdrehen. Aber der Moment ist vorbei, und die virtuelle Tour lässt kein Umkehren zu. Ich schlage mir den Kopf blutig, als es mir nicht gelingt, mich an den Griffen festzuhalten. Gut, dass ich nicht von einer Hängebrücke am anderen Ende der Welt stürze, sondern bloß von einem Laufband an der belgischen Küste.

Ich kenne den Mann.

Ich weiß, wer du bist.

Du hast einen Namen. Aber du hast kein Leben.

Du heißt Michael und bist seit zwanzig Jahren tot.

## WIR HABEN ALLE UNSER LEBEN WEITERGELEBT, AUCH OHNE IHN. KEINER WARTET MEHR

Bist du ganz sicher?»

«Wie soll ich bitte ganz sicher sein? Ich hab ihn im Sommer 1999 zum letzten Mal gesehen. Ich bin so sicher, wie ich mir sein kann.»

«Und jetzt?»

«Die Hängebrücke taucht auf dem Video in Minute achtzehn auf. Leider gibt es keine Möglichkeit, vorzuspulen oder das Band anzuschauen, ohne das Laufband zu benutzen. Das Programm läuft nur, wenn einer läuft.»

«Das heißt, ich soll achtzehn Minuten lang joggen, um auf die Brücke zu gelangen, auf der du angeblich einem Mann begegnet bist, der vor zwanzig Jahren gestorben ist? Und deswegen bin ich drei Stunden Auto gefahren?»

«Willst du denn nicht wissen, ob Michael noch lebt? Ich bin jetzt dreimal bis zur Hängebrücke gejoggt – und das mit Kopfschmerzen und verpflasterter Stirn. Bitte, Karsten, niemand hat Michael so gut gekannt wie du. Vielleicht spinne ich ja, aber ich muss Gewissheit haben. Ich mache ein Handyfoto von dem Gesicht, während du über die Brücke joggst. Anders geht es nicht, weil der Bildschirm sofort dunkel wird, sobald man das Training unterbricht. Karsten, bitte.»

«Warum interessierst du dich eigentlich so sehr für Michael? Ich weiß, dass ihr euch gemocht habt, aber ihr hattet euch doch vor seinem Tod schon ewig aus den Augen verloren.»

Ich schiebe Karsten wortlos auf das Laufband und wähle zum vierten Mal an diesem Tag das Programm «Te Araroa Trail, Neuseeland». Sechzehn Minuten später sind wir auf der Brücke. Die folgenden zwei Minuten kenne ich auswendig.

«Dahinten, das ist er», sage ich zu Karsten, der sich jetzt beim Laufen leicht nach vorne beugt, um besser sehen zu können. «Nicht aufhören zu laufen! Sonst ist das Bild weg.» Mein Herz rast wie nach einem Sprint. «Kannst du schon was sagen?»

«Judith, ich sehe einen Mann von hinten. Aus hundert Metern Entfernung.»

«Am Ende der Brücke dreht er sich um. Dann mach ich das Foto. Es sind nur zwei Sekunden, in denen man sein Gesicht sehen kann.»

Noch zwanzig Sekunden. Hatte Michael so breite Schultern? Ich habe ihn schmaler in Erinnerung, schlaksiger.

Auf einmal komme ich mir lächerlich vor. Was für ein absurder Gedanke, Michael könnte noch am Leben sein. Noch fünfzehn Sekunden.

Und wenn er es doch ist? Wenn er vielleicht bei dem Unglück nicht gestorben, sondern nur schwer verletzt worden ist? Wenn er sein Gedächtnis verloren und bis heute keine Ahnung hat, wer er wirklich ist, woher er kommt und wer seit dem elften August 1999 in Deutschland auf ihn wartet?

Noch zehn Sekunden.

Wer in Deutschland auf ihn wartet? Als würde ich seit zwanzig Jahren auf Michael warten! Romantisch. Aber Quatsch. Wir haben alle unser Leben weitergelebt, auch ohne ihn. Keiner wartet mehr.

Und was ist mit Karsten? Ihn muss der Verlust besonders hart getroffen haben. Die beiden waren engste Freunde, und

Karsten war nur wenige Kilometer entfernt, als das Unglück geschah. Hat er sich, so wie ich, sein Leben lang Vorwürfe gemacht, weil er seinen besten Freund im Dorf zurückließ? Wir haben nie darüber gesprochen. Ich hatte ein Geheimnis zu wahren, und von sich aus hat Karsten Michael nie wieder erwähnt.

Karsten war nie der Typ, der über sein Innenleben Auskunft gegeben hätte. Das übernimmt Erdal für ihn. «Mein Mann hat Emotionen, er zeigt sie bloß nicht so gerne. Deswegen zeige ich seine Gefühle immer gleich mit», verkündet Erdal bis heute oft und heiter, während Karsten still lächelt und seinem Liebsten einen Blick zuwirft, in dem so viel Zuneigung steckt, dass ich heulen könnte.

Einmal so geliebt werden. Achtzehn Jahre sind Karsten und Erdal jetzt zusammen. Beiden hätte kein größeres Glück widerfahren können.

Noch fünf Sekunden.

Ich richte mein Telefon auf den Bildschirm. Meine Hände sind schweißnass. Der Mann mit dem Schlapphut hat das Ende der Brücke erreicht und tritt zur Seite. Er dreht sich um, er lächelt, er nickt.

Ich drücke ab.

«Und? Ist er es?» Das Foto ist ziemlich verwackelt, aber das Gesicht des Mannes ist einigermaßen zu erkennen. «Ist das Michael? Könnte er es sein? Karsten?»

Ich blicke von dem Foto zu Karsten, und im selben Moment wird mir bewusst, dass ich ihn noch nie zuvor habe weinen sehen.


«Lass uns an den Strand gehen.» Karsten wischt sich ärgerlich die Tränen aus dem Gesicht und greift nach seiner Jacke. Seine

Lippen hat er so fest aufeinandergepresst, dass sie weiß werden. Ich traue mich nicht, etwas zu sagen.

Schweigend laufen wir nebeneinanderher. Der Regen hat endlich aufgehört, hin und wieder kommt sogar die Sonne heraus. Ich friere trotzdem. Karsten schaut mich nicht an, irgendwann beginnt er zu reden. Es ist, als würde er seine Geschichte dem Meer erzählen, das so aufgewühlt ist wie ich.

«Am elften August, acht Uhr Ortszeit, ist die Schlammlawine niedergegangen. Unsere Gruppe war vier Kilometer vom Unglücksort entfernt. Michael war nicht bei uns. Den anderen hatte er gesagt, er würde sich unwohl fühlen, aber ich wusste, dass er zur nächsten Ortschaft fahren wollte, weil es da eine Telefonzelle gab. Ich habe fünf Stunden gebraucht, um durch das Chaos zu dem Dorf zu gelangen. Fast alles war zerstört, nur ein paar Häuser standen noch und die Kirche. Und die Telefonzelle. In der Kirche warteten die Überlebenden auf Hilfe. Überall Schwerverletzte, Sterbende und Tote auf dem Boden. Kinder, Frauen, Männer, alle schrien, und der Pfarrer des Dorfes saß apathisch in einer Ecke und weinte. Dann fand ich Michael.»

«Tot?»

«Er hatte gerade den Hörer abgenommen, in diesem lächerlichen roten, winzigen Kasten, als die Lawine runtergekommen ist. Er war nicht mal verletzt.»

«Aber, aber ich verstehe nicht, wenn er ...?»

«Lass mich zu Ende erzählen.» Karsten holt Luft. «Michael hat diese Katastrophe als Wink des Schicksals genommen. Mit Anne war er nicht mehr glücklich, weil sie ihn in ein Leben drängte, das er nicht führen wollte. Das Jurastudium, die Kanzlei, die geplante Karriere – das war alles ein einziger Horror für ihn. Aber er wusste einfach nicht, wie er das Anne klarmachen sollte. Bezeichnenderweise hat er sich zwei Monate zuvor in irgendeine andere Frau verliebt, zumindest hat er sich das eingeredet. Ich weiß nicht viel über sie, aber er meinte, so sei ihm wenigstens klar geworden, dass das nichts ist mit Anne. Er wollte ein neues Leben anfangen. Er wollte Anne und die andere Frau am Tag der Katastrophe anrufen, um es ihnen zu sagen.»

«Um ihnen was zu sagen?»

«Dass er nicht zurückkommen würde. Er will den alten Scheiß hinter sich lassen, hat er gesagt. Du weißt doch, wie sehr er seinen Vater und euer kleines Kaff gehasst hat. Er wollte ungebunden sein – und auf einmal saß er da mit zwei klammernden Frauen, die ihm sein Leben versauen wollten. Die Katastrophe war seine Chance.»

«Und dann?»

«Ich habe Michael versprochen, ihn für tot erklären zu lassen. Vielleicht war es feige von ihm, vielleicht hätte er sich der Situation zu Hause stellen sollen. Aber es war seine Entscheidung, nicht meine. Ich konnte ihn nicht umstimmen. Er wollte für immer verschwinden, alle Altlasten hinter sich lassen. Zurück auf Los, eine neue Identität. Ich habe Michael mein ganzes Geld gegeben. Das reichte, um in Peru einen neuen Pass zu kaufen.»

«Und wo lebt Michael jetzt?»

«Irgendwo im Südwesten von Mexiko. Wo genau, hat er mir nie gesagt. Ich habe auch keine Telefonnummer von ihm. Vielleicht braucht er das, um sich frei zu fühlen. Ich weiß, dass er viel unterwegs ist, dass er nie geheiratet hat und immer nur so lange arbeitet, bis er die nächste Reise finanziert hat.»

«Ist er glücklich?»

«Zumindest hat er seine Entscheidung nie bereut. Wir telefonieren einmal im Jahr. Immer am ersten Oktober um zehn Uhr morgens.»

«Am ersten Oktober? Da ist er beerdigt worden.»

«Richtig. Dass du dich noch an das Datum erinnerst. Du warst ja gar nicht dabei. Meine Güte, war das eine beklemmende Veranstaltung.»

«Ist es dir schwergefallen, euer Geheimnis für dich zu behalten?»

«Nicht besonders. Anne hat nicht so gewirkt, als würde sie vor Kummer zerbrechen.»

«Und was ist aus der anderen Frau geworden? Die, die er auch anrufen wollte?»

«Ich weiß ja nichts über sie. Michael schien irgendwie zu glauben, dass sie sich nach seinem Tod bei mir melden würde. Keine Ahnung, wieso. Er bat mich darum, sie zu trösten und in dem Glauben zu lassen, dass er mit ihr hätte leben wollen. Warum hätte ich ihr auch sagen sollen, dass er vorhatte, sie zu verlassen? Aber dann war sie noch nicht mal auf seiner Beerdigung und ist auch später nie bei mir aufgetaucht. Michael hat auch nie wieder nach ihr gefragt.»

«Und hat er mal nach mir gefragt?»

«Ein- oder zweimal. Ich habe ihm erzählt, dass du Joachim geheiratet und drei Kinder bekommen hast. Jeder von uns führt jetzt schon so lange sein eigenes Leben. Als Michael und ich uns verabschiedet hatten, habe ich noch ein Foto von der Telefonzelle gemacht, wie sie da völlig unbeschädigt inmitten eines Trümmerfeldes steht. Du erinnerst dich vielleicht. Das Bild hängt seit Urzeiten immer über meinem Schreibtisch. Aber die Erinnerung verblasst und der Schmerz auch. Letztes Jahr fiel mir erst Wochen später auf, dass Michael mich am Tag seiner Beerdigung nicht angerufen hatte.»

«Vielleicht ist er tot?»

Karsten zuckt mit den Schultern, und ich frage weiter: «Wäre dir das egal?»

«Für dich ist die Nachricht, dass Michael lebt, eine Sensation. Ich weiß es seit zwanzig Jahren. Ich habe einmal im Jahr ein paar Minuten mit ihm gesprochen, mehr nicht. Er spielt in meinem Leben keine Rolle mehr. Er tut mir fast leid: Da inszeniert jemand seinen eigenen Tod, lebt unbehelligt zwanzig Jahre lang in Mexiko, nur um beim Wandern in Neuseeland von einer Kamera erfasst und Teil eines Fitnessprogramms zu werden, das sich jemand aus seinem früheren Leben beim Indoor-Joggen in Belgien anschaut. Ich möchte dich übrigens bitten, weder mit Anne noch mit Erdal darüber zu sprechen. Wir sollten die Toten ruhen lassen.»

«Den Untoten, meinst du. Wenn das so einfach wäre.»

«Für dich hat sich doch überhaupt nichts geändert. Michael lebt. Na und? Sein Tod hat dich nicht besonders interessiert, da kann es dir eigentlich auch egal sein, dass er noch lebt. Der Einzige, der damals wirklich um ihn getrauert hat, war ich. Ich wusste zwar, dass er noch lebt, aber verloren hatte ich ihn trotzdem.»

Und dann wird mir noch etwas klar, was ich damals und all die Jahre übersehen hatte. «Du warst in Michael verliebt, oder?»

Karsten nickt wie in Zeitlupe. Wieder hat er Tränen in den Augen. Könnte aber auch der Wind sein. «Hat er das gewusst?»

«Ja. Vielleicht war das auch einer der Gründe für seine Flucht. Es war ihm wohl alles zu viel und zu kompliziert.»

«Was für ein Feigling.»

«Ich habe schon lange aufgehört, mit seiner Entscheidung zu hadern. Warum bist du so wütend?»

«Ich weiß, wie schrecklich es ist, wenn man niemandem von seiner Trauer erzählen darf. Schade, dass Michael dir nie gesagt hat, wer die andere Frau war. Das hätte es für uns beide leichter gemacht. Die andere war nämlich ich.»

«Noch mal bitte.»

«Die andere Frau war ich. Zwanzig Jahre lang dachte ich, ich hätte ein Kind von einem Toten. Und jetzt erfahre ich innerhalb weniger Tage, dass das Kind nicht von ihm und der Tote gar nicht tot ist. Und dann ist da noch die Kleinigkeit, dass Michael mich nicht geliebt hat, genauso wenig wie dich oder Anne. Verzeih mir, dass ich etwas unentspannt bin, aber mir fliegt gerade mein ganzes Leben um die Ohren.»

«Entschuldige, aber ich komme gerade nicht mehr mit.»

«Tröste dich, ich auch nicht.»

Ich lasse mich in den nassen Sand fallen. Es hat wieder angefangen zu regnen, und die kalten Tropfen klatschen mir mitten ins Gesicht. Aber darauf kommt es jetzt auch nicht mehr an.

«Auf Michael.»

«Ich könnte ihn umbringen.»

Karsten lächelt, stellt sein Glas ab und legt seine Hand auf meine. Er ist wieder der unerschütterliche, besonnene, ruhige Mann im Hintergrund, den ich kenne und der mich unbeschadet durch etliche Krisen gelotst hat. Nachdem wir drei Stunden redend und schweigend am Meer entlanggelaufen sind, sitzen wir jetzt in Bademäntel gehüllt auf der Fensterbank in meinem Zimmer. Der Wein aus der Minibar schmeckt erstaunlich gut. Wir trinken ihn aus Zahnputzbechern.

«Es ist ewig her, Judith.»

«Nicht für mich. Du hast einen Verarbeitungsvorsprung von zwanzig Jahren.»

«Was wirfst du Michael vor? Dass er dich nicht geliebt hat? Oder jedenfalls nicht genug? Dafür kann er nichts.»

«Ich soll es nicht persönlich nehmen, wenn sich jemand lieber totstellt, als mir ins Gesicht zu sagen, dass er nicht mit mir zusammen sein will?»

«Nimm es meinetwegen persönlich, aber du kannst es ihm nicht übelnehmen. Und rückwirkend betrachtet hat doch jeder bekommen, was er wollte. Du hast eine Familie gegründet, Anne hat Karriere gemacht, ich habe eine neue, viel größere Liebe gefunden und zwei Söhne bekommen, und Michael führt genau das ungebundene Abenteurerleben, das er sich immer gewünscht hat.»

«Du kannst das doch nicht analysieren wie eine Jahresabrechnung für Strom und Wasser. Hier geht es um Gefühle! Um Liebe, um Betrug, um Michaels einsame und feige Entscheidung, die das Leben anderer Menschen existenziell beeinflusst hat.»

«Was hast du gegen Vernunft? Mit Vernunft werden auch Weltkriege verhindert. Stell dir bitte mal vor, Michael wäre zurückgekommen.»

«Es gab in den ersten Jahren nach seinem angeblichen Tod keinen Tag, an dem ich mir das nicht vorgestellt hätte.»

«Ich spreche nicht von Romantik, sondern von Realismus. Michael hätte dir gesagt, dass das Kind nicht seins ist, und dich verlassen. Er hätte Anne gesagt, dass er das Leben, das sie für ihn vorgesehen hat, nicht leben will, und sie verlassen. Er hätte mir gesagt, dass er meine Gefühle nicht erwidern kann, und mich verlassen. Und dann wäre er verschwunden und für uns quasi wie gestorben gewesen. Streng genommen hat er sich bloß die Kosten für ein weiteres Flugticket gespart.»

«Ich habe mit einer riesigen Lüge gelebt.»

Aber die Erinnerung verblasst und der Schmerz auch.

«Das war deine Entscheidung, nicht seine.»

«Du hättest mir die Wahrheit sagen müssen.»

«Nein. Es war Michaels Entscheidung und sein Geheimnis. Und ich habe ihm versprochen, es nicht zu verraten. Letztlich ist alles eine Verkettung ungünstiger Zufälle.»

«Genauso wie mein Leben.»

«Hör auf, dir ständig leidzutun. Du könntest doch auch einfach froh sein, dass sich jetzt endlich alles aufgeklärt hat. Jonathan ist der Sohn deines Mannes, und du brauchst den beiden gegenüber kein schlechtes Gewissen mehr zu haben. Für Michaels Tod kannst du nichts. Erstens, weil er nicht tot ist, und zweitens, weil er in der Telefonzelle überlebt hat, von der aus er dich anrufen wollte. Du hast ihm eigentlich das Leben gerettet. Anne hatte sich damals längst in einen anderen verliebt und nimmt dir nicht übel, dass du was mit Michael angefangen hattest. Man könnte also wohl meinen, du hättest allen Grund zu feiern. Du solltest dir endlich erlauben, glücklich zu sein. Du hast dir angewöhnt, immer nur zurückzuschauen und dich darauf zu konzentrieren, wie gut du es mal hattest. Erdal hat mir erzählt, dass du manchmal heimlich ‹Sandmännchen› guckst. Dass du deprimiert am Kindergarten deiner Jungs vorbeifährst, um alten Zeiten nachzutrauern. Er fand das natürlich lustig und verständlich. Für mich ist das Realitätsverweigerung.»

«Kann man mir das verübeln? So toll ist meine Realität ja auch nicht.»

«Genau das meine ich. Wechsel doch einfach mal die Perspektive. Du stehst an einem Wendepunkt und hast alle Freiheiten, etwas Neues zu beginnen. Und was tust du? Meckern und verzagen. Du stellst dich dir selbst in den Weg. Deine Söhne sind erwachsen, dein Mann geht segeln, Erdal ist bald arbeitslos, Anne ist verliebt und voller Pläne, du hast ein Haus, das du verkaufen oder behalten kannst, und heute bist du auf einen Schlag auch noch all die Altlasten und Schuldgefühle losgeworden, die dir seit zwanzig Jahren auf der Seele liegen. Also Judith: Warum bist du nicht endlich mal glücklich?»

## REIZARMUT UND GESCHLOSSENE ROLLLÄDEN

Verdauungsgeräusche. In der Stille des übelriechenden Raumes dröhnt das Gurgeln meiner Gedärme wie Donnerhall von den fleckigen Wänden. Ich hatte ein ungewöhnlich reichhaltiges Frühstück zu mir genommen, bei dem ich mich dank der hervorragenden belgischen Schokoladenstreusel mit dem Wetter, dem Land und seiner Bevölkerung versöhnt, jedoch unnötig vollgestopft hatte. Wenigstens bekommt meine Nachbarin zur Rechten nichts mit von der Ruhestörung aus den Tiefen meines Leibes. Sie ist eingeschlafen und atmet, begleitet von einem hohen, feucht-brodelnden Pfeifton, durch den Mund aus – was mich an die Akustik in meinem Ehebett erinnert.

Ich befinde mich in einem muffeligen Raum mit niedriger Decke, der mit hellblauen Gummimatten ausgelegt ist und in dem sonst Selbstverteidigungskurse für anscheinend stark schwitzende Globetrotter/-innen stattfinden. Heute wird hier jedoch ein zweistündiges Achtsamkeitsseminar für deutsche Feriengäste angeboten.

«Finde deine Heimat, gehe sicher durch die Unsicherheit», hatte auf dem Flyer gestanden, der beim Frühstück im Hotel neben meinem Teller gelegen hatte. Daraufhin hatte ich beschlossen, meine Rückfahrt ein paar Stunden zu verschieben und mal etwas zu tun, was ich nicht von mir erwarten würde.

Normalerweise halte ich mich streng an meine Vorurteile, sind sie doch eine in jahrelanger Arbeit liebevoll zusammengestellte Komposition aus Klischees, Gewohnheiten und Erfahrungen und Gedanken anderer Leute. Warum sollte ich meditieren, wenn ich doch weiß, dass ich immer unruhig und unkonzentriert bin und nichts übrighabe für Menschen, die den Schneidersitz für eine bequeme Sitzposition halten? Letztlich dienen Vorurteile der Zeitersparnis und der Risikovermeidung.

Das klingt ganz nach meinem Mann. Sind wir uns über die Jahre so ähnlich geworden, dass ich Joachims vorsichtige, pragmatisch-rationale Art zu leben kompromisslos übernommen habe? Reizarmut und geschlossene Rollläden. Ich schneide Zwiebeln und Fisch mit den Einmal-Handschuhen, die Joachim aus seiner Praxis mitbringt. Ich lagere die Weihnachtsbaumkugeln in speziellen Weihnachtsbaumkugel-Aufbewahrungsboxen. Vor unserem Herd liegt eine milchige Plastikmatte, die den gegossenen Betonboden vor Fettspritzern schützt.

Spritzschutz. Noch so ein Wort, von dem ich mir wünschen würde, dass es nichts in meinem Leben zu suchen hätte. Auch Fußabtreter und Fusselroller spielen in meinem Alltag eine viel zu wichtige Rolle. Neulich habe ich mich selbst dabei ertappt, wie ich meine Gäste bat, die Schuhe im Flur auszuziehen. «Die Putzfrau war heute da», sagte ich verlegen lachend, bevor mir wieder einfiel, dass ich nie eine Frau hatte werden wollen, in deren Haus man sich die Schuhe ausziehen muss. Unsere Nachbarn verteilen an ihrer Haustür blaue Plastiküberzieher für die Schuhe ihrer Gäste, man sieht damit aus, als würde man eine Intensivstation oder ein Labor besuchen. Und bei der Silvesterparty von unseren Freunden aus dem Tennisclub durften Frauen keine hohen Schuhe tragen, um den geschlämmten Dielenboden nicht zu beschädigen. Es war kein ausgelassenes Fest gewesen.

Vielleicht gibt es ja noch ein paar wiederbelebbare Reste der Person, die ich einmal war, bevor ich das Haus nur mit einer Packung *Sagrotan Hygiene-Tücher* bewaffnet verließ, «die idealen Begleiter für unterwegs, antibakterielle Reinigung im praktischen Handtaschenformat».

In meinem Leben ist schließlich nichts mehr so, wie es mal war. Da hilft auch kein Spritzschutz und keine regelmäßige Desinfektion der Hände. Normal war gestern. In diesen Zeiten ist nichts mehr sicher, was ewig sicher schien. Aus Lügen werden Wahrheiten, aus einem Toten wird ein Wanderer mit Schlapphut, aus einem Freund ein Geheimnisträger, aus meinem Elternhaus eine Immobilie und aus den drei Tannen demnächst Brennholz. Und in mir steckt immer noch ein verliebter Teenager, ein Mädchen, das willenlos wird, wenn man es «Süße» nennt, und das ein Gartentor fliederfarben anstreicht. Oder es zumindest versucht.

Vielleicht bin ich anders, als ich dachte? «Sicher durch die Unsicherheit» scheint mir in diesen bewegten Tagen jedenfalls ein sinnvolles Lernziel zu sein. Wer weiß, was noch alles kommt?

Vor seiner Rückfahrt hatte Karsten mir das Versprechen abgenommen, Michaels Geheimnis für mich zu behalten.

«Aber nur bis auf weiteres», hatte ich gesagt. «Vielleicht legt er ja gar keinen Wert darauf, noch länger tot zu sein. Frag ihn doch, wenn ihr das nächste Mal telefoniert. Der erste Oktober ist in zehn Tagen.»

«Mal sehen, ob er überhaupt anruft», hatte Karsten gebrummt und sich auf den Weg nach Hause gemacht.

Die Antwort darauf, warum ich nicht glücklich bin, war ich ihm schuldig geblieben. Ich hätte sie selber gern gewusst.

«Meist richten wir unsere Aufmerksamkeit auf das, was uns stört», sagt Henriette, die Leiterin des Achtsamkeitskurses. Da hat sie sicherlich recht, und mich stört hier eine ganze Menge. Wir, fünf Frauen und zwei Männer, sitzen in einem Kreis auf hölzernen Meditationsbänkchen, haben die Augen geschlossen und lauschen der sanften Stimme unserer Lehrerin und dem sanften Schnarchen der schlafenden Teilnehmerin. Mein Magen hat sich zum Glück beruhigt.

Ich muss sagen, dass diese Meditation meine Vorurteile grundlegend bestätigt. Henriette ist eine eigentlich gutaussehende Frau um die sechzig mit langen grauen Haaren. Wenn sie sie färben und kürzer schneiden würde, könnte sie zehn Jahre jünger aussehen. Die Frau mir gegenüber trägt einen Hausanzug aus auberginefarbenem Samt, in dem sie exakt so dick aussieht, wie sie ist. Der dürre Mann schräg links von mir hat sein spärliches Haar so ungeschickt auf seinem Kopf verteilt, dass jeder Typberater in Tränen ausbrechen würde. Hab ich's doch gewusst. Das ist hier nichts für mich. Alles Spinner und ungewaschene Esoteriker. Wäre ich doch bloß gleich nach Hause gefahren.

«Vorurteile sind typisch für den Anfängergeist», sagt Henriette, als könne sie in meinen Kopf schauen und dort meine schäbigen Gedanken lesen. «Erlaubt euch, offen und tolerant zu sein. Wer glaubt, zu wissen, wird niemals klüger, und wer sich an einmal gemachte Erfahrungen oder Vorurteile klammert, erfährt nichts Neues.»

Ich fühle mich beschämt und ertappt und zwinge mich zu einem buddhahaft erleuchteten Lächeln, das meine schwarze Seele kaschieren soll. Mit meiner Offenheit ist es so eine Sache. Ich habe mir diese Tussentoleranz zu eigen gemacht, diese politische Korrektheit der Besserverdienenden, die nichts gegen

Flüchtlinge haben, aber dicke Kinder ekelig finden. Ich spende Kleidung für Obdachlose, meide indessen Menschen in Popeline-Jogginganzügen. Ich befürworte die Homoehe, Europa und den Klimaschutz, bin gegen die AfD, Populisten und Radikale. Ich halte Equalpay und Equalrights für wichtige Ziele, aber ich lästere über Strähnchenfrisuren und beige Anoraks und belächele Leute, die die frischgekochten Mahlzeiten für ihren Malteser mit einem Minzblättchen dekorieren. Ich bin überzeugt von der Demokratie, doch es gibt Menschen, bei denen würde ich mir wünschen, dass sie nicht wählen dürfen. Toleranz sieht anders aus. Offenheit auch.

Wenn ich keine schmallippige alte Meckerziege werden will, die falsch parkende Autos vor ihrem Haus fotografiert, muss ich dringend an meiner Altersmilde arbeiten. Ich lächele also der Frau im auberginefarbenen Samt zu und fühle mich gleich wie ein besserer Mensch.

Henriette sagt in die Runde: «Ich möchte dich jetzt einladen, durch deinen Körper spazieren zu gehen und dich auf die Suche nach einem guten Ort zu machen. Halte Ausschau nach einer Stelle des Wohlbefindens, an der du bei dir selbst ankommen kannst. Dazu musst du dich von der Annahme befreien, dass dein Glück außerhalb von dir liegt, im Erfolg, im Ruhm, im Aussehen, in der Verliebtheit oder im Geld. Von Kindheit an lernen wir, darauf zu achten, wie wir auf andere wirken. Wir machen uns dauernd Gedanken – um die hunderttausend pro Tag, aber davon sind neunzig Prozent nicht sinnvoll. Du brauchst nicht alles zu glauben, was du denkst. Wir sind verstrickt in Vergangenheit und Zukunft. Aber das Jetzt ist unser einziges Zuhause. Unser Glück ist in uns und in jedem Atemzug, der entsteht und vergeht. Deine Heimat ist kein Ort. Deine Heimat bist du.»

Das ist natürlich ein schöner und beruhigender Gedanke: Ich selbst könnte mein tragbares Zuhause sein, das Wohnmobil meiner Seele, das Ein-Mann-Zelt für mein suchendes Herz. Heimat und Glück? Immer dabei, wie der Verbandskasten im Auto, die SIM-Karte im Handy, der Wohnungsschlüssel in der Handtasche. Ich brauche nicht mehr anzukommen. Denn ich bin ja schon da.

Die Frau neben mir fährt ruckartig mit diesem erschrockenen Rachenrasseln hoch, dass häufig ein plötzliches Aufwachen begleitet. Mein Herz tut einen Satz, und ich beschließe in diesem Moment seltener Klarheit und Kraft, dass ich nie wieder eine einzige Nacht neben meinem schnarchenden Mann verbringen werde.

Toleranz ist manchmal nichts anderes als hochwertig verpackte Feigheit oder die gut getarnte Faulheit, sich gegen die eigenen Gewohnheiten und die Erwartungen anderer durchzusetzen. Ich will nicht mehr tolerant sein, und ich bin endlich alt genug, um hoch erhobenen Hauptes alleine zu schlafen. Scheiß auf die Meinung von Leuten, die ich sowieso nicht leiden kann. Ich will ein eigenes Schlafzimmer, ein riesiges Bett, ein verstellbares Kopfteil und gemusterte Vorhänge, durch die morgens die Sonne hereinscheint. Ich will einen Haufen Bücher auf meinem Nachttisch, eine Blumentapete an der Wand und einen prinzessinnenhaften Frisiertisch, wie ich ihn mir mein Leben lang gewünscht habe.

Ich habe genug von reizarmer Umgebung. Ich will endlich Staubfänger und Kitsch, Liebesromane und Fransenteppiche, Mondschein und Sonnenlicht. Aber nie wieder einen schnarchenden Mann.

Mag sein, dass mein Glück in mir liegt. Aber mein Unglück liegt gleich neben mir.

## MIR IST KEINE EINZIGE FRAU IN MEINEM ALTER BEKANNT, DIE MÖCHTE, DASS IHR LEBEN SO WEITERGEHT WIE BISHER

Ich liebe es, nachts allein Auto zu fahren. Die Straßen und die Gedanken sind frei, alles scheint möglich, und in der Dunkelheit rechts und links der Straße liegt ein vages Versprechen. Man kann die peinlichsten Lieder laut und falsch mitsingen, unerhörte Vorträge halten, überfällige Beschimpfungen ausstoßen oder einfach nur übermütige Vorstellungen am leuchtenden Mittelstreifen entlang vor sich hersausen lassen und schauen, wohin sie führen.

Ich hatte das Meditationsseminar bereits in der Pause verlassen, um mich auf den langen Weg nach Wedel zu machen. Oder soll ich sagen, auf den Weg nach Hause? Es fühlt sich nicht mehr so an.

Worauf noch warten? Ich wollte meine Entschlossenheit ausnutzen, um mit Joachim über unsere Zukunft zu sprechen. Falls es überhaupt so etwas wie «unsere Zukunft» gibt. Der Regen hat schon vor Stunden aufgehört. Noch fünfunddreißig Kilometer. Es ist kurz nach Mitternacht, und am liebsten würde ich einfach immer weiterfahren. Laut singend meine Ausfahrt in Richtung Elbtunnel rechts liegenlassen, Gas geben, die Musik lauter drehen, die Nacht durchfahren und noch den nächsten Tag und den übernächsten. So lange, bis ich eine Ahnung habe, wohin ich unterwegs bin und wo ich ankommen möchte.

Fünf Stunden habe ich jetzt Zeit gehabt, nachzudenken, zu

singen und zu phantasieren. Auf der holländischen Autobahn war ich noch zurückhaltend gewesen und hatte mich auf den Verkehr konzentriert, aber mit Überquerung der Maas war ich mutiger geworden, hatte «Smooth operator» und «Girl I want to make you sweat» tadellos mitgesungen, zumindest die Refrains, hatte Heiko auf unzählige Arten gedanklich verführt, verstaubtes Bücherwissen in schillernde Sexualpraktiken umgesetzt und auf der relativ kurzen Strecke zwischen Duisburg und Dorsten mehr Verkehr gehabt als in den vergangenen zehn Jahren.

Mit Einbruch der Dunkelheit hatte ich mich auf Höhe von Lohne-Dinklage auf aufregende Weise heimatlos gefühlt und entsprechendes Liedgut von Garth Brooks sowie den gesamten Soundtrack von «Thelma and Louise» in die Dämmerung geschmettert. Bei Bremen-Wildeshausen hatte ich mich so selbstbewusst, unverwüstlich und eins mit mir, der Welt, meinem Schicksal und meinem Auto gefühlt, dass ich gleich dreimal hintereinander Marlene Dietrich hörte: «Ich weiß nicht, zu wem ich gehöre, ich glaub, ich gehöre nur mir ganz allein!»

Hinter Bremen, das allmähliche Ende meiner Fahrt vor Augen, hatte ich dann ein wenig Angst vor meinem eigenen Mut bekommen und mir die Vorzüge eines geregelten Daseins mit Alarmanlage in Erinnerung gerufen, und ich hatte geweint, als ich an den Fleischer denken musste und an meine drei Würstchen. War ich wirklich gewillt, all das aufzugeben?

Insgesamt habe ich von De Haan in Belgien bis Buchholz in der Nordheide sieben Playlists durchgehört, von «Verdammt lang her – Best of Achtziger» über «Guilty pleasure» bis «Schlaflieder» – und bin dabei wieder und wieder zu demselben Ergebnis gelangt: So kann es nicht weitergehen.

Das mag man vielleicht nicht als bahnbrechende Erkenntnis

bezeichnen – mir ist keine einzige Frau in meinem Alter bekannt, die möchte, dass ihr Leben so weitergeht wie bisher –, aber es ist immerhin ein erster Schritt. In welche Richtung, wird man noch sehen.

Hamburg leuchtet am Horizont. Noch eine letzte Playlist. Sie ist neu, und ich war bisher zu feige, sie anzuhören. Anne hat sie mir geschickt, und alle paar Wochen fügt sie einen neuen Song hinzu, nicht ohne sich vorher ausführlich mit mir zu beraten, ob ich ihn für geeignet halte.

Die Liste heißt «Nur für alle Fälle» und versammelt mögliche Lieder für Annes Beerdigung.

Erst letzte Woche hat sie mir «Sometimes I feel like a motherless child» und «Everything must change» geschickt, und wir haben darüber diskutiert, ob es auf dem Friedhof Livemusik geben soll, ob man es Erdal wird zumuten können, ein paar Worte zu sprechen, und ob die Kinder, quasi schon fast aus alter Tradition, den Trauerzug mit «What shall we do with the drunken sailor?» zum Grab geleiten sollen.

«Ich möchte da nichts dem Zufall überlassen», meinte Anne. «Stell dir vor, so ein dusseliger Bestatter schaut in der All-Time-Charts-Liste deutscher Beerdigungsinstitute nach und lässt ‹Time to say goodbye› oder ‹My heart will go on› in der Kapelle spielen. Ich könnte mich ja nirgends mehr blickenlassen.»

Ich drehe die Musik noch etwas lauter. Ich bin jetzt kurz vorm Elbtunnel. Der nächste Song auf der «Nur für alle Fälle»-Playlist ist einer meiner Favoriten. Sentimental, ohne pathetisch zu sein. Zum Mitklatschen und Schunkeln geeignet und mit starkem lokalem Kolorit.

«Nä, wat wor dat dann fröher en superjeile Zick, mit Träne in d'r Auge loor ich manchmol zurück!»

Vor mir tut sich der Tunnel auf, und ich singe gegen das Unwohlsein an, das mich jedes Mal befällt, wenn es unter die Erde geht. Mir bleibt fast das Herz stehen, als mitten in den Refrain hinein mein Handy ohrenbetäubend laut über die Freisprechanlage klingelt.

Unbekannte Nummer. Um diese Zeit? Mir pocht das Blut in den Ohren. Ich gehe nicht dran, was mir wirklich schwerfällt. Du kannst nicht drei Söhne großziehen, ohne zusammenzuzucken, wenn du nachts einen Anruf von einer unbekannten Nummer bekommst. Ist es die zuständige Polizeidienststelle? Das Krankenhaus? Oder womöglich ein Entführer? Müttern mangelt es nicht an Phantasie, wenn es um die Gefahren geht, in die ihre Kinder geraten könnten. Die ganze Welt wird zu einem Tatort und das Telefon zur Alarmglocke.

Seit ich immer erreichbar bin, habe ich auch immer das Gefühl, es könnte was passiert sein. Ich mache die Musik leiser und konzentriere mich auf den Elbtunnel. Der Anrufer wird eine Nachricht hinterlassen, wenn es wichtig ist. Mein Herzschlag beruhigt sich wieder, langsam und unwillig. Vielleicht hat sich auch nur jemand verwählt.

Ein Summton, die Mailbox. Die alte, wohlbekannte Angst bemächtigt sich meiner, und ich höre mit grausiger Vorahnung die Nachricht ab.

«Hallo, Judith, hier spricht Murphy. Ruf mich bitte zurück. Egal wie spät es ist. Es ist dringend.»

Ich verbiete mir, in Panik zu geraten, und verlangsame mein Tempo. Es ist nur noch eine Frage von Sekunden, bis ich die Kontrolle über meine Gedanken und womöglich über den Wagen verliere. Ich muss aus diesem Tunnel raus. Die Wände! Es wird immer enger hier, oder täusche ich mich?

Schließlich tauche ich aus dem Tunnel ans Tageslicht wie aus der Unterwelt. Parkplatz in 500 Metern. Ich komme neben einem überquellenden Mülleimer und hinter einem Lastwagen mit ungarischem Kennzeichen zum Stehen. Jedes Detail prägt sich mir ein, weil ich schon vorher weiß, dass jetzt etwas geschehen wird, was ich nachher nie mehr vergessen werde.

Der ungarische Laster scheint Wurstwaren zu transportieren. Die grobgerasterten fehlfarbigen Bilder auf den hinteren Türen erinnern allerdings eher an ein paar abgeschnittene Daumen am Spieß mit Ketchup. Fingerschaschlik. Die Foodfotografie in Ungarn scheint noch in den Kinderschuhen zu stecken, denke ich und frage mich fast zeitgleich, ob Anne schon tot ist. Oder liegt sie im Sterben? Wird die Zeit noch rei-

Fingerschaschlik

chen, mich zu verabschieden? Was, wenn ich wieder zu spät komme und unser Streit meine letzte Erinnerung an sie bleibt? Hatte ich nicht immer gewusst, dass so ein Anruf bevorsteht? Ich hatte mich oft gefragt, wie es sein würde. Wer würde mir die Nachricht überbringen? Würde ich an Annes Bett sitzen? Würde es lange dauern? Zu lange?

In den letzten Wochen habe ich mich in der trügerischen Sicherheit gewiegt, es würde alles gut werden. Der Krebs schien besiegt. Ich habe ganz vergessen, Angst zu haben. Und jetzt erwischt sie mich nahezu unvorbereitet. Wie hatte ich so sorglos sein können?

Wie lächerlich, zu glauben, der Statistik würde ausgerechnet bei Anne ein folgenschwerer Fehler unterlaufen. Wie naiv, anzunehmen, der Tod würde sie übersehen oder aus einem plötzlichen Anflug guter Laune heraus verschonen. Ich habe mich von meiner Hoffnung zum Narren halten lassen. Wir alle haben uns zu Narren gemacht.

Ich bemühe mich, ruhig zu atmen und die letzten Momente, bevor das längst Erwartete eintritt, in die Länge zu ziehen. Ich wähle Murphys Nummer. Er geht nach dem ersten Klingeln ran.

«Judith?»

«Ist sie tot?» Meine Stimme ist nicht viel mehr als ein dünnes Wimmern.

«Nein! Wie kommst du denn darauf? Anne kann einfach nicht glauben, dass du ihr das angetan hast. Und ich auch nicht.»

Es ist drei Uhr morgens. Ich sitze in Wedel auf einer Bank mit Blick auf die dunkle Elbe. Mein Stammplatz. Hier habe ich schon in der Sommersonne gestillt, später meinen Kindern beim Sandburgenbauen zugeschaut, Erziehungsratgeber gelesen und mit anderen Müttern über Rückbildung, Gläschenkost, Damm- und Kaiserschnitte geschwatzt. Hundertfünfzig Meter von hier steht unser Haus. Die Rollläden sind runtergelassen, wie sich das nachts gehört. Oben im ersten Stock schläft Joachim in unserem Ehebett den Schlaf des Gerechten. Vielleicht träumt er von Annemieke. Wahrscheinlich schnarcht er. Aber nur ein bisschen.

Ein großes und unerwartetes Gefühl der Zuneigung und Dankbarkeit macht sich in mir breit für diesen Mann, der mir nie etwas vorgemacht hat, immer er selbst geblieben, Vater meiner Kinder, aller meiner Kinder ist und der vermutlich auch eine vage Ahnung davon hat, dass nichts so bleiben kann, wie es ist.

Anne hat den Kredit nicht bekommen.

«Es gibt hier im Ort nur sehr wenige, die von ihrer Krankheit wissen», hatte Murphy am Telefon gesagt, und seine Stimme war vor Wut ganz brüchig gewesen. «Von denen bist du die Einzige, die wusste, dass Anne einen Kredit beantragt hat. Sie haben ihr in der Bank auf den Kopf zu gesagt, dass sie kein Geld bekommt, weil sie Krebs hat. Anne war außer sich. Ich habe ihr ein Schlafmittel gegeben. Sie will dich morgen anrufen. Vorher wollte ich mit dir sprechen. Was hast du nur getan?»

Ich hatte auf das ungarische Schaschlik geblickt und eher verblüfft als verzweifelt bemerkt, wie mein Herz zerbrochen war. Zum dritten Mal. Und wieder an derselben Stelle.

Es gab außer mir nur einen, der von Annes Plänen gewusst hatte. Und ich hatte sie ihm erzählt. Wie hatte ich nur so dumm sein können?

«Ich habe der Bank nichts gesagt, Murphy, das musst du mir glauben. Morgen oder übermorgen wird Anne einen Brief von mir bekommen, den ich gestern in Belgien losgeschickt habe. Da steht drin, dass ich hoffe, dass sie den Kredit bekommt und ich gerne ein Gästezimmer bei euch hätte.»

«Und wer soll dann die Bank informiert haben?»

«Ich hab Heiko von euren Plänen erzählt.»

«Du hast was? Ausgerechnet Heiko? Da hättest du auch gleich bei der Bank anrufen können. Du hast doch nicht geglaubt, dass ein Mann wie Heiko seinen Vorteil nicht gnadenlos ausnutzt? An deinem Grundstück und an Zimmermanns Wiesen hängt ein Millionenauftrag, den lässt der sich doch nicht aus alter Freundschaft entgehen. Was hast du dir nur dabei gedacht?»

«Er hat gesagt, es ginge ihm nicht um mein Haus, sondern um mich.»

«Und das hast du geglaubt? Damit hast du Anne und mir die Zukunft versaut.»

«Es tut mir so leid.»

«Das sollte es auch. Vielleicht hat Anne mehr Verständnis für dich als ich, wahrscheinlich sogar. Gute Nacht.»

«Murphy, warte! Ich hätte Heiko nicht vertrauen dürfen, das stimmt. Aber immerhin ist jetzt sicher, dass er die Wiesen nicht bekommt. Und mit Annes Abfindung könnt ihr in ein paar Monaten das Land kaufen.»

«Wie meinst du das?»

«Ich werde nicht verkaufen. Sag Anne, ich komme nach Hause.»

## AUF WIEDERSEHEN, MAMA

Die Urne ist mir ans Herz gewachsen. Sie wird mir fehlen.

Sie hatte sich gut eingelebt zwischen dem Trockenblumenstrauß, einer Hortensienmumie aus dem vergangenen Jahrtausend und dem rot-schwarz glänzenden Tonklumpen, beschämendes Ergebnis einer dreitägigen Ferienfreizeit in der Voreifel, die ich als Zehnjährige besucht hatte. Gutmütig, wie meine Eltern waren, hatten sie dem verstörenden Kunstwerk einen Ehrenplatz auf der Küchenanrichte zugebilligt.

Der überdimensionale Marienkäfer – selbst wenn man weiß, dass es einer sein soll, ist er als solcher nicht zu erkennen – steht seit vierzig Jahren dort. Jeder aus unserer Familie, der morgens die Küche betrat oder abends verließ, rieb kurz mit dem Daumen über den roten Panzer des Käfers. Das würde Glück bringen, hatte ich verkündet, vermutlich in dem Bestreben, die Hässlichkeit des Objekts mit einer höheren Bestimmung auszugleichen. Selbst Nachbarskinder und Postboten hatten sich diesem Brauch angeschlossen, und so war über die Jahrzehnte eine blank polierte Stelle entstanden, ein kollektiver Fingerabdruck all jener, die in unserem Haus gelebt hatten und hier ein und aus gegangen waren.

«Bist du so weit?», fragte ich die Urne. «Auf zum letzten Gefecht.» Ich hatte mir angewöhnt, mit der Asche meiner Mutter zu sprechen – verständlich, wie ich finde, für eine mit dem Alleinleben noch nicht lang vertraute Frau. Ich streichelte den Marienkäfer, verstaute die Urne in einer Jumbo-Plastiktüte von *Penny* – meine Mutter hatte immer Wert auf preisbewusstes

Einkaufen gelegt – und machte mich auf den Weg zum Friedhof.

Ich hatte niemanden über den neuen Bestattungstermin informiert. Dieses ständige Beerdigtwerden und die Mühe, die sie anderen Leuten damit bereitete, hätten meiner Mutter nicht gefallen. Heute würden wir die Angelegenheit schnell und hoffentlich ohne Komplikationen über die Bühne bringen.

Ich ging den kurzen Weg durch unsere Straße in Richtung Friedhof. Vorbei an dem scheckheftgepflegten Vorgarten des Ehepaars Schäfer, in dem seit Urzeiten knollennasige Zwerge, hässliche Hasen und Frösche aus Steingut sowie ein mit Tonspatzen verzierter Springbrunnen ihr Unwesen treiben. Als Kinder hatten Anne und ich hier auf dem makellosen Rasen mehrere Kuhfladen entzündet. Selbstverständlich waren wir von Frau Schäfer erwischt und zur Rede gestellt worden. Sie hatte unsere Eltern informiert und harte pädagogische Maßnahmen gefordert. Meine hatten die Aktion eigentlich ganz lustig gefunden und es mit ein paar mahnenden Worten gut sein lassen, Anne war mit vier Tagen Stubenarrest und drei Wochen Taschengeldentzug bestraft worden.

Ich konnte nur hoffen, dass sie mir meinen Fehler, Heiko von ihrer Krankheit zu erzählen, verzeihen würde. Wir hatten vorgestern, am Morgen nach meiner Ankunft in Wedel, nur kurz am Telefon gesprochen. «Wir reden über alles, wenn du zurück bist», hatte Anne gesagt, und ich hatte nicht einschätzen können, was in ihr vorgegangen war. Im Nachhinein kam es mir ja selbst unverzeihlich und vor allem unverzeihlich dämlich vor.

Martina hatte die Situation treffend und ohne falsche Rücksichtnahme auf meine labile Situation analysiert: «Du hattest nicht genug Mut, selbst Verantwortung zu übernehmen, und da ist Heiko genau im richtigen Moment aufgetaucht. Die Mutter tot, die Kinder weg, die Ehe am Ende: Wäre ich wie du, hätte ich mich wahrscheinlich auch panisch auf eine alte Jugendliebe gestürzt und mir eingeredet, dieser Kaninchenkiller sei mein Heilsversprechen für eine Zukunft mit Altersvorsorge.»

«Es war ein Meerschweinchen», hatte ich weinerlich korrigiert, ihr ansonsten aber in allen Punkten zustimmen müssen.

Ich hatte lange mit Joachim gesprochen und mich danach mit Martina in der kleinen Weinstube «Homers Home» getroffen, wo wir schon die Taufe meiner Zwillinge und Martinas fünfzigsten Geburtstag gefeiert hatten. Erdal und ich hatten hier mit den beiden schwulen Kellnern Sirtaki getanzt, und ich hatte mehrfach in den prächtig blühenden Oleander neben der Eingangstür gebrochen. Es waren schöne Erinnerungen.

«Unterm Strich hast du ja keinen Schaden angerichtet», hatte Martina gesagt. «Du solltest froh sein, dass du rechtzeitig aus deinem späten Teenagerdelirium geweckt worden bist. Stell dir vor, du hättest dein Haus an den Halunken verkauft. Das hätte in einer Katastrophe geendet. Jetzt weißt du, was du willst, Anne und Murphy bekommen ihre Wiesen, und Heiko geht ein Millionengeschäft durch die Lappen. Für mich klingt das nach einem astreinen Happy End.»

«Ich habe Angst.»

«Das ist völlig normal.»

«Das kenne ich aber nicht von mir.»

«Woher auch? Du warst ja noch nie besonders mutig.»


Der Bestatter, es war derselbe wie beim letzten Mal, wartete vor der Kapelle auf mich. Ich überreichte ihm schweigend die Tüte, und wir machten uns auf den Weg zum Grab.

Ich kann mich nicht erinnern, mich jemals zuvor so allein gefühlt zu haben.

Da lebst du ein halbes Jahrhundert lang, bekommst Kinder, ein zweites Kinn und mehrere Auszeichnungen für deine engagierte Mitarbeit im Gemeinwesen. Du überstehst kleine und große Katastrophen, du weißt endlich, wie man Wollpullover wäscht, ohne dass sie zu unappetitlichen, filzigen und brettharten Miniaturversionen ihrer selbst werden. Du machst eine passable Hollandaise, kannst den Sonnengruß auswendig turnen, und dir versagt nicht mehr die Stimme, wenn du in einem Bewerbungsgespräch deine Stärken schilderst und deine Gehaltsvorstellung benennen sollst. Du hast Narben und Lachfalten, und bei Gewitter hast du keine Angst mehr.

Und dann stirbt deine Mutter.

Ein Haufen Asche bleibt und ein schmuddeliger Bestatter mit Mundgeruch, bei dem du froh sein kannst, wenn er die Urne nicht fallen lässt oder auf dem Weg zum Grab kurz eine rauchen geht.

Du wirst nicht erwachsen, wenn deine Mutter stirbt. Du wirst wieder Kind. Und beim nächsten Gewitter ist da niemand mehr, der dich beschützen kann.

Die Tränen tropften mir ganz unvermutet und ohne sich angemessen angekündigt zu haben, aus den Augen auf die Schuhe. Ich sah in der Ferne, auf Höhe der Kallensees, zwei Frauen mit dem Rücken zu mir an einem Baum stehen. Es war exakt die Birke, an deren Zweigen ich mich vor einigen Wochen vergeblich festgeklammert hatte bei dem Versuch, mich vor Anne zu verstecken.

Zwischen dem nicht mehr grünen Immergrün lagen wahrscheinlich noch die Scherben des Engels und des ewigen Lichts. Ich dachte an den Spruch auf dem Grabstein, der sich mir seltsamerweise eingeprägt hatte, obwohl ich mir sonst nahezu nichts merken kann:

*Alles hat seine Zeit*
*Weinen und lachen*
*Klagen und tanzen*
*Lachen und getrennt sein*
*Suchen, verlieren, finden*

Wie gut, dass Anne mich zur rechten Zeit gefunden hatte. Und ich sie.

Ich ging mit gesenktem Blick an den Damen vorbei, die aufgehört hatten zu reden. Ich spürte, wie sie mich ansahen, was ich als aufdringlich und unschicklich empfand in meiner Situation. Vielleicht hatte sich in unserer Gegend schon rumgesprochen, dass ich mein Haus nicht an Heiko verkaufen und das Linden-Carré nicht gebaut werden würde. War ich zum Stadtgespräch geworden? Wie unangenehm.

Ich konzentrierte mich auf den Rücken des vor mir herschreitenden Bestatters, bis ich plötzlich eine vertraute Stimme hörte: «Nimm es nicht persönlich, Anne. Seit Judith Bifokallinsen trägt, gilt sie als arrogant. Dabei sieht sie nur schlecht.»

Martina und Anne kamen lächelnd auf mich zu, und ich fühlte mich wie jemand, der zu Weihnachten genau das Geschenk bekommt, von dem er gar nicht wusste, dass er es sich immer gewünscht hatte.

«Erdal, kommst du bitte?», rief Martina in Richtung eines haushohen Rhododendrons.

«Du glaubst doch nicht, dass wir dich deine Mutter allein beerdigen lassen?», sagte Anne. «Schon vergessen? Seite an Seite bis zum bitteren Ende?»

«Bin schon unterwegs!» Erdal kam eilig hinter dem Busch hervor. «Entschuldigung, ich musste mal kurz austreten.

Meine Sextanerblase», rief er uns entgegen, und ich hörte, wie der Bestatter kaum verhalten seufzte.

Vollkommen überwältigt umarmte ich einen nach dem anderen, weinte, lachte und redete wirres Zeug. «Woher wusstet ihr ...?»

Martina grinste breit, und Erdal ermahnte mich in onkelhaftem Ton, ich solle mich jetzt bitte mal beruhigen und dem würdevollen Ort angemessen benehmen. «Sagt der Mann, der in die Friedhofsbüsche gepullert hat», erwiderte Anne und fing sich einen strafenden Blick von Erdal ein.

«Ich kann euch gar nicht sagen, wie froh ich bin, dass ihr hier seid», sagte ich. «Ich hoffe, das heißt auch, dass du mir verzeihst, Anne?»

«Dein Brief aus Belgien ist angekommen. Ich habe nie wirklich geglaubt, dass du Christoph was erzählt hast.»

«Ich hätte Heiko nichts sagen dürfen.»

«Du bist verliebt und nicht zurechenbar gewesen. Ich erlebe es doch gerade selbst, wie die Hormone aus uns alten Schachteln wieder naive, stotternde Dinger mit gefühlter Zahnspange und Klein-Mädchen-Träumen machen. Es tut mir nur für dich so schrecklich leid, dass der Mistkerl dein Vertrauen ausgenutzt hat. Hast du schon mit ihm gesprochen?»

«Nein, ich habe gestern die Maklerin informiert, dass ich nicht verkaufen werde. Danach habe ich vorsichtshalber mein Telefon ausgestellt.»

Der Bestatter brachte sich mit einem genervten Hüsteln in Erinnerung. «Wenn die Herrschaften dann freundlicherweise so langsam ...?»

Unser kleiner Trauerzug war nach wenigen Minuten am Grab angekommen. Erdal schritt voran und machte mit seinem Selfiestick Fotos von uns. Anne und Martina gingen untergehakt rechts und links von mir. Michaels Grabstein hatte man entfernt, nun war da eine Grube für die Urne.

«Ich finde, Michael kann froh sein, dass deine Mutter seine Nachmieterin ist», sagte Anne, während der Bestatter die Urne meiner Mutter versenkte. «So schließt sich ein Kreis.»

Ich nickte. Was sollte ich auch sagen? Ich hatte Karsten versprochen, Michaels Geheimnis für mich zu behalten. Anne interpretierte mein Schweigen als Vorwurf.

«Entschuldige, ich war taktlos. Ich weiß, wie sehr du deine Mutter vermisst. Auch wenn das jetzt vielleicht blöd klingt, aber ich beneide dich. Du kannst wenigstens aus vollem Herzen trauern und unglücklich sein. Wenn meine Eltern sterben, werde ich darüber trauern, dass sie mich nie geliebt haben.»

«Deine Mutter liebt dich sehr. Sie steht bloß im Schatten deines Vaters.»

«Na und? Als Kind ist dir Psychologie egal. Sie hat mich nicht beschützt, nicht mal vor schlechtem Wetter. Und so verloren, wie du dich jetzt fühlst, habe ich mich mein Leben lang gefühlt. Ich habe keine Kinder, ich habe kein Buch geschrieben, kein Haus gebaut, noch nicht mal einen Scheiß-Baum gepflanzt. Von deiner Mutter bist immerhin schon mal du übrig geblieben, und von dir bleiben deine Söhne. Aber von mir? Wenn bei mir die Mindestruhezeit abgelaufen ist, wird niemand mehr wissen, dass ich mal gewesen bin.»

Ich wusste nicht, was ich antworten sollte.

«Also hör mal», mischte sich Erdal verstimmt ein. «Bin ich etwa niemand? Wir sollten uns verabreden: Egal wer als Nächstes an der Reihe ist, der Rest von uns ist auf jeden Fall bei der Beerdigung dabei. Versprochen? Und denkt bitte daran, dass ich allergisch gegen Krokusse und Lilien bin. Weißt du noch, Judith, als ich einen Liveauftritt bei Markus Lanz abbrechen

musste, weil in der Garderobe ein Strauß mit Lilien gestanden hatte? Ich wäre fast gestorben! Man muss jeden Moment seines Daseins genießen, Kinder, das Leben kann so schnell vorbei sein.» Erdal, der Fachmann für sehr große und sehr kleine Weisheiten, verstummte, von sich selbst ergriffen.

«Wusstet ihr, dass wir alle vier Stunden zwei Moleküle einatmen, die auch Julius Cäsar eingeatmet hat?», sagte Martina als die Rationalste unter uns. «Nichts geht wirklich verloren.»

Ich atmete besonders tief ein und versuchte, mich an irgendwas zu erinnern, was ich im Lateinunterricht gelernt hatte. Aber außer «Ave Cäsar» und «Gaius asinus est» fiel mir nicht viel ein.

Erdal legte den Arm um mich. «Hast du dir schon Gedanken über die Inschrift gemacht? Ich finde es für die Friedhofsbesucher viel unterhaltsamer, wenn auf den Grabsteinen weise Sprüche stehen oder so kleine Lebensweisheiten. Von mir aus auch was Lustiges, um die bedrückende Gesamtsituation aufzulockern.»

«Bei deiner Mutter würde ‹Bin im Garten› gut passen», meinte Anne.

«Und bei mir: ‹Bitte nicht füttern!›» Erdal freute sich sehr über seinen Einfall. Der Bestatter knurrte: «Ich wäre dann so weit», und trat pietätvoll ein paar Schritte zur Seite.

Ich hatte die einzige Quitte gepflückt, die in diesem Jahr an unserem siechen Bäumchen gehangen hatte. Sie sah prächtig aus, leuchtete gelb und roch so intensiv nach Sommer und Kindheit, dass ich sie gerührt beschnüffelte.

Der Bestatter warf zunächst mir und dann seiner Uhr einen verstörten Blick zu. Ich ließ die Quitte ins Grab fallen, und mit einem unerwartet lauten und hohlen Geräusch landete sie auf der Urne. Der Bestatter zuckte zusammen. Die anderen warfen kleine Herbstblumensträuße hinterher.

«Die sehen ja toll aus», sagte ich.

«Selbstgepflückt», erklärte Anne. «Gerade eben. Bei den Schäfers. Deren Vorgarten sieht immer noch aus wie ein Blumengroßhandel.»

«Jetzt nicht mehr», fügte Martina trocken hinzu.

«Tschüss, Uschi», sagte Anne.

«Tschüss, Uschi», sagte Erdal.

«Tschüss, Frau Monheim», sagte Martina.

«Auf Wiedersehen, Mama», sagte ich. Und zum ersten Mal seit langem hatte ich das Gefühl, auf einem guten Weg zu sein.

«Ein schöner Ort», sagte Anne auf dem Weg zum Friedhofstor. «Wie ein Dorf, in dem fast jeder jeden kennt. Mit dem winzigen Unterschied, dass alle Bewohner tot sind. Trotzdem hat es was Beruhigendes, hier zwischen den altvertrauten Namen herumzulaufen. So viele Erinnerungen kommen zurück. Hier möchte ich auch mal begraben werden.»

«Wenn gerade kein Plätzchen frei sein sollte, buddeln wir die Jürgensmeyer aus. Die vermisst keiner.»

«Wenn ich vor drei Monaten gestorben wäre, hätte mich auch niemand vermisst. Ich hätte weder gewusst, wo ich beerdigt werden will, noch, wen ich dazu hätte einladen sollen. Und jetzt, siehe da, könnte es richtig voll werden.»

«Lass dir bitte noch ein bisschen Zeit.»

«Ich gebe mir Mühe. Je länger ich lebe, desto unwirklicher kommt mir alles vor. Manchmal vergesse ich den Krebs für ein paar Stunden völlig und denke, ich hätte noch ein komplettes Leben vor mir, mit Altwerden, künstlichem Hüftgelenk und allem, was sonst dazugehört. Es wäre ein Wunder, wenn ich in zwei, drei Jahren noch leben würde.»

«Dann rechne lieber mit einem Wunder statt mit dem Schlimmsten. Als Murphy mich neulich nachts auf der Autobahn angerufen hat, dachte ich, das Schlimmste wäre passiert. Und ich habe mich regelrecht geschämt, dass deine Krankheit für mich der Normalzustand geworden ist. Wir sprechen nicht mehr ständig darüber, wir streiten uns sogar wie fast normale Menschen, wir machen schlechte Witze über deinen Schwerbehindertenausweis und benehmen uns, als hätten wir alle Zeit der Welt.»

«Aber genau das tut mir gut. Ich kann nicht immer Angst haben und von allen wie ein rohes Ei behandelt werden. Ich fühle mich nicht krank. Und bin es im Moment ja auch nicht.

Ich hab sogar überlegt, wohin ich im nächsten Sommer gerne reisen würde. Dann fiel mir ein, dass ich in solchen Zeitspannen nicht mehr denken sollte. Zumindest nicht ohne Reiserücktrittsversicherung. Ich muss schon zugeben, dass ich die Stornobedingungen deutlich gründlicher lese als früher.»

«Joachim ist ein großer Kenner von Stornobedingungen und Rücktrittsversicherungen. Den kannst du alles fragen. Der lebt schon sein ganzes Leben so, als würde er bald sterben.»

«Wirst du ihn wirklich verlassen?»

«Hat Martina dir nichts erzählt?»

«Sie ist eine sehr diskrete Person. So was kennt man hier im Rheinland ja gar nicht. Sie hat nur angedeutet, es hätte ein Gespräch zwischen dir und Joachim gegeben, das anders verlaufen ist als geplant.»

«Stimmt.» Ich holte tief Luft. «Ich habe meinen Mann verlassen. Zumindest habe ich es versucht.»

«Und dann hast du es dir wieder anders überlegt?»

«Ich hatte nicht mit Joachims Pragmatismus gerechnet. Unsereins stellt sich eine Trennung ja als hochemotionale Angelegenheit vor, mit Tränen, Vorwürfen, Verzweiflung, Wut und einem dicken, blutigen Schlussstrich. Aber im Norden läuft das ganz anders. Joachim fand, dass es für eine Trennung keinen objektiven Grund gäbe.»

«Wie wäre es mit: Ihr liebt euch nicht mehr?»

«Das wollte Joachim als Argument nicht gelten lassen. Liebe, das wäre doch eine Frage der Definition, meinte er, und die romantische Liebe sowieso eine fragwürdige Erfindung des 19. Jahrhunderts. Wenn sich morgen alle Ehepaare trennen würden, die sich nicht mehr wie am ersten Tag lieben, hätten wir eine Scheidungsquote von 99 Prozent. Wer mehr als tiefe Zuneigung und Freundschaft von einer Dauerbeziehung erwarte, habe gar nicht verstanden, was Liebe ist. Er findet Scheidungen unzeitgemäß. Wer sich scheiden lassen will, der hätte gar nicht erst heiraten sollen. Es gäbe mittlerweile genug alternative Lebensformen für Verheiratete, verheiratet zu bleiben, ohne als klassisches Ehepaar zusammenzuleben.»

«Alternative Lebensformen? Ich hätte nicht gedacht, dass Joachim so ein Ausdruck über die Lippen kommt. Dein Mann erstaunt mich.»

«Er denkt logisch, nicht romantisch. Ich meinte zu ihm, wir könnten ja Freunde bleiben.»

«Und?»

«Er sagte: ‹Dann braucht sich nichts zu ändern, denn das sind wir schon.›»

«Und jetzt?»

Wir waren vor meinem Haus angekommen. Ich warf die leere *Penny*-Tüte in die Mülltonne.

«Und jetzt», rief Erdal, machte ein paar ungelenke Boxschläge in die Luft und tänzelte übermütig um uns herum. «… jetzt ist die Stunde der Rache gekommen! Auf in den Kampf, Schwestern! Heiko, der schändliche Verräter, der Hamster-Mörder, wird diesen Tag nie vergessen! Lasst uns dem Dreckskerl einen Denkzettel verpassen – ich habe da auch schon einige zauberhafte Ideen!»

«Es war ein Meerschweinchen», sagte ich, auch wenn das eigentlich nichts zur Sache tat.

## WIR SIND NICHT LÄCHERLICH. WIR SIND EINFACH NUR UNHEIMLICH KRASS

«Ihr wollt was?»

Bauer Zimmermann kratzt sich am Kopf. Er ist alt geworden, seit ich ihn zuletzt gesehen habe, steht gebeugt wie mein sterbender Quittenbaum und stützt sich auf einen Stock.

«Wir brauchen vier Schubkarren Kuhmist», wiederholt Anne unsere Bitte und deutet auf den ansehnlichen Misthaufen etwas abseits der Ställe.

«Traurig, das mit deiner Mutter», brummt Zimmermann in meine Richtung. «Gute Frau, die Uschi Monheim. Hab vorhin mit Murphy gesprochen. Bin froh, dass er die Wiesen kauft und nicht dieser Schleimscheißer. Aber man kann es sich ja nicht aussuchen. Ich mach's nicht mehr lange, und meine Töchter haben kein Interesse an dem Hof. Ich geh ins Altersheim. Wenn ihr jemanden wisst, der mein Haus und die Ställe kaufen will, sagt Bescheid. Je eher, desto besser. Nehmt euch so viel, wie ihr wollt. Aber macht bloß keinen Mist damit.» Kichernd schlurft er in sein Haus zurück.

Zwei Stunden später schleichen vier vermummte Gestalten ächzend durch die Dunkelheit. Murphy hat Erdal und Martina mit Gummistiefeln ausgestattet, die ihnen viel zu groß sind.

«Fliehen kann ich in den Dingern nicht», murrt Erdal. «Ich kann nur hoffen, dass wir nicht erwischt werden. Ich möchte nicht als Vorbestrafter enden.»

ABER MACHT BLOSS KEINEN MIST DAMIT.

«Für Sachbeschädigung gibt es keine Vorstrafe», flüstert Martina.

«Psst», zischt Anne. «Hoffentlich geht dein Plan auf, Judith. Sonst müssen wir die ganze Kuhscheiße wieder zurück zum Auto schleppen.»

«Heiko hat mir lang und breit von seinem großartigen Wochenendhaus mit direktem Wasseranschluss in Premiumlage vorgeschwärmt und dass es sein Schönstes ist, morgens mit dem Kanu rauszufahren, um das Erwachen der Natur zu erleben.»

«Da hättest du hellhörig werden müssen», flüstert Erdal. «Kanufahrer sind Autisten, das weiß man doch. Beziehungsunfähig und nicht an tiefen emotionalen Verbindungen interessiert. Sieh zu, dass du dich beim nächsten Mal in einen Ruderer verliebst, das sind teamorientierte und verlässliche Partner.»

Wir schleppen den Mist in schweren Müllsäcken hinter uns her. Vor unserem Aufbruch hat jeder sechshundert Milligramm *Ibuprofen* eingenommen, insofern werden wir erst morgen spüren, was wir unseren maroden Rücken angetan haben.

«Da vorn ist es», flüstert Martina und deutet auf ein imposantes vollverglastes Haus, das glücklicherweise völlig im Dunkeln liegt.

«Scheint niemand da zu sein», wispert Erdal.

«Also los.» Martina drückt entschlossen die Klinke des hohen Gartentores herunter. Sie war schon immer eine Frau der Tat, während ich mich eher als eine Frau des Wortes bezeichnen würde. Ich rede lieber über Dinge, statt sie zu tun. Mir hätte es völlig gereicht, die Rache an Heiko bei mehreren Flaschen Wein in der Theorie mehrfach durchzuspielen und dann auf direktem Weg ins Bett zu gehen. «Ich finde, Machen wird überschätzt», hatte ich noch auf dem Weg im Auto hierher gesagt, war aber überstimmt worden.

«Nachher wirst du stolz auf dich sein, dass du nicht wieder einen Kerl, der dich schlecht behandelt hat, ungestraft davonkommen lässt», hatte Erdal kriegerisch gerufen.

«Haben wir nicht alle einen Heiko in unserem Leben? Einen Superarsch, der unsere Würde verletzt und uns wie eine Idiotin behandelt hat?», hatte Martina geradezu rheinländisch aufgedreht gefragt.

«Einen? Hunderte!», hatte Anne gerufen und sich dann die Nase zugehalten, weil sich der Mistgestank im Auto doch recht intensiv ausgebreitet hatte.

Leider ist das Gartentor abgeschlossen und der Zaun um das Grundstück mannshoch. Ratlos blicken wir uns an.

«Last uns umkehren, wir haben es wenigstens versucht», sagt irgendein Feigling. Ich fürchte, ich.

«Kommt gar nicht in Frage.» Martina befindet sich jetzt, ich kenne das von unseren Matches im Wedeler Tennisclub, in einem Autopilot-Modus, in dem Scheitern keine Option ist. Sie geht langsam an dem Zaun entlang und untersucht ihn auf Schwachstellen. An der Garageneinfahrt wird sie fündig.

«Hier!», zischt sie leise und winkt uns heran. «Durch den Spalt zwischen Tor und Boden können wir durchkriechen. Ist die Straße frei? Ich geh als Erste.» Martina schlängelt sich mit geradezu jugendlicher Biegsamkeit durch die Öffnung, ich folge deutlich weniger elegant. Dann vergehen ein paar bange Sekunden, in denen Erdal auf Höhe seines Bauches stecken bleibt. Sein erschrockenes Quietschen klingt ohrenbetäubend in der Stille der Nacht. Schnell ziehen Martina und ich ihn mit einem Ruck auf unsere Seite. «Schieb die Müllsäcke rüber, Anne, schnell!»

Ich habe Herzklopfen und diese bestechende Form von Angst, die damit einhergeht, wenn man gerade etwas Mutiges tut.

Anne packt einen der Säcke und stützt sich dabei an der Klinke des Zufahrtstores ab, das daraufhin lautlos aufschwingt.

«Oh», haucht Martina beschämt, aber jetzt ist keine Zeit für Vorwürfe. Schließlich haben wir alle nur wenig Erfahrung im Einbruchsgewerbe. Wir packen unsere Müllsäcke und folgen Anne, die ihr Handy als Taschenlampe benutzt, auf Zehenspitzen um das Haus herum und schleichen durch den großen, zum See hin abfallenden Garten bis zum Wasser. Das Kanu liegt, vom Mondlicht beschienen, nichtsahnend am Ufer, ganz so, wie Heiko es mir beschrieben hatte.

Ein feines, böses und außerordentlich befreiendes Lächeln legt sich über mein Gesicht, während wir den Kuhmist ins Kanu kippen.

«Wir dürfen es nicht ganz voll machen, sonst sieht er gleich, was los ist», raunt Martina und wischt sich den Schweiß von der Stirn. «Er soll sich ja schön reinsetzen in die Scheiße.»

«Das hätte ich schon vor dreißig Jahren machen sollen», sage ich euphorisch.

«Der Vorteil des reifen Alters!» Anne lacht und schippt beherzt noch eine Schaufel Mist in den hinteren Teil des Kanus. «Man lässt sich nicht mehr alles gefallen und hat keine Angst davor, sich lächerlich zu machen.»

«Wir sind nicht lächerlich», sagt Martina zufrieden. «Wir sind einfach nur unheimlich krass.»

Im selben Moment flammt das Licht auf der Terrasse auf, und eine ängstliche Stimme schallt durch die Dunkelheit. «Hallo, wer ist da? Machen Sie, dass Sie wegkommen, oder ich rufe die Polizei!»

Heiko!


Wir sitzen auf der senfgelben Couchgarnitur meiner Eltern und fühlen uns wie Heldinnen. Auf dem Tisch stehen Wein und Chips, friedlich vereint mit einem Fläschchen Jod, einer zinkhaltigen Wundcreme und Arnikakügelchen. Niemand von uns ist unversehrt geblieben, aber alle finden, dass es die Aktion wert war und wir unsere Kriegsverletzungen mit Stolz tragen dürfen.

Martina war während der Flucht ein Ast durchs Gesicht geschrappt, der eine blutige Schramme hinterlassen hat, Anne war über eine Baumwurzel gestolpert und hat einen blauen Fleck am Schienbein. Ich habe mir bei dem Sprint durch den Garten eine leichte Zerrung der linken Wade zugezogen. Am schlimmsten hat es natürlich Erdal erwischt, der einen Gummistiefel verloren, den zweiten in kopfloser Panik von sich geschleudert und seine violetten Paul-Smith-Socken ruiniert hat.

«Das hätte ich mir nie zugetraut. So lebendig habe ich mich schon lange nicht mehr gefühlt», sagt Anne und hält sich eine Packung tiefgefrorener Erbsen an ihr Schienbein – meine Mutter war eine Freundin deftiger Kost und liebte Erbsensuppe mit Speck und Mettwürstchen.

«Glück und Mut liegen eben nah beieinander. Wir können stolz auf uns sein. Wir haben heute Nacht nicht nur unsere Angst überwunden, sondern auch der Sache der Frau einen unschätzbar hohen Dienst erwiesen. Lasst uns anstoßen!», ruft Erdal bewegt und erhebt sein Glas. «Auf das gefährliche Leben!» Seine nackten Füße stecken in den Pantoffeln meiner Mutter, die ich aus Wedel mitgebracht habe. Sie gehören hierher.

«Wie oft wünschen wir uns, die Dinge wären anders, tun aber nichts dafür, um sie zu verändern?», frage ich in die Runde. «Ist es nicht verrückt, etwas Neues zu wollen, aber nicht aufzuhören, das Alte zu tun? Ich will neu anfangen. Deshalb komme ich zurück. Ich werde das Haus meiner Mutter renovieren, einen neuen Quittenbaum im Garten pflanzen und ein Zimmer für Gäste einrichten. Und ich tu endlich das, wovon ich früher mal geträumt habe: Ich werde einen Roman schreiben!»

Anne wischt sich eine stattliche Anzahl Tränen aus den Augen. Sie wird noch so eine richtige Profi-Heulsuse wie ich. «Willkommen zu Hause, Frau Nachbarin!», ruft sie.

«Und was wird aus Joachim, der alten Spaßbremse?», fragt Erdal.

«Joachim will in Zukunft weniger arbeiten und mehr segeln. Und er findet es gut, dass ich mich als Schriftstellerin versuchen und in mein Elternhaus ziehen möchte. Er meint, eine Trennung sei in unserem Fall die einfallsloseste Lösung.»

«Es ist schon erstaunlich, wie für Vernunftmenschen selbst die gewagtesten Unternehmungen an Bedrohlichkeit verlieren», meint Martina.

«Aber auch an Glanz, Leidenschaft und Drama», ergänzt Erdal enttäuscht. Er ist selbstverständlich kein Freund von friedlichen Trennungen, er lehnt Harmonie generell ab und ist der einzige mir bekannte Mensch, der für einen ungeordneten Brexit war. «Und was die Leute im Allgemeinen und die Rotarier im Besonderen zu eurem neuen Lebensmodell sagen, ist Joachim auf einmal egal? Wie kann der Erfinder der Contenance und der beleuchteten Hausnummer sich darüber freuen, dass seine Frau zu einer Schriftstellerin mutiert, die als Single im Rheinland lebt?»

«Joachim will auch nicht irgendwann mit dem Bohrer in der Hand tot umfallen. Wir haben festgestellt, dass wir beide Träume und Sehnsüchte haben. Nur eben völlig unterschiedliche. Das ändert aber nichts daran, dass wir weiter gute Eltern und gute Freunde sein wollen.»

«Ihr braucht eine radikale Trennung, keine halben Sachen», meckert Erdal.

«Beziehungen sind individuell. Warum sollten es Trennungen nicht auch sein?», sagt Martina. «Ich liebe meinen Mann nicht, aber ich bin gern mit ihm zusammen. Führen wir deshalb eine schlechte Ehe? Muss ich mich scheiden lassen? Wer sollte das entscheiden, wenn nicht wir selbst? Joachim hat recht. Warum sollte man nicht versuchen, das Gute zu erhalten und gleichzeitig neue Wege zu gehen? Das ist keine halbe, sondern eine runde Sache.»

«Ich habe auch etwas zu verkünden», sagt Erdal, und ein stolzes Lächeln legt sich über sein rundes Gesicht. «Wie ihr wisst, muss ich mich gezwungenermaßen beruflich neu orientieren – auch wenn ich stark bezweifle, dass dieser ungewaschene YouTuber, der meinen Sendeplatz bekommt, sich dort lange halten wird. Karsten ist schon länger mit meinem Beruf unzufrieden. Er hat keine Lust mehr auf *Instagram*-Storys und Quotenanalysen. Ich habe daher Bauer Zimmermann ein Angebot gemacht, und er hat ja gesagt. Jetzt muss nur noch Karsten zustimmen, dann sind wir Hofbesitzer!»

Wir schweigen verblüfft. Martina bringt als Erste eine Frage zustande: «*Du* willst Bauer werden?»

«Bist du wahnsinnig? Natürlich nicht! Ich hasse Schweine, und Kühe mag ich auch nicht. Denen würde ich wegen Eigenbedarf kündigen. Aber aus dem Haus und der Scheune kann man was Wunderschönes machen. Karsten und ich können unter einem Dach alles tun, was wir wirklich wollen. Ich werde eine Kochschule für Kinder eröffnen, Karsten kann wieder Selbstverteidigung und Kampfsport unterrichten, Leonie sucht neue Räume für ihre Physiotherapiepraxis, und meine Söhne sollen nebenan bei Murphys Sommercamps endlich mal lernen, wie man einen Nagel in die Wand schlägt. Es ist genau das, wovon wir doch alle immer träumen: Die Menschen, die wir wirklich lieben, kommen zusammen, um das zu tun, was sie wirklich lieben.»

«Wie hast du das noch mal genannt, Judith? Einen Gnadenhof für altgewordene Hippies?» Anne lächelt mich an.

«Wie soll eure Traumfabrik denn heißen», fragt Martina.

«Wie wäre es mit EEH? Erdals Erlebnishof? Das Erdal-Land? Oder vielleicht Erdalien?» Erdals blaue Augen blinken begeistert, er erntet jedoch nur reservierte Reaktionen.

«Es sollte romantisch und altmodisch klingen», rege ich an. «Wie ein Mädchenroman aus früheren Zeiten.»

«Burg Schreckenstein?» Erdal ist offensichtlich beleidigt.

«Der Name sollte einen Bezug zur Landschaft haben, in dem sich das Projekt befindet.» Martina ist wie immer an einer Versachlichung des Themas interessiert.

Anne ist ans Fenster getreten und schaut in den Garten. «Wie wäre es mit ‹Dreitannenhof›?»

Es ist eine windstille, klare Nacht, und die drei alten Tannen stehen so unerschrocken da, als hätten sie noch ihr ganzes Leben vor sich.

**BESTE FREUNDINNEN**

Anne starb im Frühling, als nach einem ungewöhnlich kalten Winter der Quittenbaum zum ersten Mal blühte.

Der Dreitannenhof ist genauso bunt und liebenswert geworden, wie wir ihn uns in jener Nacht ausgemalt hatten. Sogar Joachim kommt uns ab und zu besuchen. Er schläft in meinem Gästezimmer, und durch die Wand kann ich ihn leise schnarchen hören wie früher meinen Vater. Es stört mich nicht.

Erdal hat mit seiner Kochschule den Innovationspreis des Landes Nordrhein-Westfalen gewonnen, und meine Söhne sind so begeistert vom Tannenhof, dass sie ihre Ferien hier freiwillig verbringen. Joachim überlegt, seine Praxis zu verkaufen und ganz zu Annemieke nach Travemünde zu ziehen. Karsten und Murphy sind gute Freunde geworden und kümmern sich um den Garten.

Bauer Zimmermann ist im vergangenen Herbst gestorben, er liegt direkt neben Frau Jürgensmeyer. Heiko habe ich nie wiedergesehen und das nicht eine Sekunde bedauert. Ich habe ein Auge auf den struppigen Freizeitimker Thomas geworfen, der einmal die Woche kommt, um seine Bienenstöcke zu kontrollieren. Er gefällt mir ziemlich gut. Ab und zu bleibt er über Nacht, wobei er in der Regel nicht das Gästezimmer benutzt.

Im März war Michael zwei Tage lang auf dem Dreitannenhof. Karsten hatte ihn am Telefon überredet, die nächste Abenteuerreise in seine alte Heimat zu machen. Er war ein anderer Mensch geworden. Ein Einzelgänger, verschlossen und wortkarg. Selbst Karsten war es nicht gelungen, an die alte Vertrautheit anzuknüpfen.

«Ich bin froh, dass ich noch mal hier war», sagte er mir zum Abschied. «Ich weiß jetzt, dass ich nie wieder zurückkommen muss.»

«Bei mir ist es andersrum», antwortete ich. «Ich bin froh, dass ich noch mal hierhergekommen bin, weil ich jetzt weiß, dass ich nie wieder wegmuss.»

Noch Anfang April hatte Anne sorgfältig den frischen Schnee von den Zweigen des neugepflanzten kleinen Quittenbaumes geschüttelt. «Sonst erfrieren die Knospen», hatte sie gesagt.

Vier Wochen später hatte ich einen blühenden Zweig in Annes Grab geworfen. Der Bestatter war mir wie ein alter Bekannter vorgekommen, und die Kinder hatten nahezu fehlerfrei «Morgen kommt der Weihnachtsmann» gespielt.

Nichts kann den Schmerz über Annes Tod erträglicher machen. Aber daran war ich ja gewöhnt, seit Anne wieder in mein Leben getreten war: Mit ihr ging immer alles gleichzeitig. Das Lachen und das Weinen. Mutig sein und sich nicht trauen. Hoffen und verzagen. Chemo und Champagner. Sich alt fühlen und Zukunftspläne machen, leben und sterben.

«Kommst du wieder mit?», hatte Anne jedes Mal gefragt, wenn ihr vierteljährlicher Komplettcheck bevorstand. Er war für uns zu einer mit Angst und Hoffnung besetzten Routine geworden.

Eine Woche vor dem Termin wurden wir alle jedes Mal nervös. Murphy schlief schlecht, Erdal aß noch mehr Schokolade als sonst, Karsten joggte gegen seine Unruhe an, ich versuchte, mich durch die Arbeit an meinem Roman abzulenken, und

Anne strickte Strümpfe, manchmal nächtelang. «Kummersocken» nannten wir sie, und jeder von uns hatte mittlerweile mindestens drei Paar.

Anne war die Vorzeigepatientin der Station, eine lebende Legende. Der Chefarzt erwähnte sie als «Langzeitüberlebende» in seinen Vorträgen, und als Anne und Murphy heirateten, traten die Stationsschwestern als Gospelchor auf.

«Wer von den beiden jungen Damen ist denn hier die Patientin?», hatte beim letzten Check ein forscher junger Mann gefragt, den ich noch nie gesehen hatte. Die Frage war zwar berechtigt, denn Anne sah wieder aus wie vor ihrer Krebsdiagnose, dennoch fühlte ich mich ein klitzekleines bisschen beleidigt.

«Ich», sagte Anne. «Und wer sind Sie?»

Der Mann im Kittel überhörte die Frage und schnallte ihr eine Manschette um den Oberarm. «Blutabnahme. Bitte machen Sie eine Faust.»

«Ich habe schlechte Venen.»

«Das ist kein Problem für mich.»

«Ich habe wirklich sehr schlechte Venen.»

«Die medizinische Evaluation können Sie getrost mir überlassen. Bitte pumpen.»

«Ist Ali denn nicht da?»

«Wer soll das sein?»

«Ein Anästhesie-Pfleger und Spezialist für schwierige Blutabnahmen. Er hat das die letzten beiden Male bei mir gemacht.»

«Kenne ich nicht», sagte der Arzt verärgert und stach zu. Ich schloss die Augen. Ich hatte diese Prozedur schon so oft miterlebt, das Stochern in Annes dünnen Adern, ihr vor Schmerzen und Angst verzerrtes Gesicht.

Einmal hatte eine neue Schwester vergessen, Annes Blut ins Labor zu geben. Noch länger warten, hoffen, Angst haben. Fünf, sechs Stunden lang. Bis irgendwann, oft erst spät am Abend, die Tür aufging und der diensthabende Arzt reinkam.

Und dann versuchst du, in seinem Gesicht zu lesen. Er lächelt. Bedeutet das, die Werte sind gut? Oder heißt das, du bist so gut wie tot und er will es dir schonend beibringen? Sieht er bekümmert aus? Vielleicht hat er nur schlecht geschlafen. Oder haben sie im Dienstzimmer Strohhalme gezogen, wer an der Reihe ist, die schlechte Nachricht zu überbringen? Hat er diesmal den Kürzeren gezogen? So wie du? Er ist auch nur ein Mensch. Aber für dich ist er in diesem Moment der wichtigste Mensch auf der Welt. Und das, was er gleich sagen wird, wird dein Leben verändern. So oder so.

«Das gibt's doch gar nicht!» Der junge Arzt fluchte und zog zum sechsten Mal die Nadel aus Annes Arm. «Schwester, ich brauche einen Baby-Butterfly!» Er warf Anne einen missmutigen Blick zu, als habe sie aus purer Schikane einen untauglichen Satz Venen mitgebracht.

«Pumpen», sagte der Metzger in Weiß und setzte zum nächsten Stich an. Die Schwester legte Anne eine Hand auf die Schulter. Sie weinte. Ich schaute weg und konzentrierte mich auf das Fußende des Besucherbettes, das man für mich in Annes Zimmer geschoben hatte. «6b – Onko Palli», hatte jemand mit schwarzem Edding daraufgeschrieben. Eine Leihgabe aus der Palliativstation. In diesem Bett landeten die Hoffnungslosen.

Heilung ist da oben nicht mehr das Thema, oder, wie Margot, Lungenkarzinom im Endstadium, es bei unserem letzten

Besuch auf 6b gesagt hatte: «Früher habe ich gehofft, dass ich keine Metastasen habe. Heute hoffe ich, dass ich keine neuen habe.»

Anne und ich hatten manchmal Weißwein und Mozartkugeln auf die 6b geschmuggelt, mit Nachtschwester Ute Cluedo und mit Sterbenden Scharade gespielt. Ich hatte Frauen, die zu schwach waren, um ihren Arm zu heben, die Fingernägel lackiert, und ich hatte Hermann, metastasierender Magenkrebs, nachts in seiner dunkelsten Stunde so lange die Hand gehalten, bis seine Todesangst sich gelegt hatte und er eingeschlafen war. Wie ein Kind, hatte ich gedacht. Bloß ohne Zukunft. Am Morgen war er nicht wieder aufgewacht.

Für Anne waren die Besuche auf 6b stets heilsam und kräftigend gewesen. Während ich mich nachher gefühlt hatte, als säße der Leibhaftige auf meiner Schulter, hatte Anne geglaubt, dem Schicksal eine Art Deal abgerungen zu haben: Lass mich in Ruhe, dann stehe ich denen bei, die nicht so viel Glück haben wie ich.

«Ich bin drin», sagte der Arzt breit grinsend, als habe er eine spröde Jungfrau flachgelegt.

«Na bravo», sagte Anne mit einer Stimme zum Erfrieren.

«Das Labor hat heute viel zu tun. Die Werte kommen nicht vor achtzehn Uhr», verabschiedete sich der Arzt, als handele es sich um die Verspätung eines wenig frequentierten Regionalzuges.

Um halb acht beschlossen wir, nicht länger auf die Blutwerte zu warten. Ich frage mich manchmal, ob wir irgendetwas anders gemacht hätten an jenem Abend, wenn wir gewusst hätten, dass gerade jetzt die letzten Stunden anbrachen, in denen wir

Wir teilen Erinnerungen, die so alt sind wie wir selbst.
Anne und Judith.

ahnungslos sein durften, in denen wir noch dachten, wir hätten eine nennenswerte Zukunft vor uns.

Wir wussten nicht, dass die Ärzte am nächsten Morgen mit versteinerten Gesichtern von «massiven Raumforderungen» und «inoperablen Metastasierungen im Bauchraum» sprechen würden. Wir gingen davon aus, dass Anne mit dem Standardsatz des Chefarztes nach Hause geschickt werden würde: «Und denken Sie daran, ich will auch in diesem Jahr eine Weihnachtskarte von Ihnen bekommen.»

Morgen würde von einer Weihnachtskarte nicht mehr die Rede sein. Und es würde meine Hand sein, die Anne achtzehn Tage später, an einem Samstagabend um zwanzig nach acht, die Augen schließen würde.

Aber an diesem Abend hatten wir keine Ahnung, dass die Stunden gezählt waren, und verbrachten sie, als seien sie nichts Besonderes. Wir gingen über die dämmrigen Rheinwiesen. Ich dachte darüber nach, wie sich mein Leben verändert hatte, seit wir uns wiederbegegnet waren, und wie glücklich ich darüber war, wieder eine Freundin zu haben, die noch wusste, wie die Sommerabende damals rochen, als wir noch klein waren, Hüpfkästchen auf den Bürgersteig malten und Grashalme aus dem Planschbecken fischten.

Wenn wir an unsere Kindheit denken, Anne und ich, dann riechen wir den Duft von warmem Vanillepudding und reifen Quitten.

Wir teilen Erinnerungen, die so alt sind wie wir selbst.

Anne und Judith.

Beste Freundinnen. Für mehr als die Hälfte des Lebens.

## EPILOG

Liebe Judith,

gestern war meine Beerdigung.

Schade, ich wäre gern dabei gewesen. Vielleicht beim nächsten Mal.

Verzeih mir bitte, aber wenn ich mit irgendjemandem über meinen Tod spotten kann, bist Du das. Wir haben die Hälfte unseres Lebens zusammen gelacht und geweint, wobei Du, was das Weinen angeht, einen klaren Vorsprung hattest.

Wir haben gewusst, dass es so weit kommen würde. Dass es dann aber so schnell gehen würde, damit hatte ich nicht gerechnet. Ich kann spüren, wie sich das Ende in meinem Körper ausbreitet.

Es ist zwei Wochen her, seit der Professor morgens noch vor der offiziellen Visite in unser Zimmer kam. Du lagst gerade vergnügt in Deinem «Onko Palli»-Bett und hieltest mir einen Vortrag über Hagebuttentee und wie sehr er Dich an unsere Fahrt ins Landschulheim von Waldbröl erinnere, wo Du Dich nach einem Kuss von Walter Hasselt übergeben hast, auch wenn wohl eher ein Virus schuld daran war.

Ich musste laut lachen. Dann ging die Tür auf.

Ich sah das Gesicht des Professors und wusste, dass ich den Sommer nicht mehr erleben würde.

Wenn man mich nach dem wichtigsten Moment in meinem Leben fragen würde, würde ich antworten: Judith auf dem

Doppelgrab von Wilma und Herbert Kallensee, neben ihr ein zerbrochener Engel und ein erloschenes ewiges Licht. «Hallo, Anne», hast Du gesagt. «Lange nicht gesehen.»

Ich hatte gesehen, wie Du Dich vor mir verstecken wolltest. So hatte ich mir das nicht vorgestellt. Seit Jahren hatte ich mich gefragt, wie es sein würde, wenn wir uns wiedersehen. Seit Jahren hatte ich nichts mehr gefürchtet und nichts mehr ersehnt, als Dir plötzlich gegenüberzustehen. Aber dann war plötzlich irgendetwas mit einem lauten Scheppern umgefallen. Das warst Du. Und von da an hatte ich nicht mehr so tun können, als hätte ich Dich nicht gesehen und als könnte einfach alles so weitergehen wie bisher.

Während ich diesen Brief schreibe, höre ich unten Eure Stimmen. Murphy hat gekocht und wird uns bald zum Abendessen rufen. Er wird mich die Treppe runtertragen, denn meine Beine haben schon vor mir ihren Dienst eingestellt.

Ihr werdet Euch um ihn kümmern müssen, wenn es so weit ist.

Ich kann von hier aus die drei Tannen sehen. Unsere Tannen, die mit Dir und mir erwachsen geworden sind. Wie alt werden Tannen?

In ein paar Tagen wird der kleine Quittenbaum zum ersten Mal blühen.

Du warst die beste Freundin der Welt. Und wirst es für mich sein bis zum Schluss. Der Gedanke, dass Du nicht von meiner Seite weichst, ist unsagbar tröstlich. Ich danke Dir für alles.

Ich bin so gut wie tot und war noch nie so glücklich. Damit habe ich nicht gerechnet. So ist es mit jedem Schicksal, jeder Lebensphase, durch die wir schreiten müssen, ob wir wollen oder nicht: Was man sich nicht vorstellen konnte, tritt ein. Und dann ist man nicht mehr derselbe Mensch wie vorher.

Ich fühle mich tief verbunden mit allem, was ist, und mit allem, was nach mir bleibt und kommt. Nichts geht verloren. Auch ich nicht.

Ich fühle mich wie als Kind, wenn ich am Wochenende bei Dir übernachten durfte. Wir krochen in Dein Bett, spielten mit unseren Taschenlampen unter der Decke und gingen fast immer noch mal runter ins Wohnzimmer, obwohl wir längst schlafen sollten. Deine Eltern saßen nebeneinander vor dem Fernseher, guckten «Der Große Preis» oder «Wetten, dass..?», rückten ein Stück, nahmen uns in ihre Mitte und ließen uns noch eine Weile lang mitschauen. Frotteeschlafanzüge. Nackte Füße. Unsere Kuscheltiere im Arm.

Manchmal machte uns Deine Mutter noch einen *Dr. Oetker Vanillepudding*, der warm und direkt aus dem Topf gegessen wurde.

Es war meist nach zehn, wenn sie in dem freundlichen Ton, der keinen Verhandlungsspielraum mehr zuließ, sagte: «Es wird Zeit.»

Dann gingen wir, ohne zu murren, mit dem wunderbaren Gefühl ins Bett, dass wir der Zeit und der Nacht ein Stück abgetrotzt hatten, das eigentlich nicht für uns bestimmt gewesen war.

Das ist so lange her. Ein ganzes Leben. Mein ganzes Leben.

Bald werden die Tannen einen Moment lang schweigen.

Ich werde nicht vergessen sein.

Und ich bin froh, dass ich noch ein bisschen länger aufbleiben durfte.

Es wird Zeit.

Ich umarme Dich.
Deine
Anne

**TEXTNACHWEISE**

*Seite 5* Friedrich Torberg, *Die Tante Jolesch oder Der Untergang des Abendlandes in Anekdoten*, München 1977

*Seite 169* Nena, *Irgendwo, Irgendwie, Irgendwann*, Text von Uwe Fahrenkrog-Petersen, Carlo Karges

*Seite 214* In der Morgenfrühe, aus: Patricia Highsmith, *Ediths Tagebuch*, deutsch von Irene Rumler, Zürich 1980

*Seite 270* Udo Lindenberg, *Hinterm Horizont*, Text von Udo Lindenberg, Beatrice Reszat

Das für dieses Buch verwendete Papier ist FSC®-zertifiziert.